先买后卖，先卖后买，
现买现抛，每天都是小牛市

T+0战法
从入门到精通
短线赢利实战技法大全

曹明成　谭文◎著

立信会计出版社
LIXIN ACCOUNTING PUBLISHING HOUSE

图书在版编目（CIP）数据

T+0战法从入门到精通/曹明成，谭文著.--上海：
立信会计出版社，2017.2
（擒住大牛）
ISBN 978-7-5429-5292-9

Ⅰ.①T… Ⅱ.①曹… ②谭… Ⅲ.①股票交易－基本
知识 Ⅳ.①F830.91

中国版本图书馆CIP数据核字(2016)第298440号

策划编辑　　蔡伟莉
责任编辑　　蔡伟莉
封面设计　　久品轩

T+0战法从入门到精通

T+0ZHANFA CONGRUMEN DAOJINGTONG

出版发行	立信会计出版社		
地　　址	上海市中山西路2230号	邮政编码	200235
电　　话	（021）64411389	传　　真	（021）64411325
网　　址	www.lixinaph.com	电子邮箱	lxaph@sh163.net
网上书店	www.shlx.net	电　　话	（021）64411071
经　　销	各地新华书店		

印　　刷	北京柯蓝博泰印务有限公司		
开　　本	787毫米×1092毫米	1/16	
印　　张	14	插　　页	1
字　　数	227千字		
版　　次	2017年2月第1版		
印　　次	2018年12月第2次		
书　　号	ISBN 978-7-5429-5292-9/F		
定　　价	39.00元		

序 一
我为什么不讲价值投资[①]

《理财一周报》记者/林奇

在中国的资本市场，我从来不讲价值投资。所谓的价值，不过是给庄家炒作的理由而已。我选股思路是跟庄，操作理论讲究趋势为先。

——曹明成

私募大鳄曹明成是私募圈内资深的操盘手，曾在多家咨询公司及投资机构任职，直接参与过多次大资金的操盘。

1999年"5·19"行情中，曹明成因成功狙击网络科技股而一战成名。

在互联网行情中，曹明成亲身领教了亿安科技、海虹控股庄家李彪、蔡明等的狠辣操盘手法。

在股海中摸爬滚打十几年的老曹，博客名为"十年股灰"，在东方财富网的财经博客中排名第十四位。

从湘财证券的一名普通经纪人做起，再到操盘手、主操盘手、私募基金经理，曹明成经过十多年的实战，总结出"曹氏八线"，并著有《吃定庄家》《擒庄实战技法》《庄家内幕揭秘》《K线实战技术精要》和《庄股经典出货模式》等书。

"11月还有两本书出版，今年可能还有两本书稿，有出版社约稿了，但还没写完。"曹明成如是介绍。

10月26日，曹明成接受《理财一周报》专访，揭露了许多不为人知的坐庄、跟庄内幕。

① 2009年11月7日，《理财一周报》对曹明成先生的人物专访，刊登在"资本大亨"版面。原文标题为："私募大鳄曹明成——坐庄岁月里的那些往事"。

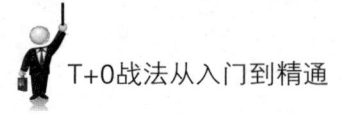

阻击网络股一战成名

《理财一周报》：像许多私募基金经理一样，您也是从经纪人做起的？

曹明成：差不多，早年和李华（第二代操盘手）是一批。最早是在湘财证券。离开湘财证券后，跟老板做操盘手，后来干脆出来单干了。

《理财一周报》：是不是因为做操盘手待遇都不太高？

曹明成：操盘手要看是什么样级别的，资深的主操盘手负责决策，与老板有分成，待遇还可以。

《理财一周报》：当时做操盘手都经历过哪些比较大的战役？

曹明成：最早是狙击网络科技股的那一年了，狙击网络科技股不是自己坐庄，是跟庄。当时发现有大批私募资金成堆地扎入了网络科技概念类的股票，不少同类题材的股票都在底部放量，大资金入驻明显，就开始关注这个题材。

《理财一周报》：发现此类股票后是直接跟进吗？还是后来跟进的？

曹明成：先是试探性跟进，后来科技概念股开始成为当时的热点。与以往的概念炒作不同，这次很意外的是：炒作之后，入驻的庄家资金不见撤退，这在以往的概念炒作中是很少见的。当时经过考虑之后，就把所有的资金全线投入该类题材股。

《理财一周报》：这样追题材股会不会很冒险？

曹明成：这是很大胆的做法，当时遭到其他辅助操盘手的非议。因为这样做风险大，概念股炒作成热点后，一般都开始进入高位，这个时候介入，弄不好就成了庄家出货的牺牲品。

《理财一周报》：那为什么还决定满仓追进，当时是怎么考虑的？

曹明成：当时是依据庄家的操盘手法判断的。大量的庄家资金入驻了该类题材股，而在第一轮炒作之后，还在高位加仓。显而易见，目标不在短期。

《理财一周报》：当时网络股您跟的是哪只？

曹明成：做了很多只，蔡明的海虹控股就是其中的一只。

《理财一周报》：这波互联网炒作海虹控股也是龙头，您觉得这波互联网会不会像当初的互联网一样爆炒起来？

曹明成：这波互联网入驻的庄家资金还远远不够，暂时没有那种可能。但庄家的炒作计划可能会因为行情的变化而变化。就像当年的网络科技股，并不是开

始大家都看好的，后来"5·19"井喷，人气被完全带动，大量的私募资金进入了。因此，就出现了炒作一波后，新资金大量入驻的情况，造就了一轮两年的行情。

亲身领教李彪跌停板洗盘法

《理财一周报》：当时最有名的应该是罗成操控下的亿安科技，您跟的是这只吗？

曹明成：网络科技股的行情从1999年5月开始，直到2001年，经历了1年多时间，这轮题材的炒作，只要与网络科技挂边的都被炒作起来了。其中的龙头亿安科技、海虹控股、四川湖山都被炒作到了非理性的高度。亿安科技是第一个百元股，是罗成坐庄，操盘主要是郑伟和李彪负责。海虹控股是蔡明坐庄。去年李彪去世的时候我才知道消息的。

《理财一周报》：李彪总感觉对不起自己的弟弟，知道具体是为什么吗？

曹明成：他弟弟是李彬，当时坐庄亿安科技用的是金易投资公司，郑伟是控制人，法人代表写的是李彬的名字，但李彬是圈外人，后来被扯进去了，被搞得很惨。据说李彪没有办法救无辜的弟弟，导致了李彬的破产，并且差点入狱。

《理财一周报》：李彪是什么样的人？

曹明成：现实中的李彪长得比较斯文，光头戴眼镜，但行事泼辣，脾气有些暴躁。郭庆、李彪、蔡明，这些都算是第一代操盘手，他们比我早一代，我那时候是小字辈。李彪操盘非常凶悍，他当时发明了跌停板洗盘法，鬼神莫测。

《理财一周报》：连续跌停，只要看盘操作无一幸免，当时亿安科技启动前就是连续3个跌停板。

曹明成：这种手法在当时很难判断。

《理财一周报》：为什么很多早年的庄家都不得善终？

曹明成：早年的操盘手生活都不太好，心理压力大，真正功成名就的极少。一部分人是被查了或逃亡了，另一部分人在后来的4年熊市（2001年至2005年）中又赔进去了。

《理财一周报》：那4年熊市够惨的，2008年也很惨。

曹明成：2008年的大熊市也是套了很多的庄家。

《理财一周报》：当时为什么没有跟进亿安科技？

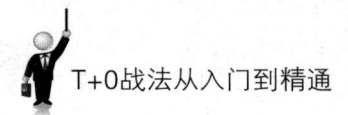

曹明成：亿安科技不敢跟。开始完全是逼空。强势股就是这样，一开始逼空，散户不跟进，继续逼空，开始震荡，散户眼红了，进去了，再拔高，出货了。亿安科技当年也是被逼上去的，前期的计划肯定没想要炒那么高。拉到40元的时候，没有人敢买了，怎么办，接着拉。亿安科技控盘最后达到90%以上。其实玩到那个时候已经算失败了，最后出货比较艰难。

《理财一周报》：有个庄家跟我讲过，说很多筹码是在跌破100元后卖给了抢反弹的人。

曹明成：平均没有那么高。出货的平均价格，我们那时候判断应该在40元左右。60元左右制造假反弹，结果还是很少有人买。市场信心没有了，下跌趋势形成了。最大的抢反弹成交量在27元左右。平均出货价位在40~50元。

《理财一周报》：庄家要出货一般都要先跌很多吧？

曹明成：一般庄家拉到离谱的位置，出货的价位定在下跌一半的位置，通过做假反弹出货。

信奉自己的操盘理念

《理财一周报》：您信奉价值投资吗？

曹明成：在中国的资本市场，我从来不讲价值投资。所谓的价值，不过是给庄家炒作的理由而已。我选股思路是跟庄，操作理论讲究趋势为先。

《理财一周报》：看来您是趋势派。

曹明成：我自己有一套操盘理念，在趋势形成之后，形势明朗之后才操作。但又不等同于右侧交易，我的买入点在次低点或次次低点，卖出位在次高点或次次高点。

《理财一周报》：那您的这些东西是跟谁学的呢，还是自己悟的？

曹明成：自己悟出来的。早年是受一位老股民的启发，一位比较执著的老股民，他完全依据10日线买卖，获利很稳定。

《理财一周报》：线上持股，线下持币？

曹明成：是的。简单地说，可以用这8个字来概括。

《理财一周报》：这方法最厉害，化繁为简了，但很多人不经过多年的实战永远不理解。可是单独只看一个10日线会不会有点片面？

曹明成：我当时研究这个10日线很长时间，但也发现很多弊端。首先，如果不判断趋势，依据10日线买卖会在平衡里不知所措。其次，10日线经常被庄家作为洗盘的工具。实战中操作纪律最重要，比如下降通道就是线下持币，需要放弃所有的诱惑和机会。

《理财一周报》：您现在主要看些什么指标？

曹明成：都是一些我自己的指标，帮我写指标的有一个工作室，我提供我的思路，他们帮我完成。我有个学生叫谭文，他是这方面的高手。现在计算机信息技术太发达了，把传统技术分析与计算机分析相结合，真的是事半功倍。我们原来为了总结一个形态，自己画图，花大量的时间统计，再分析和总结，现在计算机可以在很短的时间内全部做完。

（原文中对当时行情的看法，作了删节。本期采访的电子版地址在：http：//www.licaiyizhou.com/content.jsp？category=00008&id=1074）

序　二
我认识的"小曹"与"老曹"

李　华

近年来市场上的股票类书籍渐有泛滥之势，且良莠不齐，多有鱼目混珠之作，真正能指导投资者实战应用的作品可谓少之又少。然最近读曹明成先生主笔的实战系列丛书，感觉甚好。细读之下，书中不乏作者多年实战的经验心得与"不传之密"，实为"用心之作"，相信读者阅后当有所裨益。

我与曹明成先生相识已久。初识其人，还是1997年在湘财证券的营业部，当时因本人虚长几岁，故称他为"小曹"。其时的"小曹"瘦瘦小小，貌不惊人，书生气十足，亦没有什么名气。

后常有散户打听"曹明成"，发展到不断有大户托我的关系来约"曹先生"吃饭，这才让我刮目相看。再到1999年的狙击网络科技股一战成名，早年的"小曹"已经成为当时湘楚一带赫赫有名的"老曹"。

几年后我们也相继开始了单干，都有了自己的事业，与曹明成先生联系渐少。偶闻他的消息也只是在报纸杂志上见到他的跟庄理论的文章。这次接到他的电话让我为丛书写序，颇感意外。在我的印象中，他身体并不太好，甚至可用"体弱多病"四个字来形容，又常沉溺于股票实战之中，写书这种耗时耗力之事，以他一人之力怎能办到？

见面后我才知道，原来他这几年收了一个得意门生——谭文。谈论间他得意之色溢于言表："已得我九成功力。"

小谭属于新时代的复合型人才，精通计算机编程，自行钻研了传统技术分析与计算机海量数据模拟测试相结合的分析方式，丛书的写作过程就曾大量使用计算机模拟测试的论证，纠正了许多人力所无法克服和发现的错误，使书中的理论更趋于完美，大有青出于蓝更胜于蓝之势！真是后生可畏！"曹氏八线理论"是曹明成与谭文师徒两人多年实战理论研究的结晶，曾被股民朋友冠以"零风险操作理论"的美誉。该理论我个人觉得至少有两点值得推崇：一是最大限度地回避

了风险；二是几乎不会错过任何一波有价值的行情。炒股不是纸上谈兵，能在实战中真正做到稳定获利的理论才是好理论。

我了解曹明成先生的实力，更了解曹明成先生的为人。他不会忽悠人，他主笔的丛书更不会忽悠人！

鉴于此，我愿为此丛书作序，并向全国的广大股民朋友们推荐。

（作者原为湘财证券高层管理人员，现为广东某私募基金总裁）

前　言

股市不外乎牛市、熊市和震荡市三类。

都说牛市好获利，可惜投资者身当其时之时，都是"身在此山中，云深不知处"，把握不好获利的区间点，多被随后而来，如孪生兄弟一般的熊市全盘击溃。而震荡市犹如猴子一般上蹿下跳，难以琢磨，也最令投资者头疼。

有波动即有区间。在任何交易日中，都有很多股票会震荡、起伏，都有价格的高点或低点。高低点的区间无处不在、无时不有。如果我们能找准区间，适时买卖，便可解决大部分问题。

这就是本书希望解决的问题。通过低点买进，高点卖出，通过高点卖出、低点买回的方式实现"T+0"交易获利。

在本书的第一章，我们简单的介绍了 T+0 交易，包括目标股的选择、交易的实现以及 T+0 的优势所在。这是我们交易 T+0 的基础，也是我们通过 T+0 这一交易方式实现收益的基础。

交易是以时间为基础的，投资者们选择周线交易，交易机会就以周为单位出现；投资者以日线交易，交易机会就以日为单位出现；当投资者以分时为依据交易时，机会就以分钟为单位出现。这是时间体现出来的机会，这也是 T+0 独有的机会。

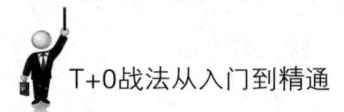

在分时操作的过程中，我们遵循特殊到一般的过程。首先我们介绍特殊走势，标准走势的交易机会。在标准走势之后我们介绍一般性的操作机会。我们认识了解标准走势的目的不是为了解决标准问题，而是为了熟悉一切，最终为解决一般性问题服务的。

T+0交易仓位则是解决风险与收益的问题。全仓意味着风险的加大与获利的增加。半仓或轻仓则是偏重于控制风险，以增加获利的几率而设定。以上也是个股在不同走势下的不同要求。

日K线交易相对于分时存在，我们把时间周期放长，可以让投资者在更长的时间跨度上把握个股走势。更长期时间走势的把握又帮助我们更准确的判断分时的交易，T+0交易的成功概率再次加大。

趋势T+0操作让我们再次回到牛市、熊市和震荡市。对应不同的市场我们要做出不同的操作，获利才可以无中生有。

本书在编撰的过程中借鉴了许多专家、学者的观点和方法，参考了大量的文献和资料，同时也得到了广泛读者朋友们的支持。由于时间仓促，难免会有一些错误和纰漏。欢迎读者将宝贵的意见和建议反馈给笔者，以便笔者在以后的写作中借鉴使用，笔者的邮箱 caomingcheng@yeah.net，QQ：150610568。同时我们也接收大资金的理财合作，欢迎来函交流。

感谢"曹明成股票研究室"的实战专家蔡双喜先生、周宏伟先生参与本书部分章节的编写、校稿和制图工作。感谢立信会计出版社的蔡伟莉女士、张寻、何颖颖小姐和出版人赵涛先生为本书策划和出版工作付出的辛勤努力！

曹明成

目　录

第一章

T+0 交易方式

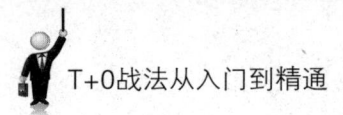

第一节　T+0 选股

什么样走势的个股是适合 T+0 操作的？投资者们简单地就可以得出答案，显然是波动强度较大的个股，走势简单的个股。股价波动空间足够充分，那么在股价双向运行的过程中，投资者才有可能获取利润。空间越大，获得利润越容易。因为股价在区间的波动空间很大，T+0 的操作才能获取利润。而走势简单则是投资者对个股走势的判断与行情的把握。这一点才是交易的基础。这样，投资者们选股 T+0 也就有了方向。

"T+0"选股包含两个方面：

相对活跃的个股，即振幅大，通常要求 20 天平均振幅要大于 4%。

应选取中线看好的股票。

中线看好的个股可以降低 T+0 的交易难度，T+0 的交易相对来说需要有一定数量的底仓。而一个不断下行的个股走势会造成底仓上面出现一定程度的损失。一个中线看好的个股，投资者操作 T+0 交易既可以获得股价上升的收益，又可获取 T+0 交易的超额收益，一举多得。

如何找这种中线看好的股票呢？可以从技术面来选。这里做个简单讨论。以后我们还有专门的章节来论述。

1.均线系统形成多头排列（多头排列是指：MA5 在 MA10 上方，MA10 在 MA20 上方，MA20 在 MA30 上方）。

图（1-1-1）是盛和资源（600392）在 2014 年 10 月至 2015 年 12 月的 K 线走势图。图中个股的均线系统由空头排列慢慢转向多头排列，这告诉投资者们，个股后市看好、股性趋活，可逐步建立底仓。在中线看好个股的情况下，做 T+0 操作。

从图中走势我们能看到，股价从建立底仓后出现不错的上升，而投资者在低位建立的底仓可获得不错的投资收益。而在这中线基础上的 T+0 又可以为投资者带来额外的收益，收益倍增。

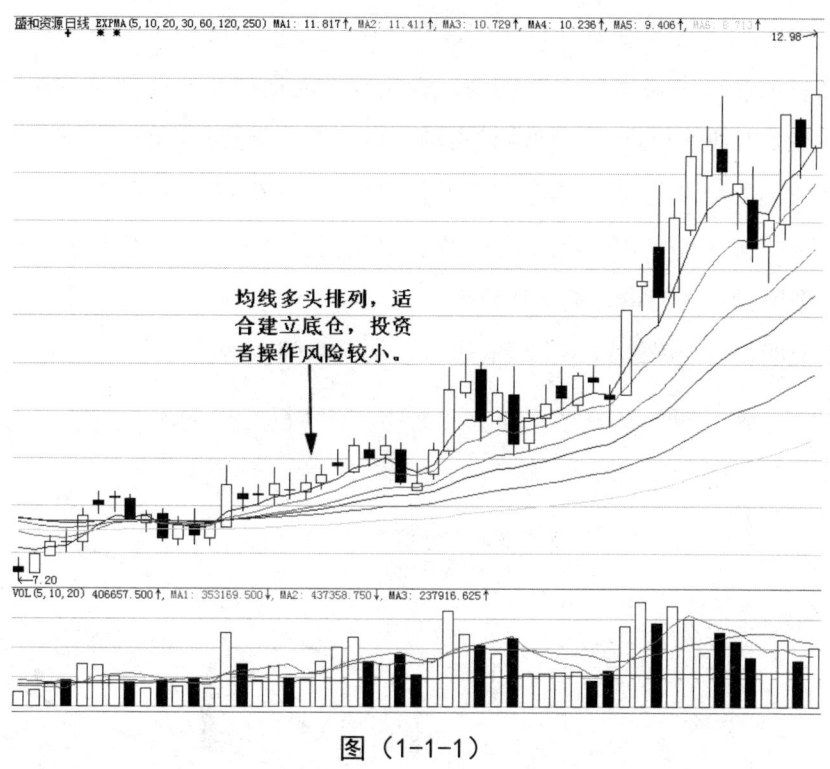

图（1-1-1）

我们简单看个 T+0 的分时走势。

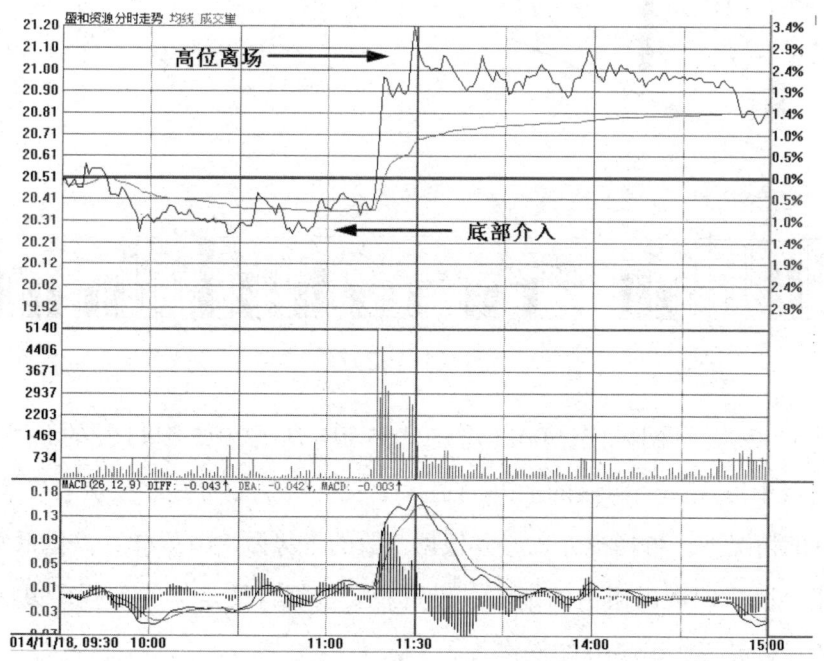

图（1-1-2）

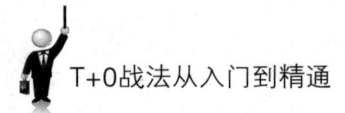

图（1-1-2）是盛和资源（600392）在 2014 年 11 月 18 日的 K 线分时走势图。个股在当日的分时中走出较大的震荡，若投资者能把握住个股回调的机会，积极买进，并在个股快速拉升的高位及时离场，投资者可获得不错的 T+0 收益。

当然我们要强调的是这是建立在个股中线看好情况下的操作。在这里我们只是简单地让投资者们了解，在以后的章节中我们会对买进的点位与卖出的点位进行分析，帮助投资者们更好地把握机会。

2. 形成明显的上升通道，个股有进一步上升空间。

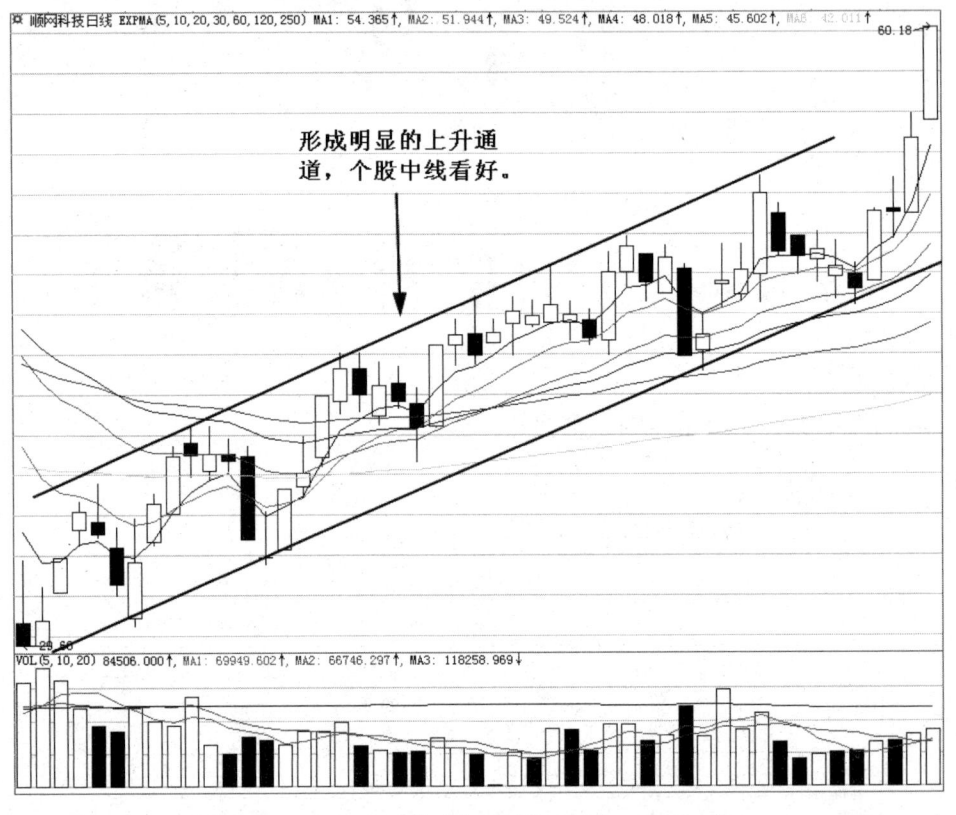

图（1-1-3）

图（1-1-3）是顺网科技（300113）在 2015 年 8 月至 2015 年 11 月的 K 线走势图。个股在运行中形成一个明显的上升通道，个股行情中期看好。投资者在有了个股中线看好的情况下，可择机介入，并根据个股的走势做 T+0 操作，高抛低吸。

对于个股后期走出通道的走势，投资者要根据行情走势的不同，灵活应对。根据新的走势灵活作出 T+0 的操作。

　　我们看个股的分时走势。

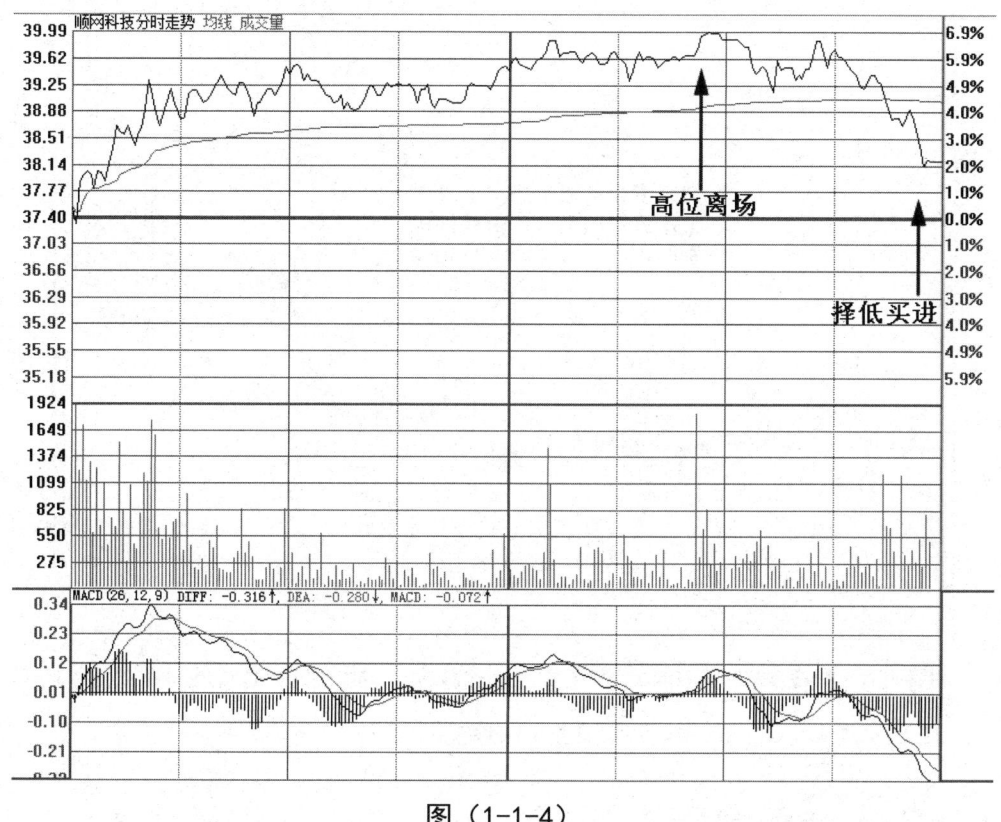

图（1-1-4）

　　图（1-1-4）是顺网科技（300113）在2015年10月13日的K线分时走势图。个股在当日走出一个冲高回落的走势。个股在运行到高位后，股价出现上涨无力的情况。投资者可择机卖出，并在股价回调后买进，一出一进的T+0操作，可进一步摊低持仓成本，为后期的获利打开空间。

　　3. 横盘整理向上突破走势，个股中期行情看好。

　　图（1-1-5）是深康佳（A000016）在2014年11月至2015年3月的K线走势图。个股长时间的横盘后走出一根大阳线，一举突破横盘走势。这根大阳线的出现标志着做多力量的再次发力，个股在随后的调整中也维持相对强势的走势，股价再次迎来上涨行情。个股在突破横盘整理走势后，中线行情看好。投资者可择机建立仓位，参与其中，并结合T+0的操作获取更大的收益。

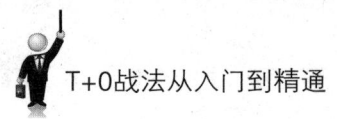
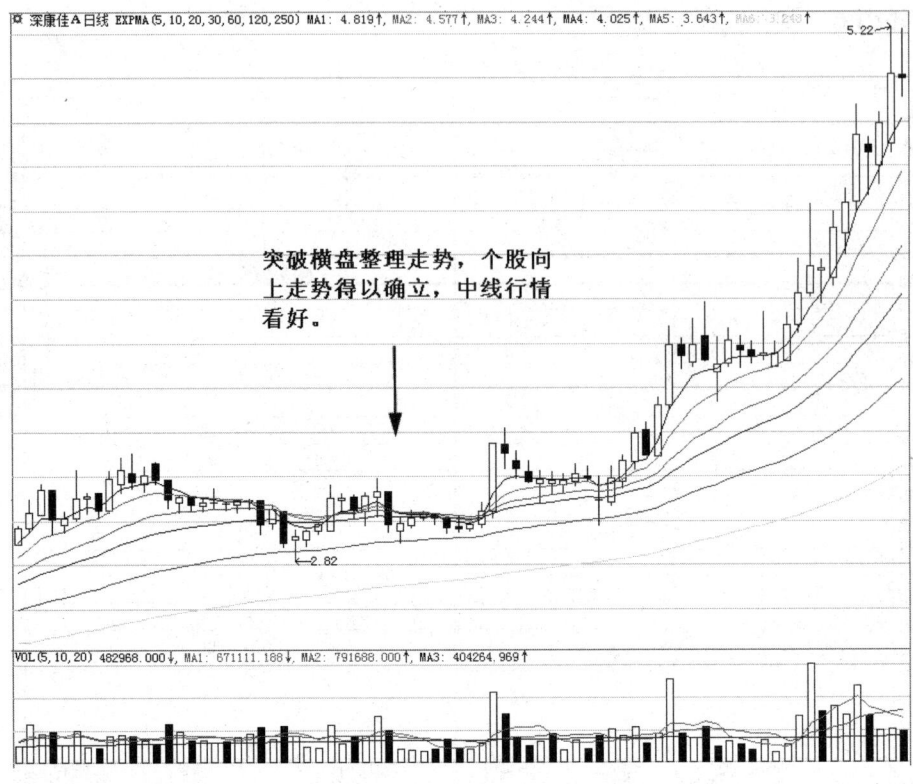

突破横盘整理走势，个股向
上走势得以确立，中线行情
看好。

图（1-1-5）

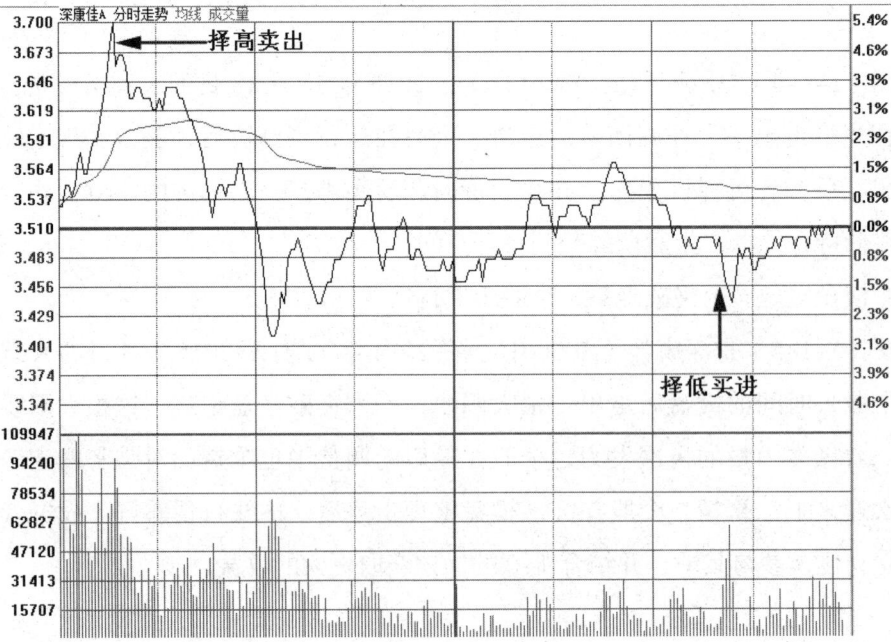

择高卖出

择低买进

图（1-1-6）

图（1-1-6）是深康佳（A000016）在 2015 年 1 月 30 日的 K 线分时走势图。个股在当日的分时中走出冲高回落的走势，个股于早盘快速拉升，短时间股价涨幅巨大。个股的短期卖点形成，投资者可以择高卖出。

在个股回落到低位后，个股在底部获得支撑，加之看好个股的中期行情，投资者可在低位补仓，获取差价。这一 T+0 的操作可获得近 6 个点的利润空间，效益不错。

因为在这一选股中我们对个股的要求较高，个股都是中线向上，投资者们在操作时也可加大仓位。当然 T+0 的使用也可以放在下降趋势中，这样投资者面对的风险相对较大，对应底仓的仓位要较小，这样才能控制风险。T+0 对投资者的解套也是大有帮助，可逐步帮助投资者摊薄成本，尽早解套。这些内容在以后的章节中我们也会有所论述。现在，我们还是首先和投资者们认识一下 T+0 的交易方式。

▌ 第二节　T+0 交易

T+0 中的 T 即是英文 Trade（交易）的第一个字母。

T+0 交易就是股票成交当天办理好股票和价款清算交割手续的交易制度。通俗地说，就是当天买入的股票在当天就可以卖出，当天卖出的价款可以在当天买回股票。

T+0 交易曾在中国实行过。1992 年 5 月上海证券交易所实行 T+0 交易规则；1993 年 11 月深圳证券交易所也取消 T+1，实施 T+0。

1995 年基于防范股市风险的考虑，沪深两市的 A 股和基金交易又由 T+0 回转交易方式改回了 T+1 交收制度，一直沿用至今。但对资金仍然实行 "T+0"，即当日回笼的资金马上可以使用。

T+1 交易制度，即当日买进的股票，要到下一个交易日才能卖出。

　　而我们本节将要论述的先卖后买 T+0，可以简单地看作资金的 T+0。但因为股票的 T+1 交易制度，所以仍需要有"底仓"的辅助。

　　下面我们简单地通过几个案例，了解一下先卖后买 T+0 交易的实现过程。

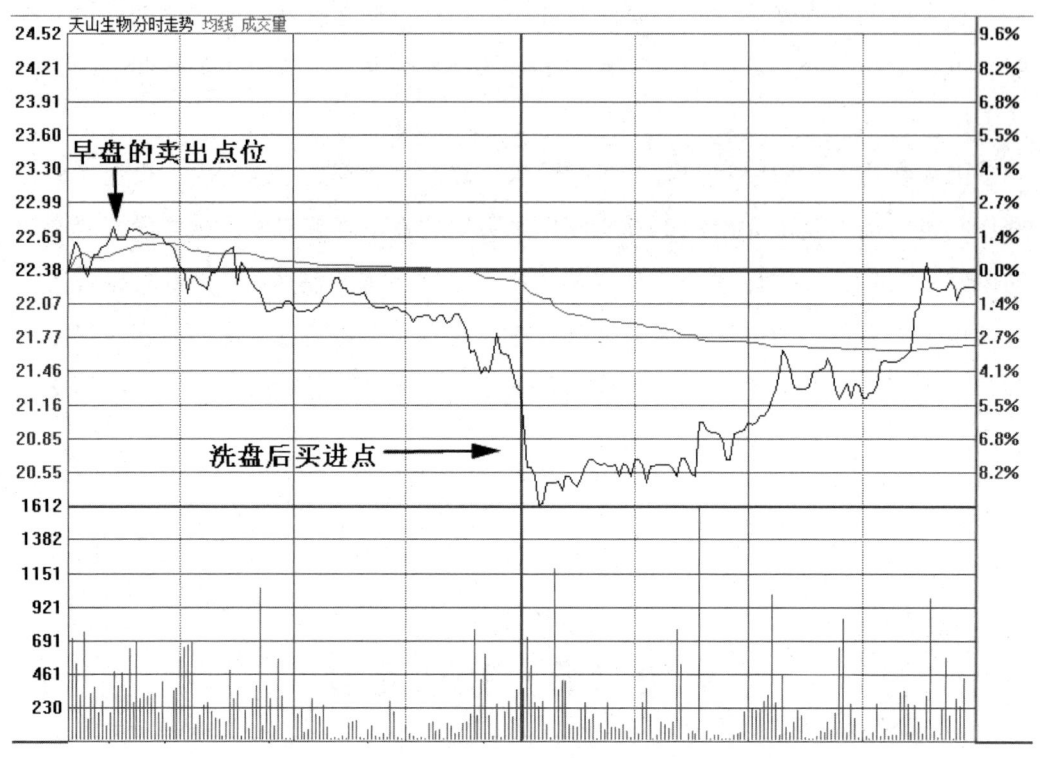

图（1-2-1）

　　图（1-2-1）是天山生物（300313）在 2015 年 6 月 4 日的 K 线分时走势图。个股在当日的分时中走出逐步回落的走势，个股于早盘出现一段上升走势，但走势持续时间很短，力度也不是太大。个股随后步入下跌走势中，并于午盘跌幅扩大，最大时高达 8 个多点。投资者的 T+0 交易空间广阔。

　　投资者这时的 T+0 交易就是先卖后买式的，在股价还维持在均线之上时卖出，并在股价快速下跌后买进，获取 T+0 交易收益。而这一去一来就可获取 8 个点的差价，操作效果不错。

　　当然投资者作出这样的 T+0 交易也不是盲目的，有其依据所在，我们看当时的日 K 线走势。

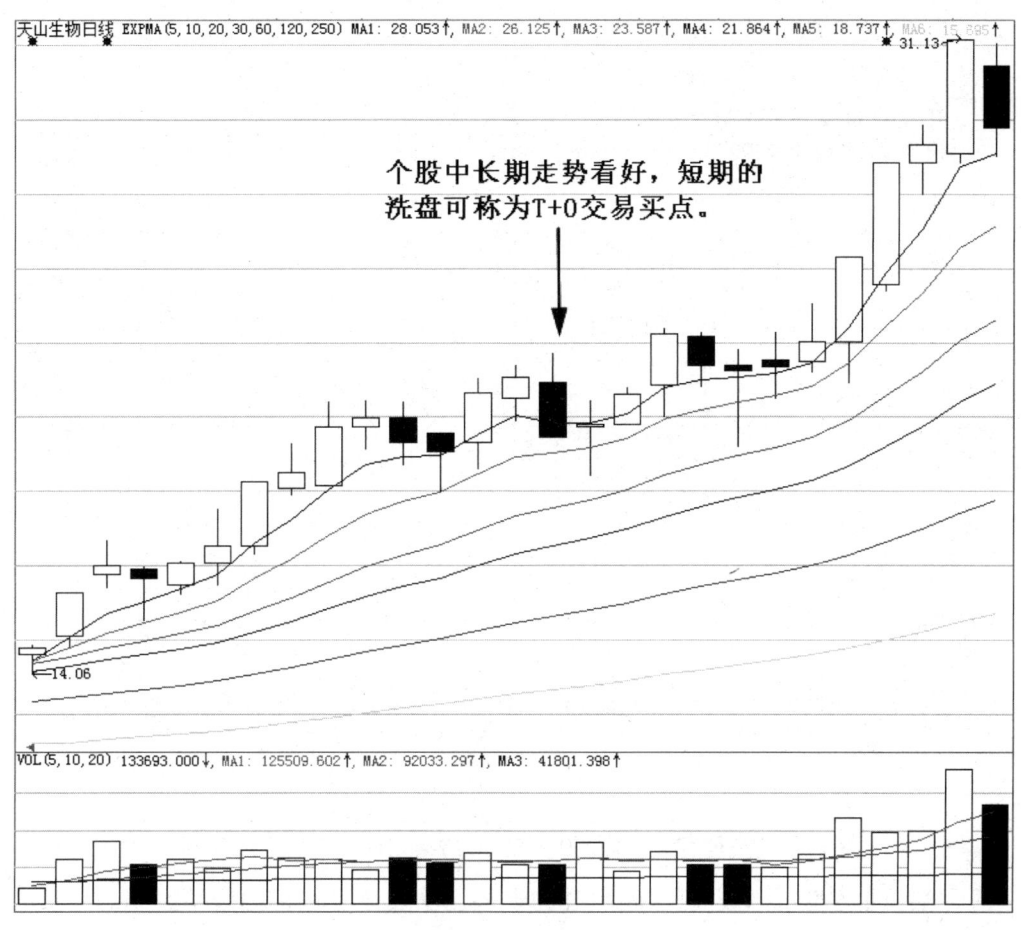

天山生物日线 EXPMA(5,10,20,30,60,120,250) MA1: 28.053↑ MA2: 26.125↑ MA3: 23.587↑ MA4: 21.864↑ MA5: 18.737↑ MA6: 15.885↑

个股中长期走势看好，短期的
洗盘可称为T+0交易买点。

31.13

14.06

VOL(5,10,20) 133693.000↓ MA1: 125509.602↑ MA2: 92033.297↑ MA3: 41801.398↑

图（1-2-2）

图（1-2-2）是天山生物（300313）在2015年5月至2015年6月的K线走势图。个股在区间内走出一个单边上涨的走势，个股中线行情相对看好。在这样的预判下，投资者可介入底仓，实施T+0交易获取超额收益。

那么如何实施T+0交易呢？在个股的走势中我们看到个股出现的洗盘走势，这就是投资者可参与的T+0交易机会。个股的洗盘走势在K线上走出多个阴线，阴线的出现意味着个股有短时间回调的需要，投资者就可利用这一点先卖出个股，在个股洗盘至低位时再回头买进。这样一卖一买T+0交易实现，投资者获利会相当不错。

我们再看一个先卖后买的T+0交易。

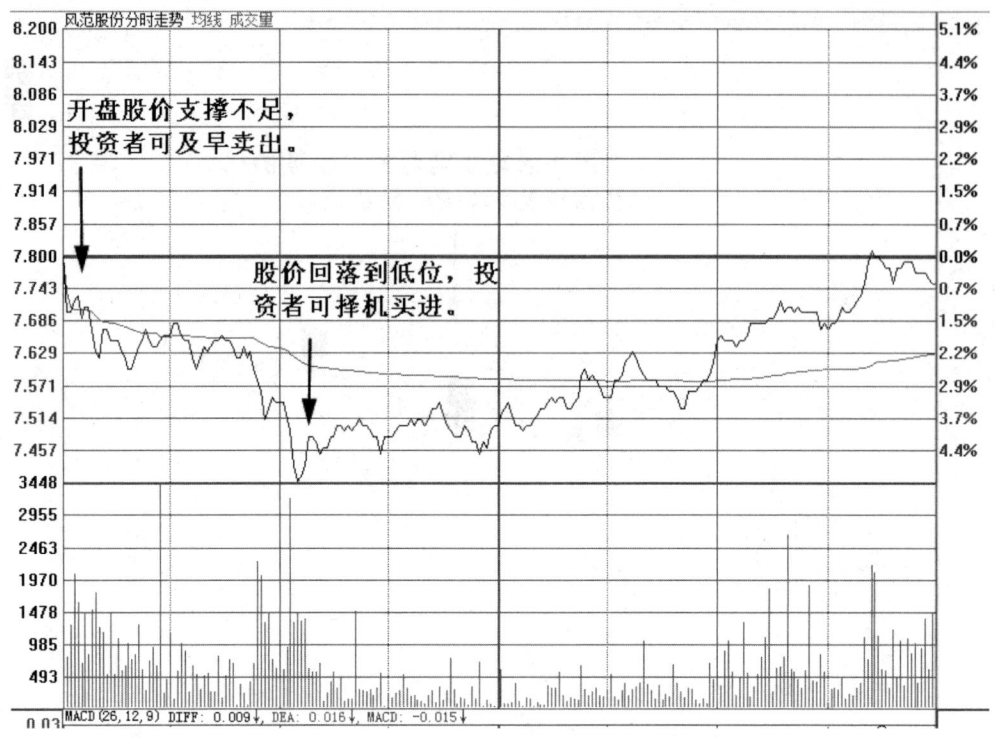

图（1-2-3）

图（1-2-3）是风范股份（601700）在2015年10月27日的K线分时走势图。个股在当日的分时图中走出探底回升的走势，个股于早盘即出现下跌走势，股价长时间处于均线之下，因个股在回落后获取的支撑不足，个股的下跌趋势进一步放大，呈现加速下跌的走势。在个股快速下跌后，低位的买盘出现，股价企稳，并在随后走出企稳回升的走势。

对于这支个股，投资者的T+0交易仍是先卖后买式的，在股价还维持在相对高位时卖出，并在股价快速下跌后买进，获取T+0交易收益。这样的T+0交易也可让投资者获取2个点左右的差价，若是能持续获利，最终的收益也将相当不错。

图（1-2-4）是风范股份（601700）在2015年9月至2015年11月的K线走势图。个股在区间内走出一个不错的上涨走势，在运行中虽出现大幅回调洗盘的走势，但其股价并未跌破均线系统，均线对股价的支撑仍然有效，仍支撑个股，中线行情相对看好。投资者可介入底仓，实施T+0交易获取超额收益。

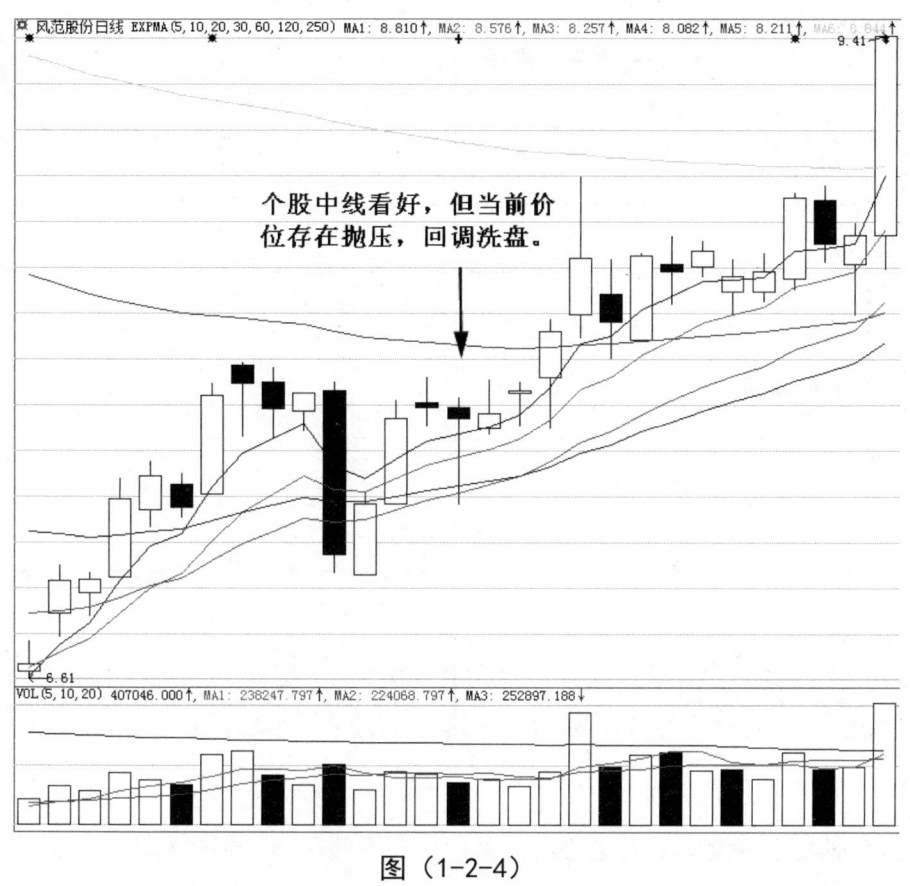

图（1-2-4）

个股在走势中出现一个洗盘的动作，虽然个股随后立马回收，但回收之后仍受到前期套牢盘的影响，有再次洗盘的必要。而个股在连续两根阳线之后的十字星也告诉投资者们洗盘动作的再次来临。投资者可因势利导先卖后买规避洗盘、获取超额收益。

本节只是让投资者对先卖后买 T+0 交易有个简单的认识，在以后分时的章节中我们将重点介绍先卖后买 T+0 的应用。现在我们再简单了解先买后卖 T+0 交易的操作。

图（1-2-5）是金马股份（000980）在 2015 年 4 月 13 日的 K 线分时走势图。个股在当日走出冲高回落的走势，早盘出现一段时间的横盘走势，股价的横盘意味着一段时间抛盘不大，而且有买盘的支撑。随后股价出现拉升的走势。股价在一个小时内作出近 7 个点的涨幅，其涨幅不小。

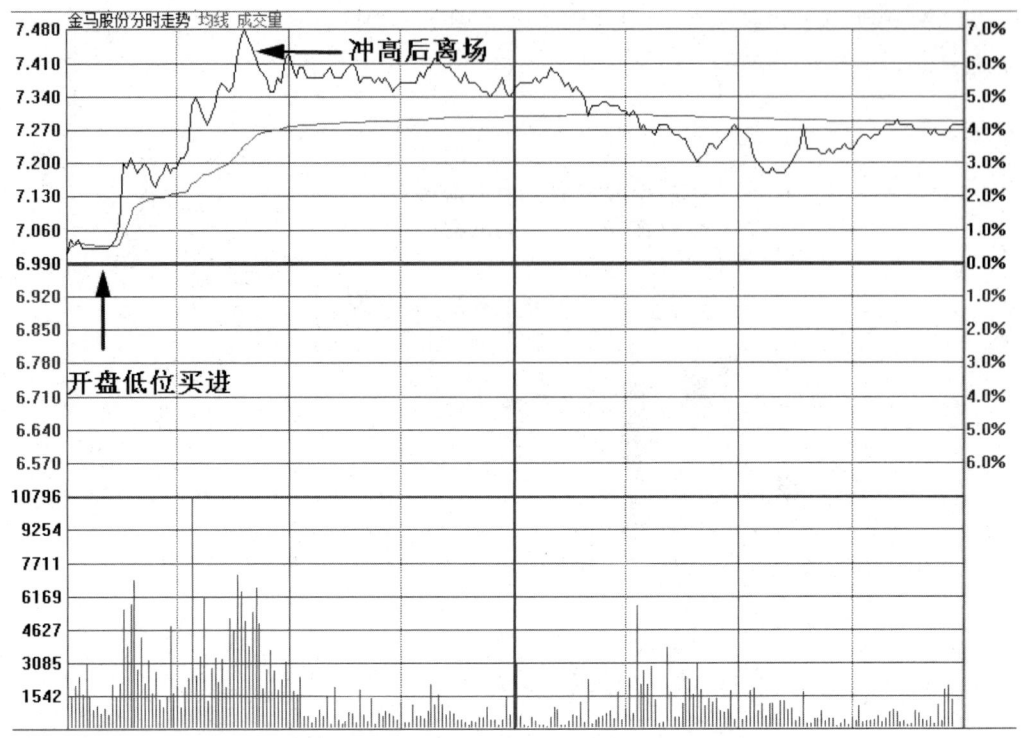

图（1-2-5）

但个股在出现大幅上升走势后，抛盘出现，股价运行慢慢趋平，并出现回落的走势。对于这样的个股走势，投资者的T+0交易就得是先买后卖式。投资者在股价还维持在相对低位时买进，并在股价快速拉升后卖出，获取T+0交易收益。这一波T+0交易也可让投资者获取5个点以上的收益，获利不错。

个股在低位买进的理由是什么？高位卖出的理由又是什么呢？

图（1-2-6）是金马股份（000980）在2015年3月至2015年5月的K线走势图。个股在区间内走出一个不错的上涨走势，个股在运行中虽出现回调洗盘的走势，但个股股价并未跌破均线系统，均线对股价的支撑仍然有效，仍支撑个股中线行情相对看好。投资者仍可介入底仓，实施T+0交易获取超额收益。

个股的走势中出现一个洗盘的动作，个股的动作虽大，但最终有所回收，说明大资金并不愿意让投资者在低位拿到筹码，随后第二天的中阳线回收也说明了这一点。而这一天中阳线的回收，也告诉投资者个股的上升行情再次回归。这一点可支撑个股的早盘买点。投资者买进理由充足。

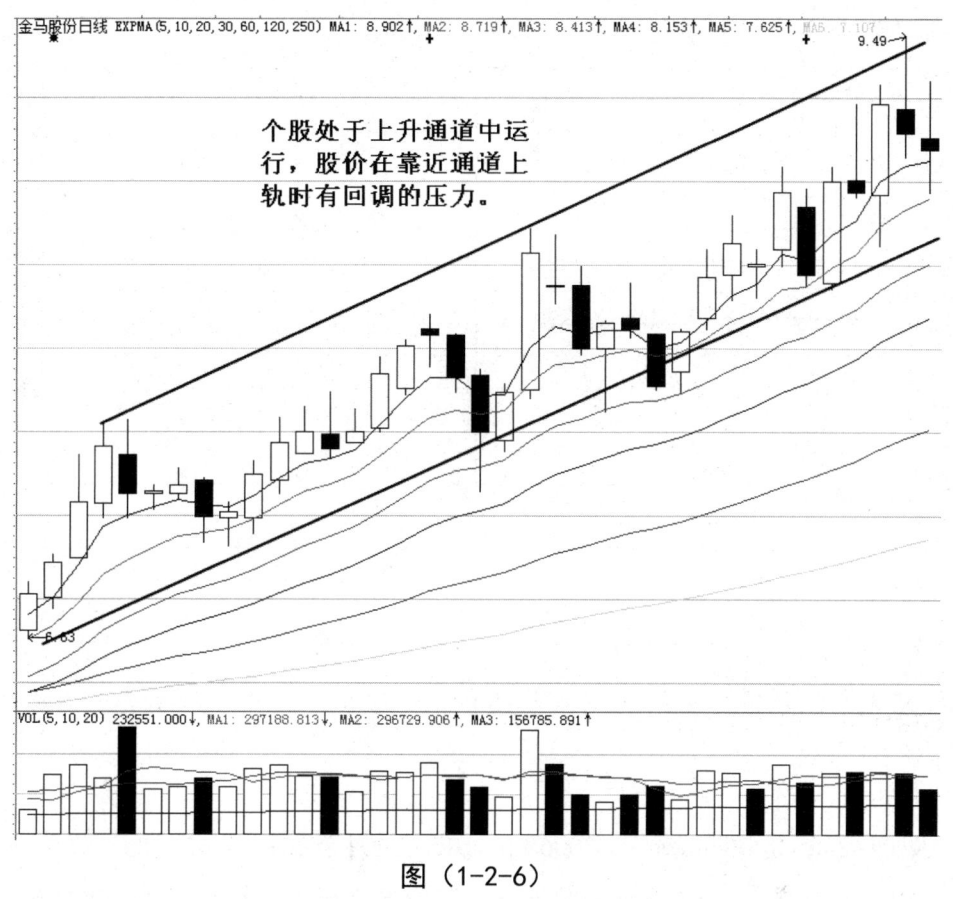

个股处于上升通道中运行，股价在靠近通道上轨时有回调的压力。

图（1-2-6）

那投资者的卖出理由又是什么呢？我们在图中作出一个上升通道，相信投资者看到上升通道后，所有的问题就一目了然了。股价在快速拉升后接近通道上轨，上轨的压制出现，个股回调理所应当。

下面我们再看一个案例。

图（1-2-7）是联明股份（603006）在2015年11月2日的K线分时走势图。个股在当日的分时中走出冲高回落的走势，个股在早盘出现单边上扬的走势，股价于午盘到达最高点。但在股价上升到高位后，上涨的动力反而相对不足，股价在随后的尾盘出现大幅跳水的走势，个股当然波幅巨大。投资者的T+0交易空间广阔。

对于这样的个股走势，投资者的T+0交易就得是先买后卖式。投资者在股价站稳均线并单边上涨时，在股价快速拉升并于高位横盘时卖出获取T+0交易收益。这一波T+0交易做得好可让投资者获取10个点以上的收益，获利相当不错。

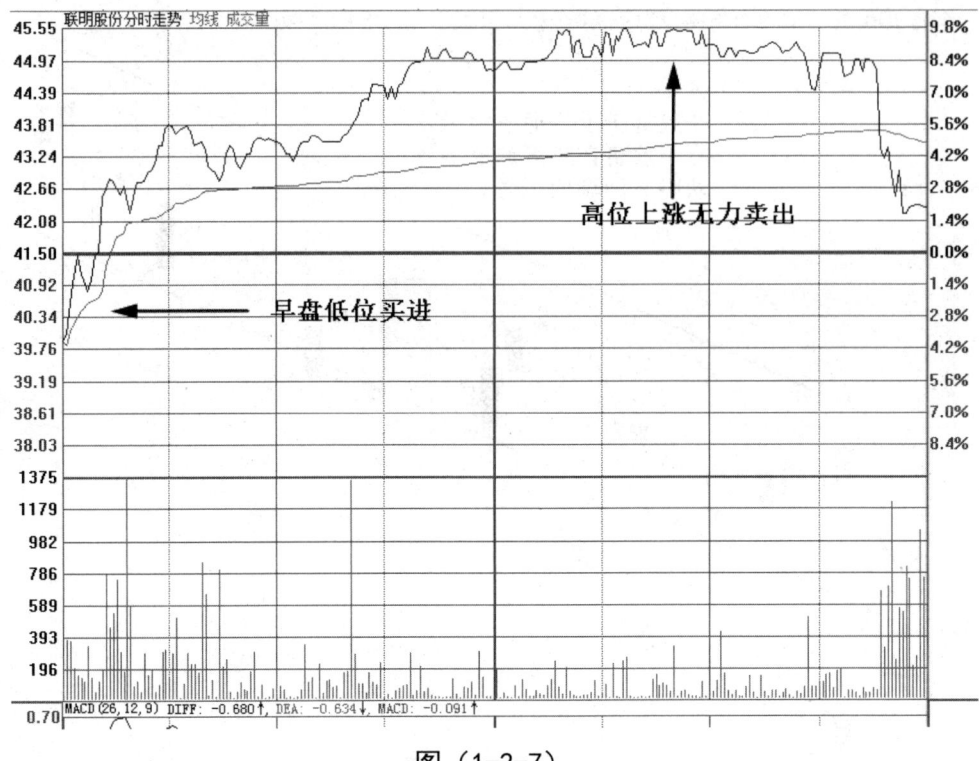

图（1-2-7）

　　图（1-2-8）是联明股份（603006）在2015年9月至2015年11月的K线走势图。个股在区间内走出一个不错的上涨走势，股价维持在均线上方运行，个股中线行情看好。投资者可介入底仓，实施T+0交易获取收益。

　　在日线图中，我们看到个股在前一交易日走出长下影的中阳线实体。这一K线走势的出现往往都意味在不错的后市行情。投资者可在其后买进获利。但个股在其后走出快速上升的走势，短时间释放做多的力量，并因此形成一定的抛压，股价的回调也是在所难免。

　　当然从指标上我们也能发现这一点，个股的连续大涨，致使乖离率飙升，股价有回调的必要，投资者可结合分时作出卖出决定。先买后卖T+0交易完成，投资收益相当不错。

　　不管是先卖后买，还是先卖后买，T+0交易最难的是如何判断一天当中的股价趋势，选择合适的买卖时机。这些都需要长时间的经验积累，包括对大盘的分析、掌握主力操控主炒股的习惯、养成良好的盘感等等。这在以后的文章中我们都会有所涉猎，希望能在T+0交易的道路上帮助到投资者们。

图（1-2-8）

第三节　T+0优势

我们在前面的 T+0 交易中，和大家一起认识 T+0 交易的实现过程，通过其交易我们就能认识到 T+0 交易的其中一个优势：投资者在价格较高时止盈，在价格较低时买进，这样既可以获得波段的收益，又可以让投资者避免利润缩水带来的烦恼。

在 T+0 交易中投资者们需要先买入一定数量的底仓，底仓的选择，投资者可

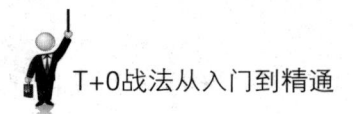

根据行情走势作出判断。在这样的情况下，T+0 交易的第二个优势也凸显出来：仓位控制减少风险。

因为投资者在交易中采取仓位控制，也就让投资者在面对判断失误的情况下，有了回旋的余地。通过仓位的变化，影响持股成本的变化，再通过 T+0 交易实现更早的解套回本。当然这一点也有他本身存在的风险，就是投资者们的判断一再出错，致使套牢的筹码越来越多，所以在这里我们要提醒投资者决策的理性非常重要。

从上面的内容中我们简单地归纳 T+0 交易的三个优势：

（1）可做到及时获利，并最大程度地放大投资收益。

（2）控制仓位、减少投资中的风险因素。

（3）控制持股成本，做到尽快回本、放大获利空间。

下面我们通过案例，认识 T+0 交易的优势具体体现。

我们来看佳都科技的走势。

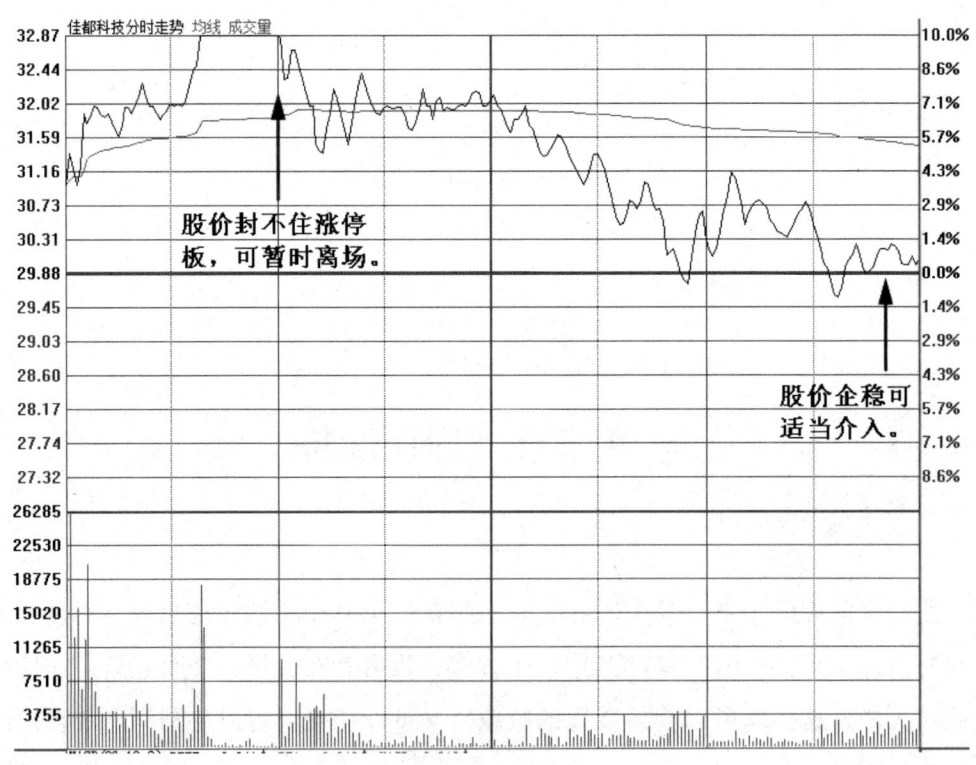

图（1-3-1）

图（1-3-1）是佳都科技（600728）在 2015 年 10 月 21 日的 K 线分时走势图。个股在当日的分时中走出冲高回落的走势，个股在早盘出现单边上扬的走势，股价一度封在涨停板上。但随着股价在高位的抛盘增多，股价难以维持，随后开板，股价出现回落。

投资者在这时就可利用先卖后买式 T+0 交易，先短期卖出获利了结，锁定到手的收益。等股价在大幅跳水后择机买进，补充仓位。这一波一卖一进 T+0 交易，可让投资者获取 8 个点以上的收益，获利相当不错。

图（1-3-2）

图（1-3-2）是佳都科技（600728）在 2015 年 9 月至 2015 年 11 月的 K 线走势图。个股在区间走出一个不错的上涨走势，股价维持在均线上方运行，个股中线行情看好。投资者可介入底仓，实施 T+0 交易获取收益。

个股在运行中走出一波洗盘的走势，洗盘的动作不大，股价仍牢牢站稳均线

之上，支撑股价行情继续看好。个股在洗盘之后股价出现快速拉升的走势，首日即走出大阳线，股价涨幅 10 个点，短期买进利润不错。大阳线支撑股价继续看涨，但个股的两天涨幅高达 20%，获利盘大量出现，股价有回调的需要。股价在第二天的走势中难以封板的原因就在此。投资者对这样的走势个股作出先卖后买的 T+0 交易是最优选择。

股价的回调从乖离率的走势也能看出，明显的短期偏离值过大，投资者获利了结是最好的决定。

我们再看一个案例。

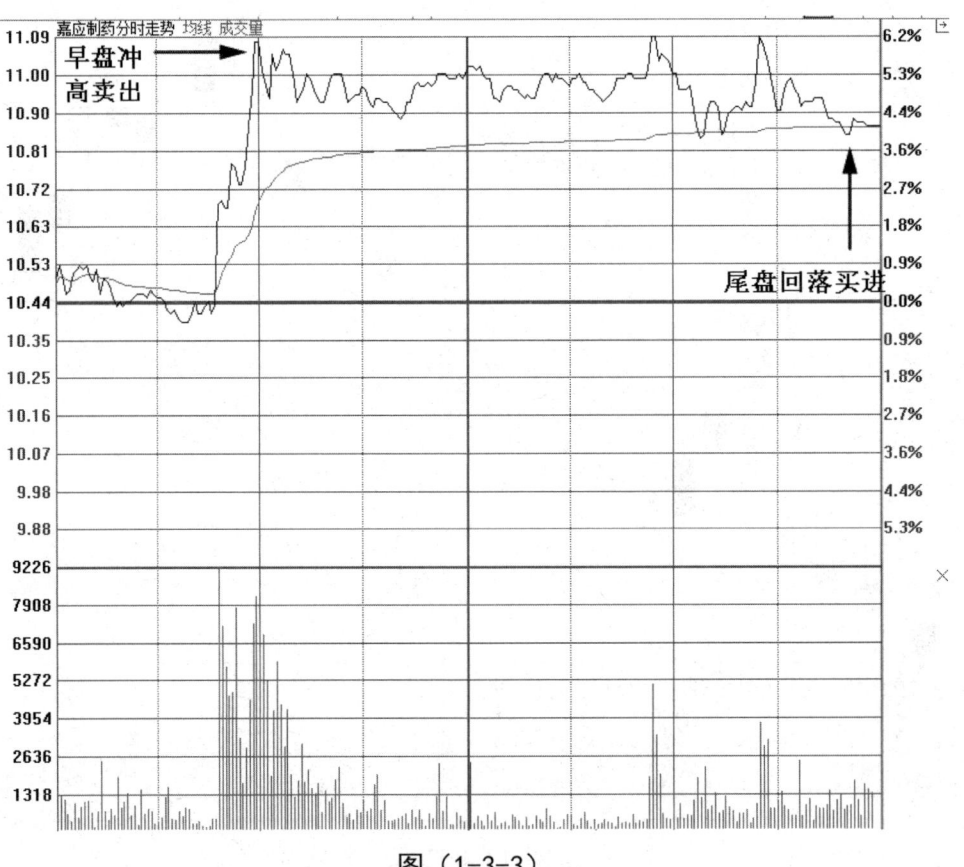

图（1-3-3）

图（1-3-3）是嘉应制药（002198）在 2015 年 11 月 26 日的 K 线分时走势图。个股在当日的分时中走出冲高回落的走势，个股在早盘作出一个简单的洗盘动作后，股价开始直线拉升，短时间内股价涨幅大于 6%。股价在大幅上涨后出现高位滞涨的走势，多次冲击高点但都无功而返，个股随后走低。

这里的 T+0 交易就是在股价冲高时卖出，并在股价尾盘回落后买进，获取其中的波动差异。个股的波动不大，但也有两个点的空间，收益还算可观。

我们看个股日线随后怎样运行。

图（1-3-4）

图（1-3-4）是嘉应制药（002198）在 2015 年 10 月至 2016 年 1 月的 K 线走势图。个股在区间前期走出一个上涨走势，但随着股价的上涨抛盘慢慢出现，股价在高位出现巨幅波动。其中的波动很大，但因为个股已跌破均线，破坏了股价中线看好的前提，T+0 操作困难增大，底仓亏损的风险放大。

但投资者们若是回过头来想，正是因为保持着适度的仓位，才保证投资者在跌幅放大时，没有无限放大风险。正是因为还有后备仓位的存在，投资者们才可以在更低的价位拿到筹码，进而获取更大的收益。

当然投资者们若是判断个股的趋势发生变化，就要对仓位作出进一步减少的操作，不可盲目让底仓置于亏损之中。

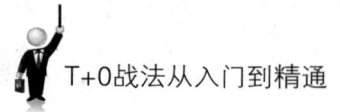

我们再看一个案例。

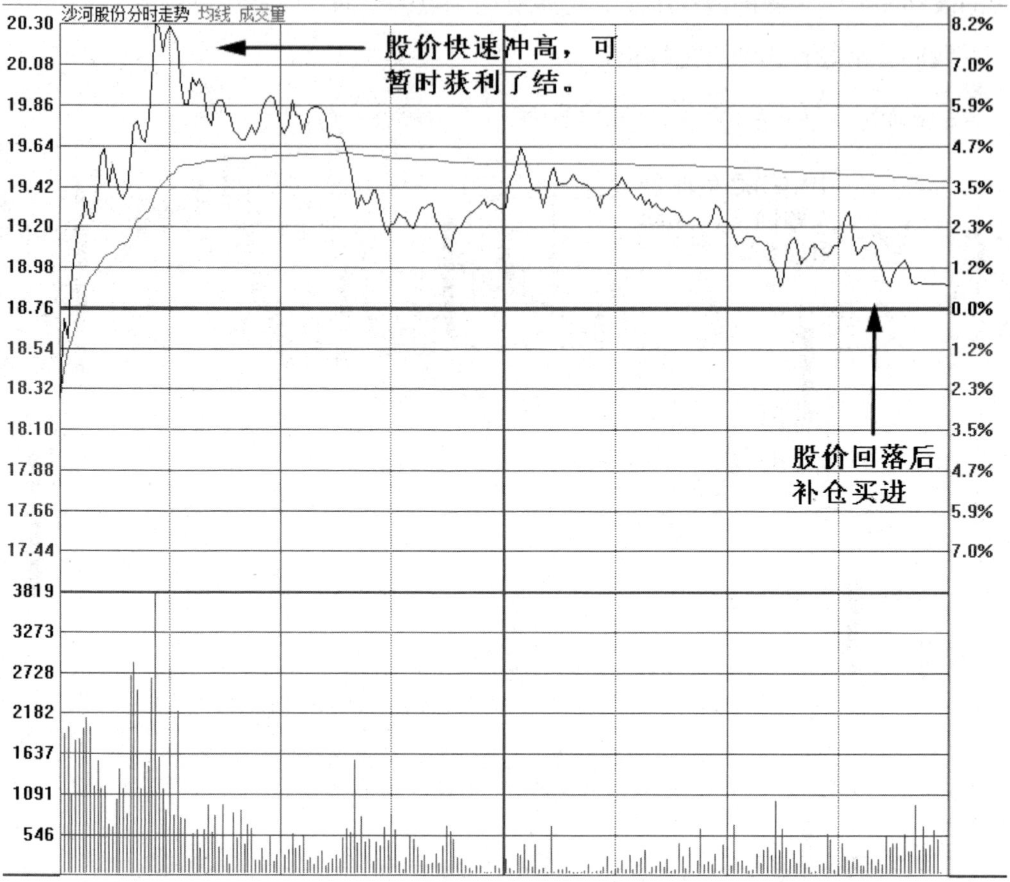

图（1-3-5）

图（1-3-5）是沙河股份（000014）在 2016 年 3 月 3 日的 K 线分时走势图。个股在当日的分时中走出冲高回落的走势，个股在早盘出现大幅上涨的走势，股价在短时间上涨 8% 以上。随之而来的抛盘增大，个股走出冲高回落的走势。当天个股波动不小，把握住机会的投资者将获利不错。

投资者利用 T+0 交易在股价冲高时卖出，并在股价尾盘回落后买进，获取其中的波动差异。一来一去投资者获利起码在 6 个点左右，投资收益不错。

但我们看个股第二天走势。

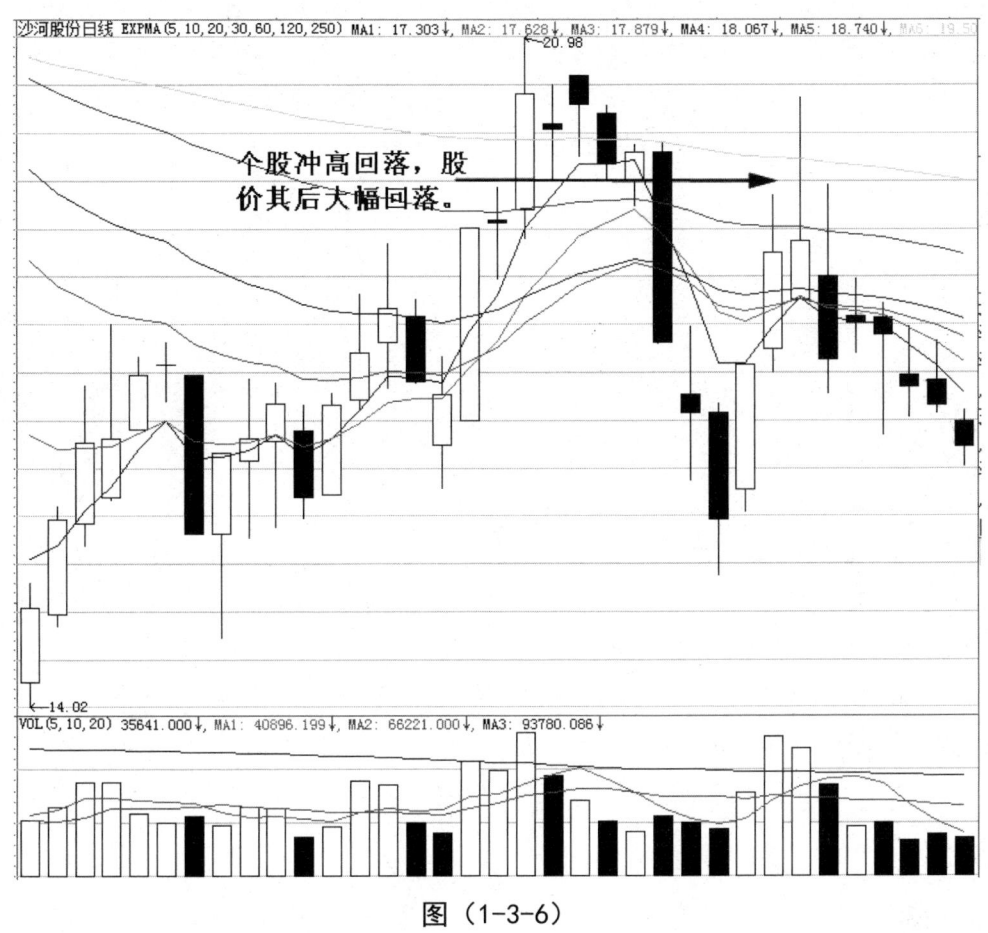

图（1-3-6）

图（1-3-6）是沙河股份（000014）在2016年1月至2016年3月的K线走势图。个股在区间前期走出一个上涨走势，但这一段上涨已是行情的最后升势。随着股价的反弹，高点的抛盘出现，股价随后出现大幅滑坡。其中虽有反弹，但也是无力回天股价长期走入跌势。

而我们节选的T+0交易机会就是反弹中出现的长上影，个股随后大幅回落。投资者在这一段交易中面临底仓被套的风险。

投资者对于底仓被套不可无动于衷，也不可太过急切而盲目乱动。这时更要注意操作的正确性。可通过T+0的方式慢慢降低持股成本。也可以在相对把握较大的点位通过增加仓位来摊薄成本，降低解套的难度，从而顺利解套。

第二章

T+0 分时操作

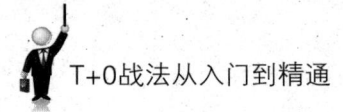

第一节　高开低走 T+0

在分时图中，股价在开盘阶段出现高开走势，随后却在盘中出现了持续走低的情况，这个价格高开低走的走势适合投资者先卖后买 T+0 的交易方式。在分时图中，投资者在高位时卖出获利，在接下来的价格走低中买入股票回补仓位。

我们来看个股的分时走势。

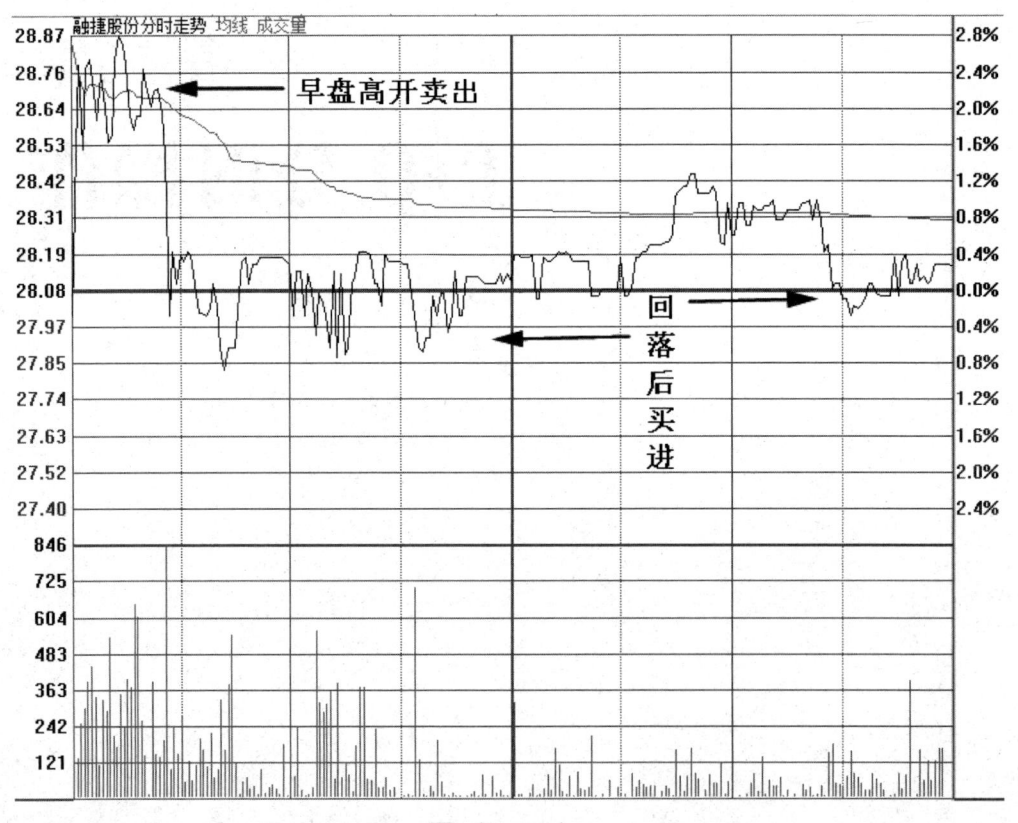

图（2-1-1）

图（2-1-1）是融捷股份（002192）在 2015 年 10 月 20 日的 K 线分时走势图。个股在当日的分时中走出高开低走的走势，个股在早盘出现高开的走势，并出现

持续的震荡，因股价难以继续向上，买盘涌出，股价在短时间出现大幅回落。个股股价在出现回调后，维持低位震荡走势，虽在尾盘出现反弹但量能不配合，股价继续回落。

　　个股走出高开低走的走势。当天股价波动不小，投资者可把握住机会获取收益。投资者可利用 T+0 交易在股价早盘卖出，并在股价回落后尾盘买进，获取其中的波动差异。

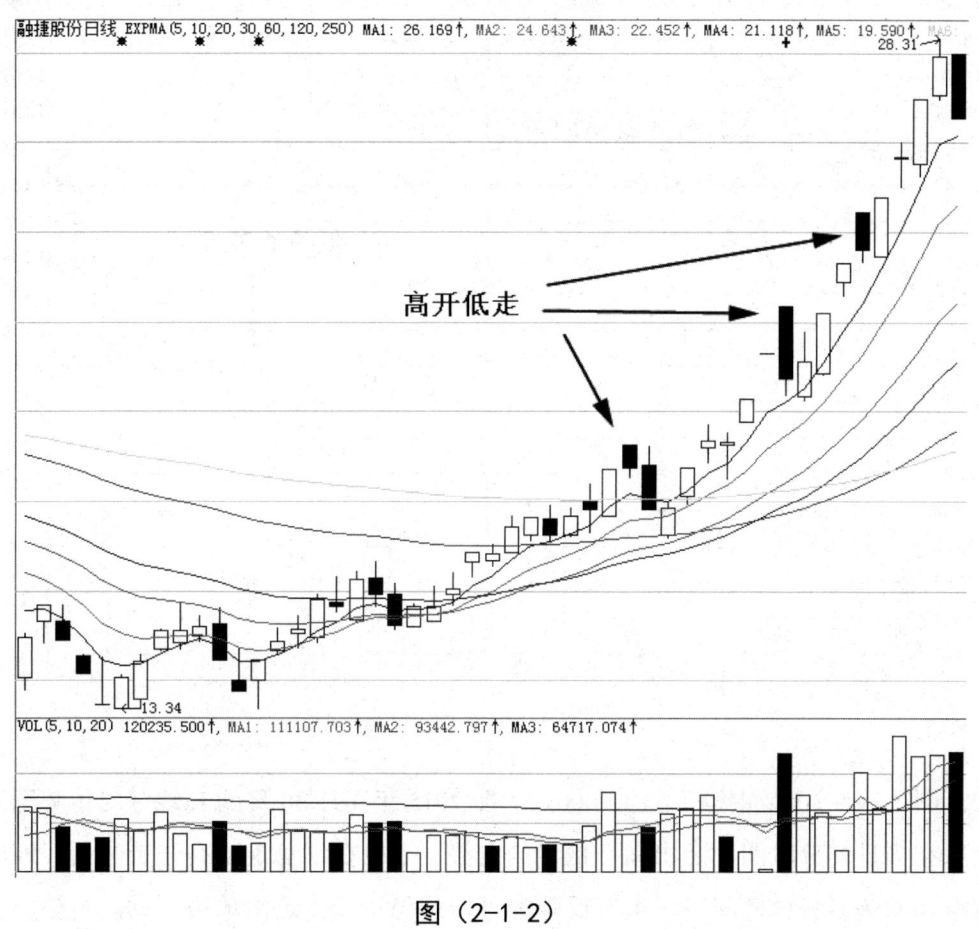

图（2-1-2）

　　图（2-1-2）是融捷股份（002192）在 2015 年 8 月至 2015 年 11 月的 K 线走势图。个股在区间前期走出一个明显的上涨走势，股价走出低位的调整区，沿均线走出稳步上升的走势。个股 T+0 交易的中线条件良好。

　　因为个股已摆脱低位的调整区，股价不可能出现大幅的回落洗盘。但股价在上行的过程中仍需要不时对浮筹加以清洗，个股在上行中就走出了高开低走的高

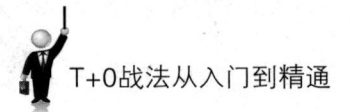

震荡走势，通过放大当天K线的阴线实体来达到吓阻投资者，清洗浮筹的目的。

在这样的走势下投资者就可以反其道而行，利用高卖低买T+0的交易方式获取收益。个股在K线中的多次机会可让投资者获利颇丰。

我们再看一个案例。

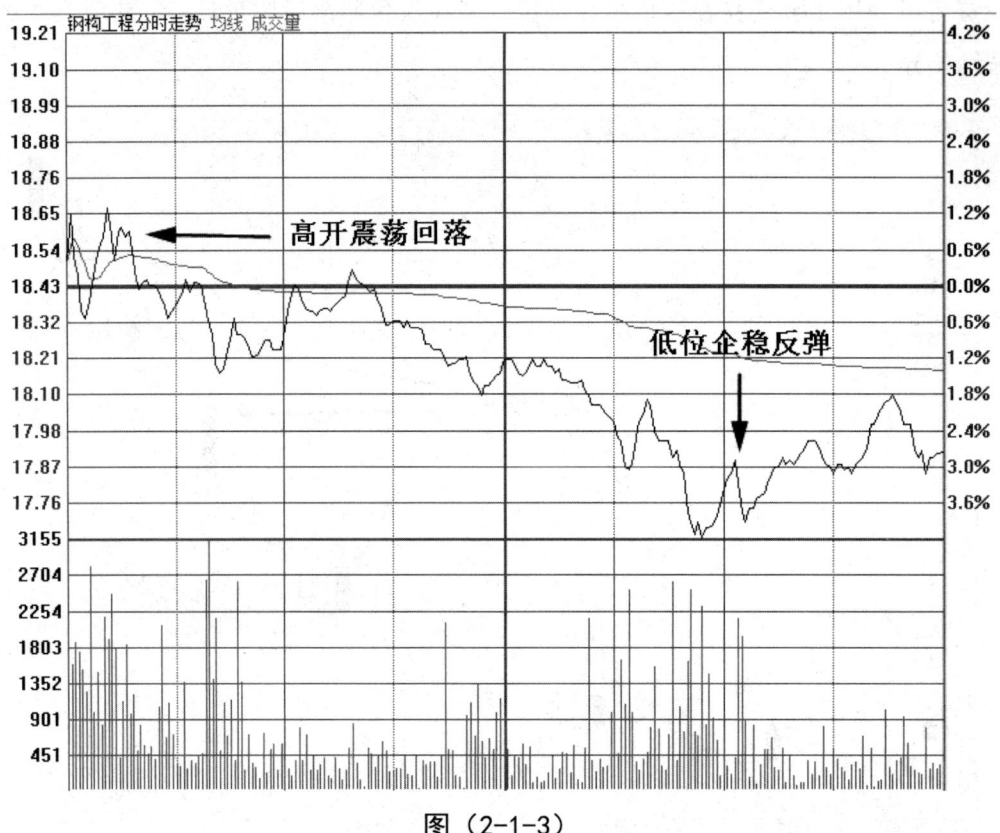

图（2-1-3）

图（2-1-3）是钢构工程（600072）在2015年4月30日的K线分时走势图。个股在当日的分时图中走出高开低走的走势，个股在早盘走出高开走势后，即出现震荡回落走势。期间股价虽有反弹但难以站稳均线，走出单边下跌的走势。股价在尾盘出现回升，但行情不大，股价持续低迷。

个股走出高开低走的走势。全天个股波动在5个点以上，充足的波动空间提供了投资者的获利空间。投资者可利用T+0交易在股价早盘卖出，并在股价回落后尾盘买进，获取其中的波动差异。

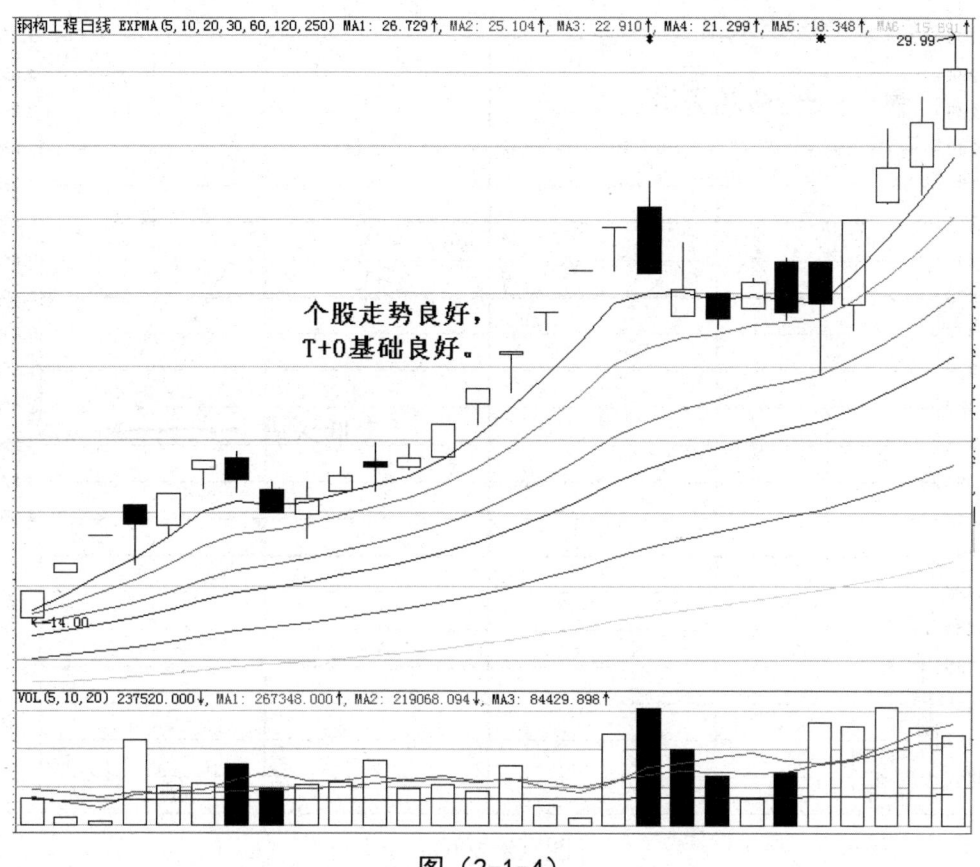

个股走势良好，
T+0基础良好。

图（2-1-4）

图（2-1-4）是钢构工程（600072）在2015年4月至2015年5月的K线走势图。个股在区间前期走出一个明显的上涨走势，股价维持在均线之上，即使出现调整，个股也能在短时间内回收均线，均线对股价的支撑明显。个股T+0交易的中线条件良好。

个股在上升中同样是通过单日的巨幅调整，达到洗盘的目的。个股高开低走且K线形态恶劣，短线投资者纷纷卖出，实现清洗浮筹的目的。在这样的情况下，投资者仍可利用高卖低买T+0的交易方式获取收益。

当然我们要强调，分时的T+0交易的进行是建立在中线看好的基础上的，失去股价继续上涨的判断，高开低走的买卖基础不复存在。请投资者们注意。

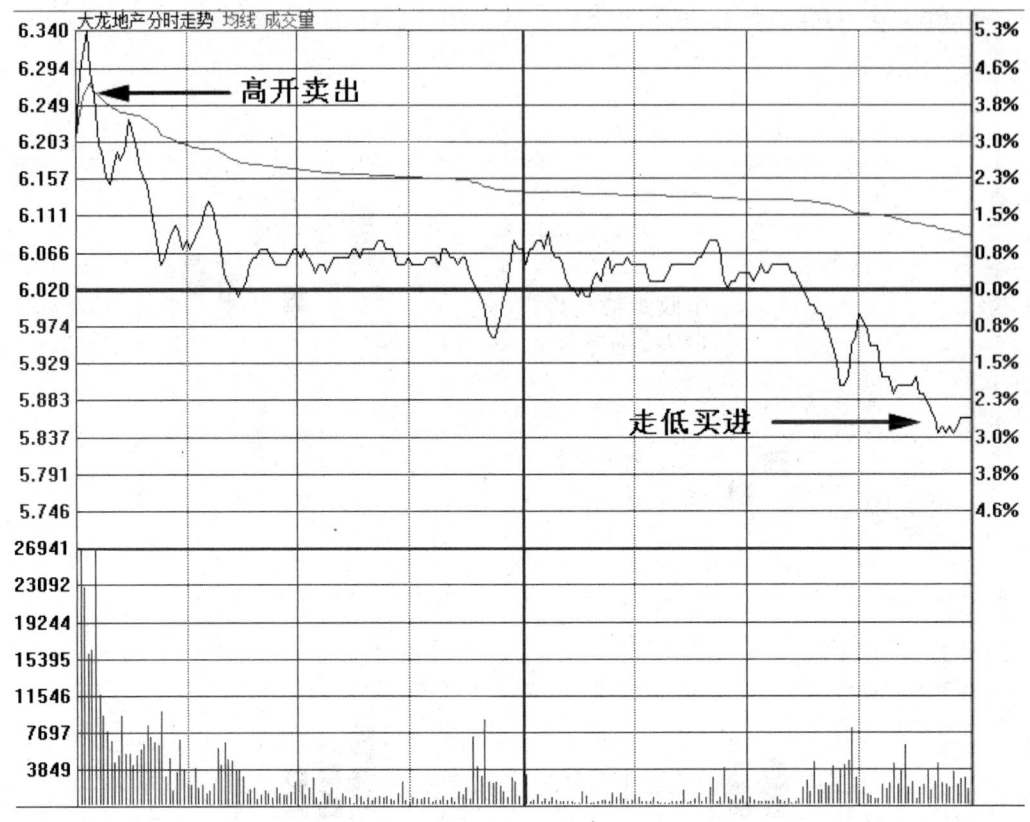

图（2-1-5）

图（2-1-5）是大龙地产（600159）在 2015 年 3 月 31 日的 K 线分时走势图。个股在当日的分时图中走出高开低走的走势，个股在早盘走出高开走势，并出现短时间的冲高走势。股价随后走出单边下跌的走势。个股全天行情低迷，振幅高达 8 个点以上。

个股走出高开低走的走势。全天个股波动在 8 个点以上，投资者可利用 T+0 交易在股价早盘卖出，并在股价回落后尾盘买进，稳稳地可获取 5 个点以上的收益，获利不错。

图（2-1-6）是大龙地产（600159）在 2015 年 3 月至 2015 年 4 月的 K 线走势图。个股在区间前期走出一个明显的上涨走势，股价维持在均线之上，均线对股价的支撑明显。投资者们操作 T+0 交易的中线条件充分。

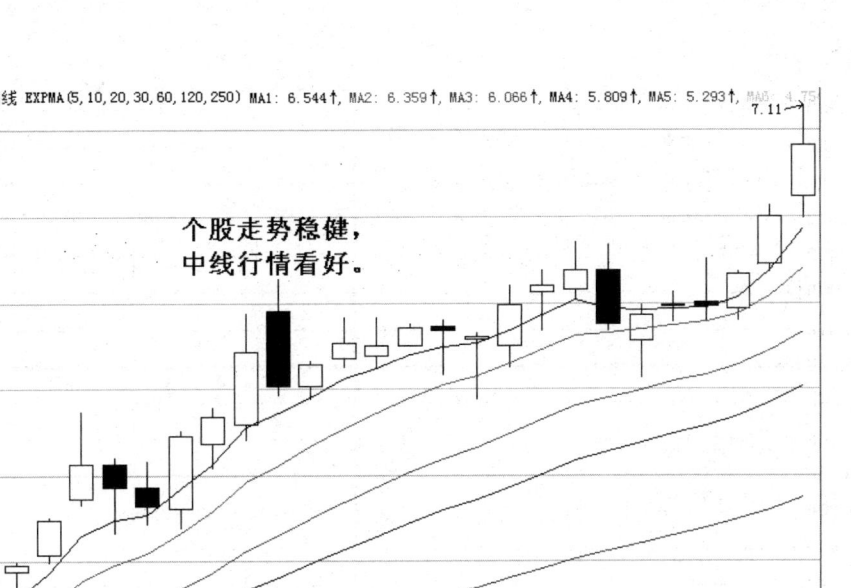

图（2-1-6）

投资者在 2015 年 3 月 31 日的 K 线走势中，可利用高卖低买 T+0 的交易方式获取收益。但我们也看到个股的 K 线并不都是如此，不少 K 线的走势是高开并出现不小的冲高后，才出现回落的走势。并且个股的回落幅度也不是太大，若是这样的情况下投资者们卖出个股，反而会有一定的利润损失。这一点就要投资者结合个股所处的阶段来判断了，个股老处于一个主升浪行情中，升势强力，回调会较少，投资者要有所了解。

图（2-1-7）是大龙地产（600159）在 2015 年 3 月 23 日的 K 线分时走势图。个股在当日的分时中走出高开并冲高回落的走势，个股在早盘出现高开，随后股价在均线上方盘整，在确认均线的支撑有效后，个股开始新的走高，股价短时间拉升近 6 个点，个股出现巨大升幅，随着股价的大幅上升抛盘出现，股价出现回落走势。但个股全天仍维持强势行情。

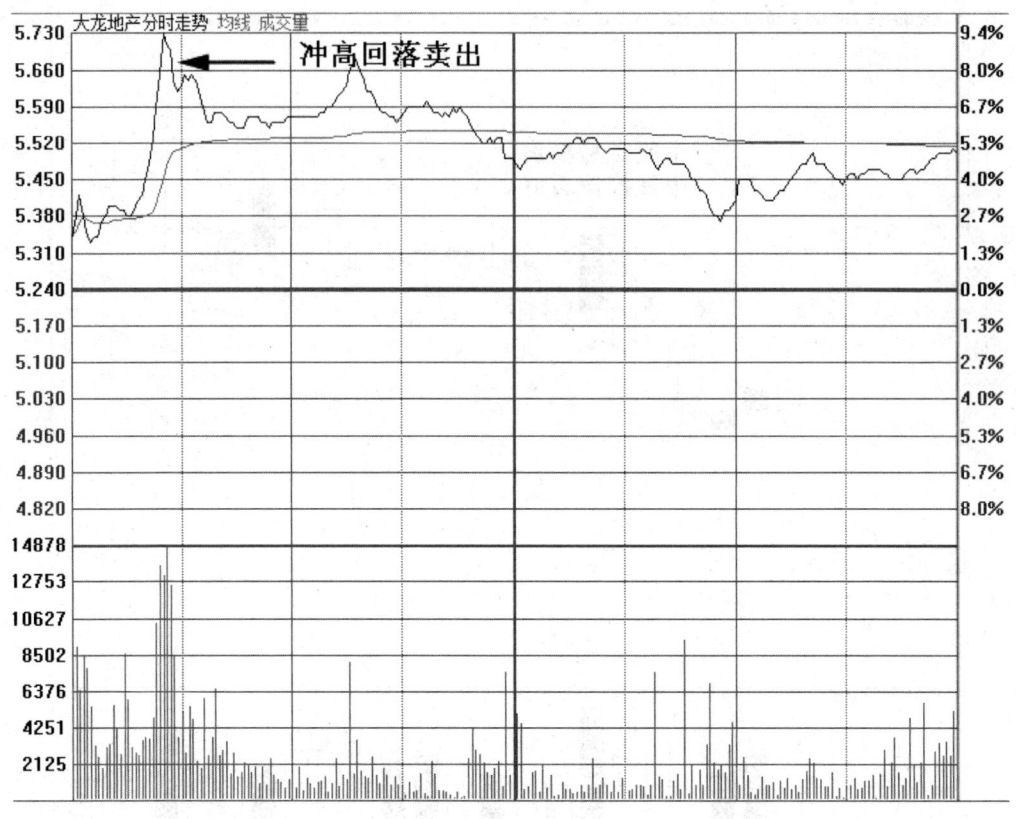

图（2-1-7）

个股在冲高回落的走势下,投资者最好的T+0交易机会就是在股价冲高时卖出,并在股价回落后尾盘买进。就个股而言，也可获取3个点的收益。

冲高回落也是分时中典型的走势，在下一节中我们会重点介绍。对于行情的持续性，高开的个股能不能继续上行，投资者可从均线及量能等方面进行判断。这一点在以后的章节中我们也会一一解答，希望能对投资者有所帮助。

▌ 第二节　冲高回落 T+0

股价开盘放量冲高的情况很常见，这种价格走势中股价表现虽然强势，但阶

段性的冲高往往缺乏量能的持续放大作为支撑，行情的持续性也会稍显不足。若是股价在快速冲高中，量能以脉冲形式迅速放大，而后在短时间内量能出现萎缩，股价冲高后也难以维持，分时的冲高回落走势形成。投资者可注意 T+0 的交易机会。

成交量以脉冲形式放大，持续时间则必然有限，那么股价上涨的时间也会相当有限。在这样的情况下，股价若是不能一步到位，拉升到高点。那么后续面临的必然是短期的回调。这也是投资者们操作 T+0 交易的支撑因素。

下面我们看案例来分析冲高回落 T+0 的买点与卖点。

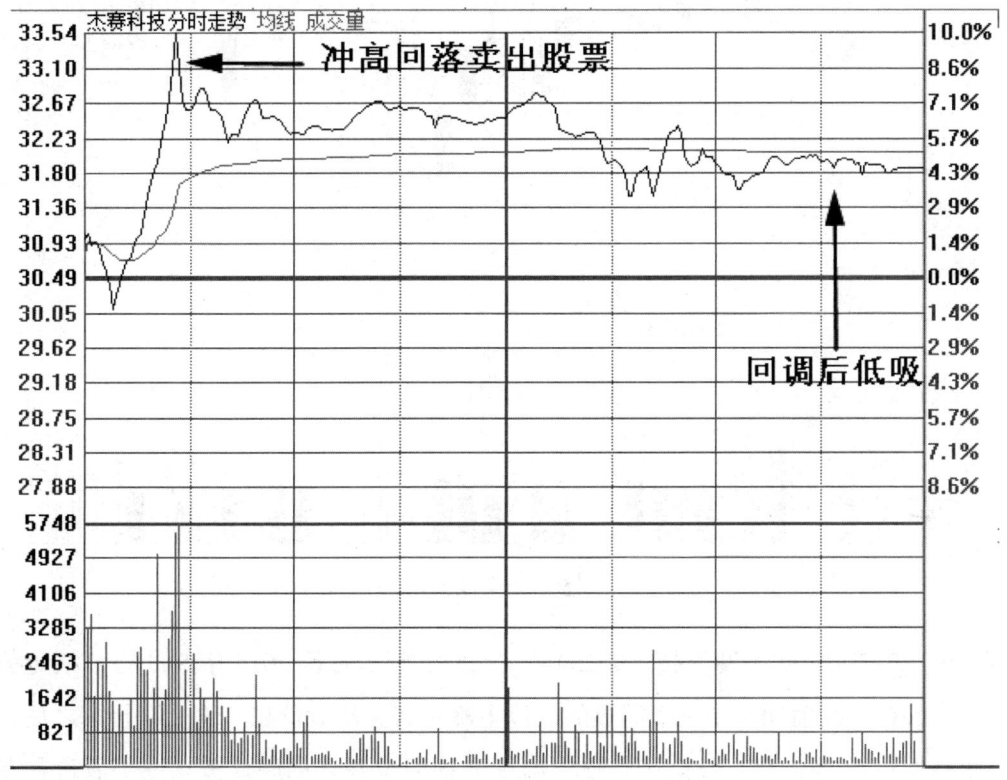

图（2-2-1）

图（2-2-1）是杰赛科技（002544）在 2015 年 3 月 19 日的 K 线分时走势图。个股在当日的分时中走出高开并冲高回落的走势，个股在早盘出现高开，并作一个短时间的洗盘调整，随后股价开始快速拉升，股价短时间拉升近涨停位置。个股出现巨大升幅，随着股价的大幅上升抛盘出现，而封盘的资金却迟迟不见放大，股价出现回落走势。

个股在冲高回落的走势下，投资者最好的 T+0 交易机会就是在股价冲高时卖出，

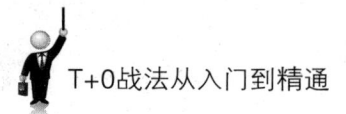

并在股价回落后尾盘买进。就个股而言，投资者可获取近 5 个点的收益。

图（2-2-2）

图（2-2-2）是杰赛科技（002544）在 2015 年 3 月至 2015 年 5 月的 K 线走势图。个股在区间前期走出一个明显的波段上涨走势，从股价在一轮上涨行情之后，走出盘整的走势来看，股价在盘整中出现波动但也并未彻底跌破均线。股价在获得均线支撑之后，开始新的上升趋势，个股的中线向上行情继续看好。

个股在这样的运行区间中，走出两个冲高回落的走势。究其原因：一个是股价大幅上涨带来的抛盘增加，因而股价回落。另一个则是前期套牢盘的出现股价也回落。从这两个原因看，我们知道股价的回落并非无迹可寻，在投资者对个股的运行有了清楚的认识之后，就可以趋利避害，达到事半功倍的效果。而这一案例中的高卖低买 T+0 的交易方式正是实现这一效果的有效手段。

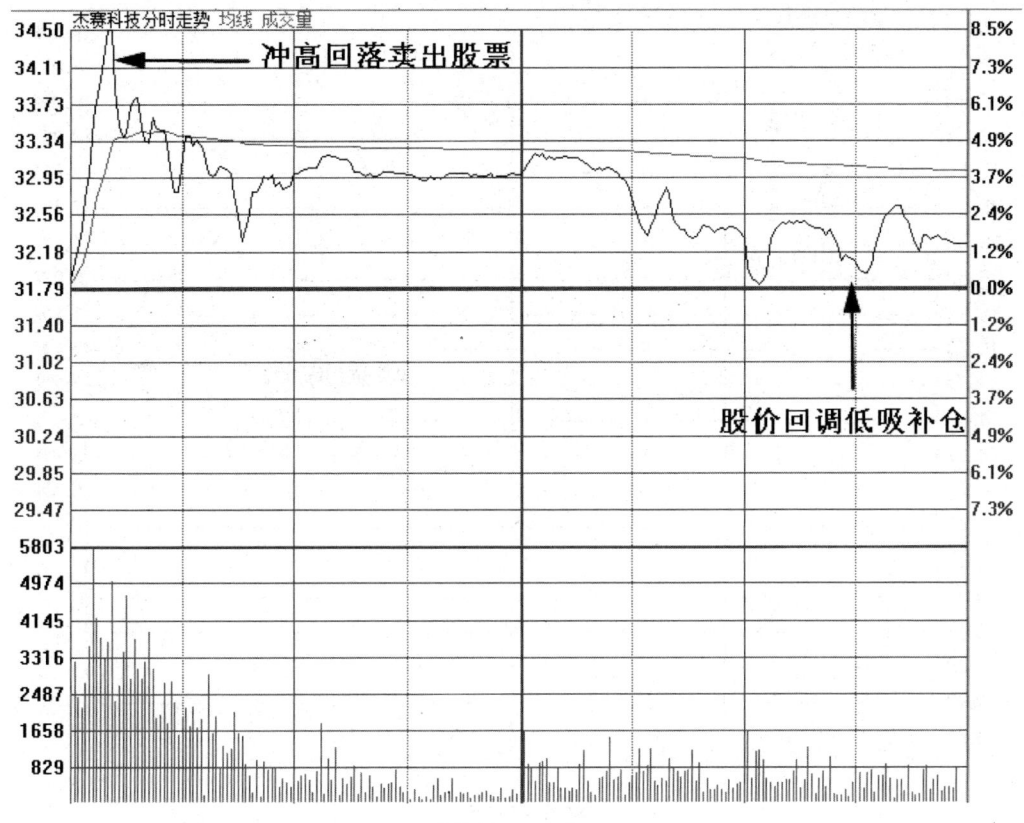

图（2-2-3）

图（2-2-3）是杰赛科技（002544）在2015年4月20日的K线分时走势图。个股在当日的分时中走出高开并冲高回落的走势，个股在早盘开盘后即出现拉升的走势。个股一路上涨到8个点以上的位置。随着股价太高套牢盘出现松动，纷纷卖出。股价在套牢盘的压制下逐步回落。在分时上走出冲高回落的走势，在K线上留下长上影线。

个股的冲高回落的走势，投资者可采取T+0交易，在股价冲高时卖出，并在股价回落后尾盘买进。利用股价的波动赚取的差价也将在5个点以上，获利不错。

图（2-2-4）是朗科科技（300042）在2015年11月18日的K线分时走势图。个股在当日的分时中走出高开并冲高回落的走势，早盘开盘后即出现二波段的拉升走势。个股在两个波段的推动下上涨7个点以上，个股升幅不小。随着股价拉高套牢盘开始涌出，纷纷卖出。股价在抛压的压制下逐步回落。个股当天波动巨大。

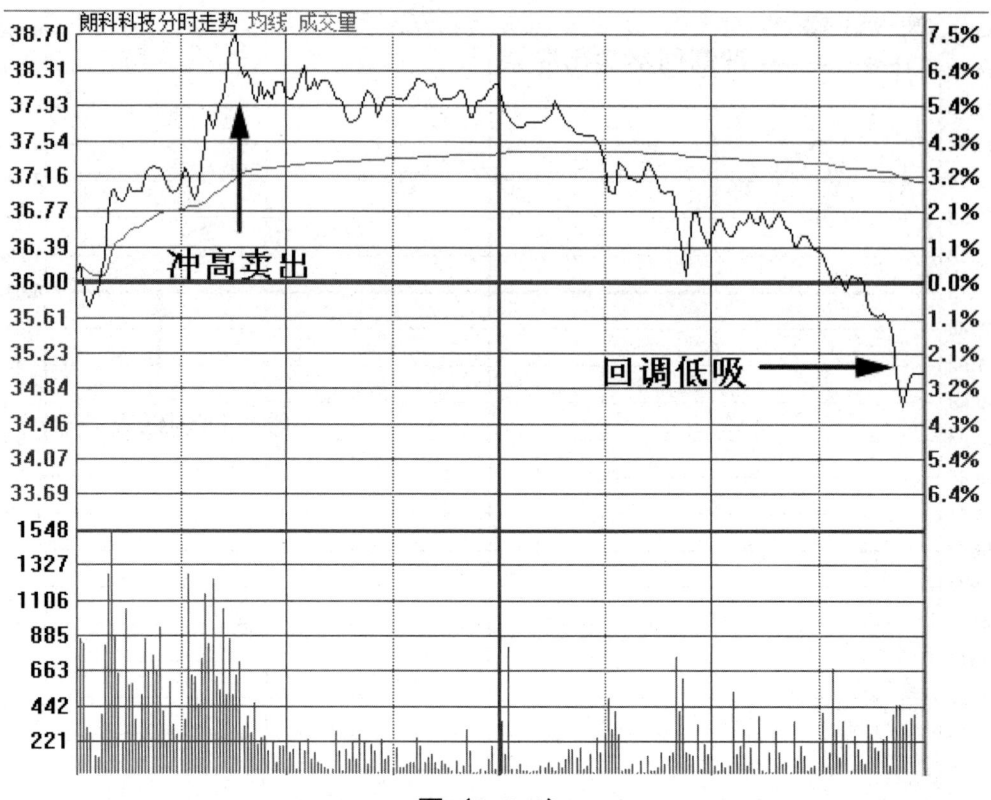

图（2-2-4）

投资者在个股的冲高回落走势中，可采取 T+0 交易。在股价冲高时卖出，在股价回落后尾盘买进。利用股价的波动赚取差价，这个 T+0 交易也能让投资者轻松获利六七个点以上，收益不错。

图（2-2-5）是朗科科技（300042）在 2015 年 11 月至 2015 年 12 月的 K 线走势图。个股在区间前期走出一个单边上涨的走势，股价在上升的过程中就在不断地进行洗盘动作。这样的走势看似凶险，但个股的持续上升动力正是在这样不断的洗盘中获得。而个股在洗盘中的大幅震荡也为投资者的波动操作提供条件。T+0 交易基础良好。个股在洗盘中股价不跌破均线，这一点也支撑个股的中线行情。

个股在需要洗盘才能不断上行的情况下，多次走出冲高回落的走势。投资者就可以因势利导，采取 T+0 的交易方式获取额外的投资收益。

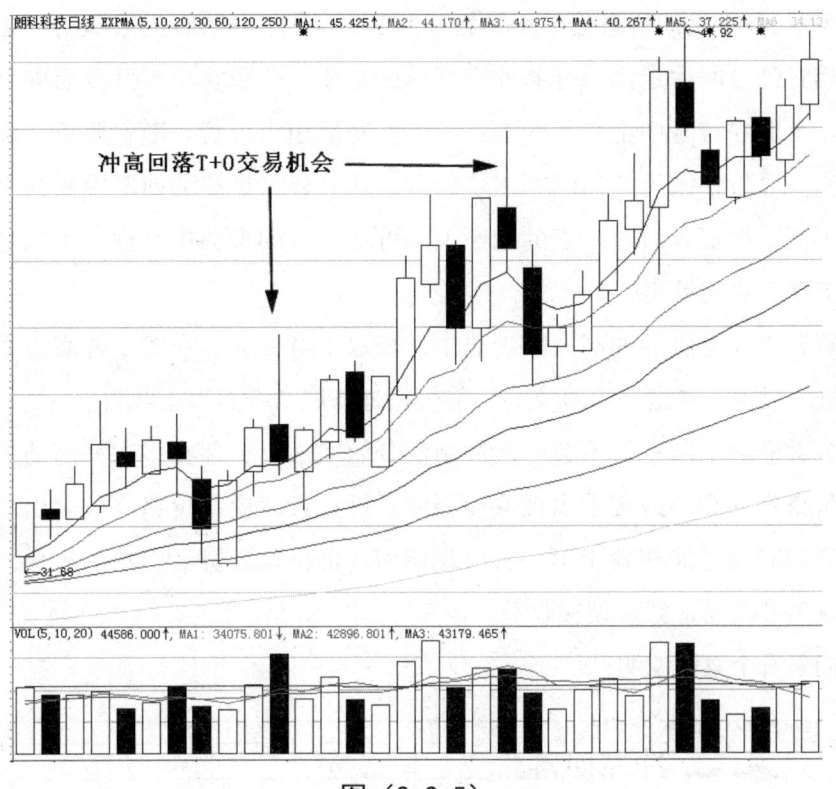

图（2-2-5）

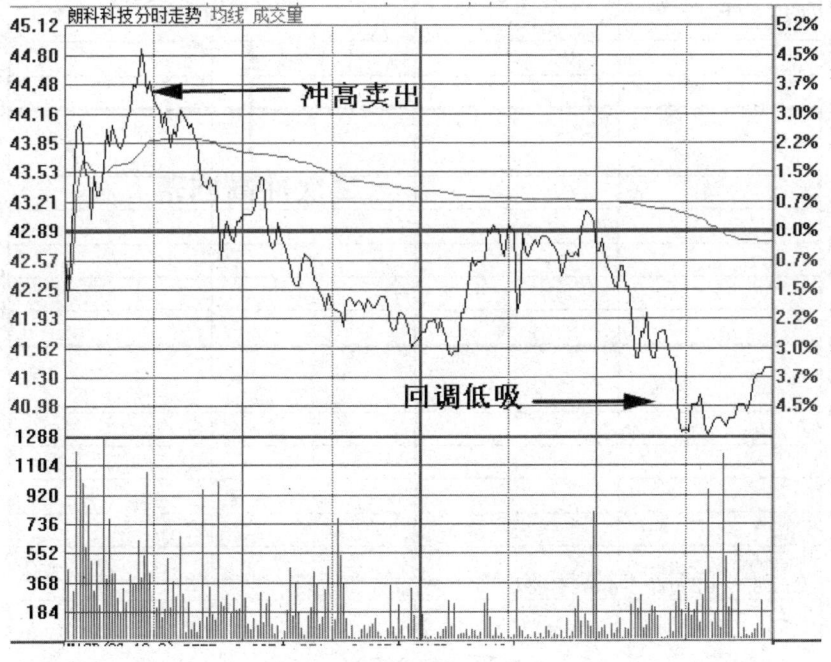

图（2-2-6）

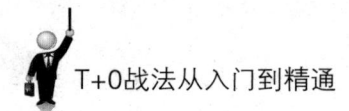

图（2-2-6）是朗科科技（300042）在2015年12月1日的K线分时走势图。个股在当日的分时中走出高开并冲高回落的走势，个股在早盘开盘后即出现拉升的走势。个股在拉升中上涨了5个点以上，升幅相当可观。随着股价拉高获利盘开始涌出。股价在抛压的压制下逐步回落。这一分时走势的回落因素与上一交易日有所不同，投资者对这一点的判断上，可从日线的走势中发现。个股当天的波动同样支撑T+0交易实施。

投资者可在个股的冲高回落走势中，采取T+0交易。在股价冲高时卖出，回落后买进。投资者在这一T+0交易也能轻松地获取7个点以上收益。

很多看涨的个股一般不会一次冲高便开始回落，也存在多次冲高的情况。如果个股价格在冲高的过程中出现量能萎缩，投资者就应在价格高位卖出。如果第二次冲高的时候量能相较于第一次出现萎缩，也将是投资者卖出的机会，可把握机会完成T+0交易，获取超额收益。

我们来看个案例说明。

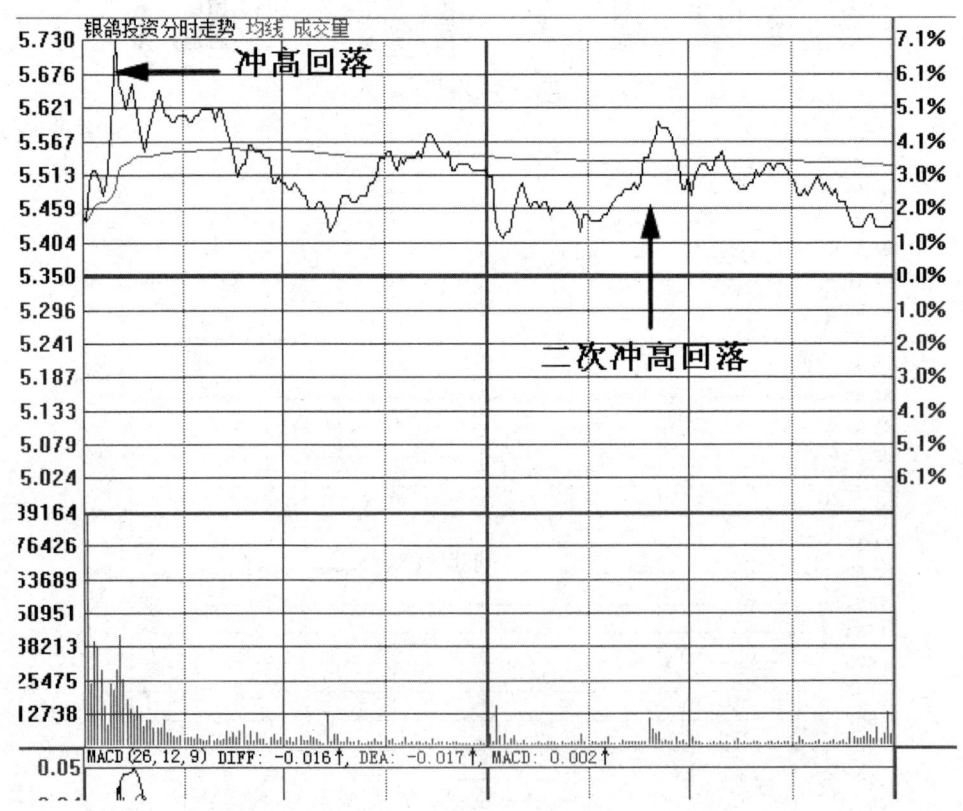

图（2-2-7）

图（2-2-7）是银鸽投资（600069）在 2015 年 3 月 6 日的 K 线分时走势图。个股在当日的分时中走出多次冲高回落的走势。个股在早盘开盘后即出现拉升势，在这一波拉升中上涨了 7 个点以上，在股价出现快速拉高的情况下，获利盘开始涌出，股价在抛压的压制下逐步回落。股价虽受制于获利盘的压制，但在运行中也两次走出向上的走势，但最终因量能的不济，股价没能再创新高。股价呈现继续回落的走势。

对于分时中第二次出现的股价抬高现象，投资者也可把握机会，采取 T+0 交易获取投资收益。股价在再次上升的过程中，不能越过前高，支撑投资者 T+0 交易短线获利；而股价在抬高的过程中量能也没有释放，这也不支撑股价的继续上行，卖出意义同样明显。对投资者来说 T+0 是最好的交易方式，投资者可把握机会。

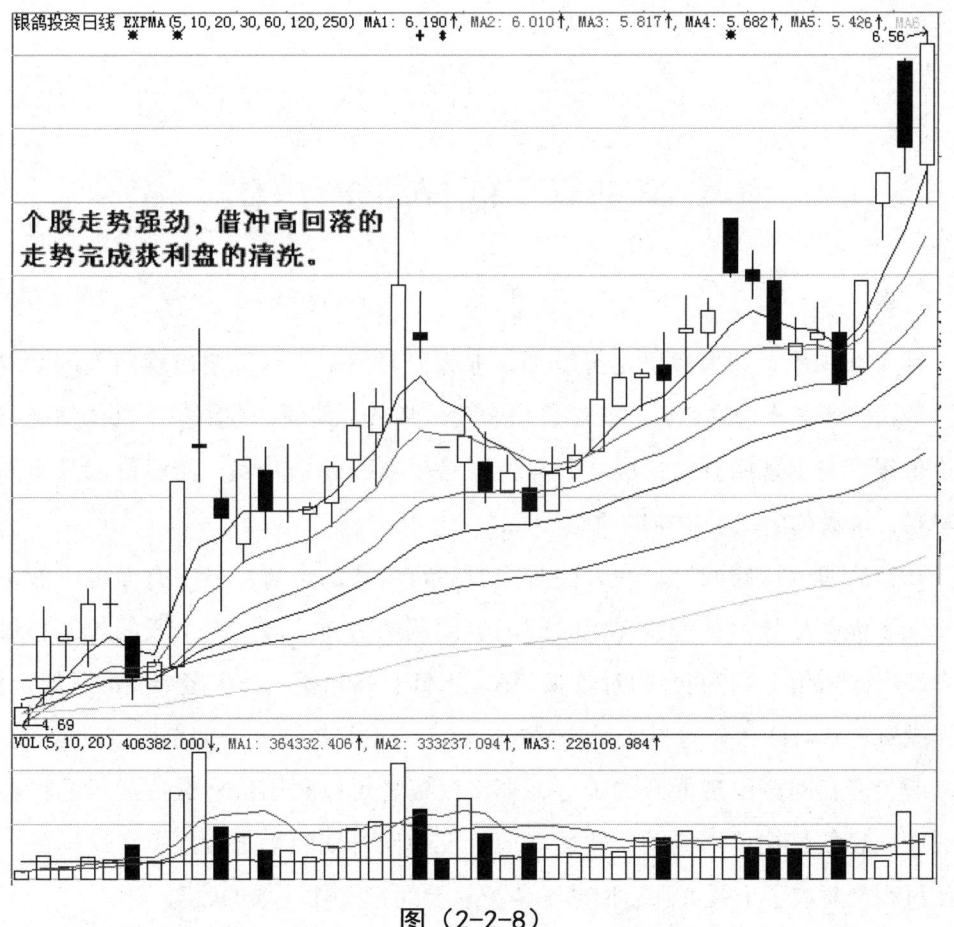

图（2-2-8）

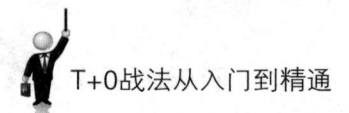

图（2-2-8）是银鸽投资（600069）在 2015 年 2 月至 2015 年 4 月的 K 线走势图。个股在区间前期走出一个单边上涨的走势，从股价的走势中多次出现的大阳线，我们就能看出个股的强大上升动能。因为个股有着巨大的上升动能，相对地对洗盘的迫切性就会更大。个股在走势上就出现巨大的波段，而这为投资者的 T+0 交易提供机会。

对于图中走势出现的冲高回落，或探底回升走势，投资者都可以通过 T+0 的交易方式获取投资收益。投资者把握住节奏的话，投资收益将非常可观。

以上即是我们的高开低走和冲高回落式的分时走势，对应的 T+0 交易都是先卖后买。投资者只有对个股的分时运行有着一定的了解，才能在 T+0 交易中获取收益。对分时图的正确解读是 T+0 交易的必要前提。而这又是必须建立在 K 线之上的走势。看长做短，获利倍增。

第三节　低开高走 T+0

日 K 线图中，如果股价走势较强，那么分时图中开盘价格出现回调的情况，同样是我们考虑建仓的机会。既然价格表现较强势，即便是在跳空下跌的情况下，股价也很容易出现回升的情况。开盘位置是 T+0 的建仓时刻，而股价回升至高位的时候，尾盘则出现了做空的机会。

开盘后股价探底回升，一方面是个股运行弱势的走势；另一方面也可能是股价短期上涨幅度较大，个股在短时间内有回调的需要。但又因个股的长期趋势继续看好，个股的回调时间会相对较短，第二天低开高走就成为很多个股的一般走势。这样投资者就可以在分时图低开的时候进行 T+0 交易操作，获取个股波动收益。

股价开盘时刻出现低开的走势，那么投资者可以利用价格低位运行的机会买入股票，以便把握价格波动，然后在股价反弹回升期间卖出股票。而这样的一个操作过程又对应了个股大涨后回落的需要，及时把握住获取的收益。

　　下面我们通过案例，找出其中的交易机会。

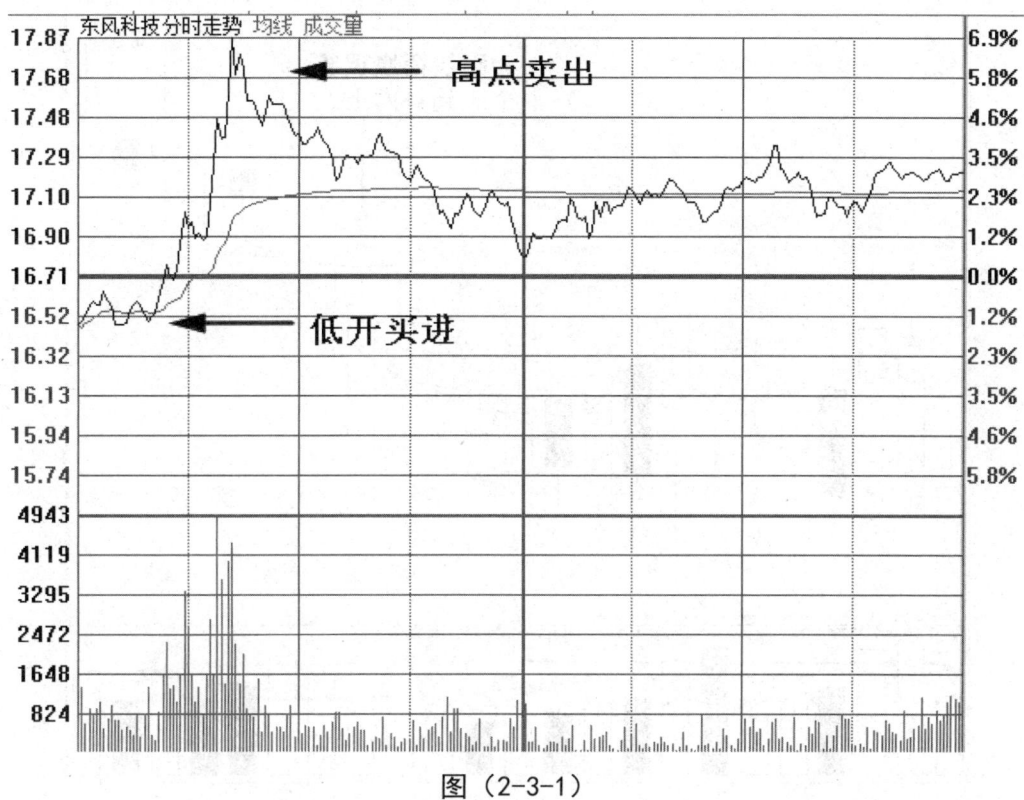

图（2-3-1）

　　图（2-3-1）是东风科技（600081）在2016年2月17日的K线分时走势图。个股在当日的分时中走出低开高走的走势，个股在早盘低开后即出现一段时间的震荡，随即走出拉升的走势。个股在这一波拉升中走出近7个点的行情。加之早盘的低开，个股的波动达到8个点以上。投资者T+0交易空间充足。

　　对这样低开高走的个股，投资者也可以采取T+0交易获取投资收益。股价在早盘的低开是买进，并在随后的冲高中卖出，获取收益。投资者这一段行情操作得当的话也能获取6个点以上的收益，获利相当不错。

　　图（2-3-2）是东风科技（600081）在2016年2月至2015年3月的K线走势图。个股在前期的运行中走出一个震荡的走势，而个股的上升动力在这样慢慢地积蓄能量。某日个股走出一根大阳线，个股行情摆脱震荡走势，进入上升行情中。个股随后走出连续的上升走势。而个股的走势向好支撑投资者的T+0交易。

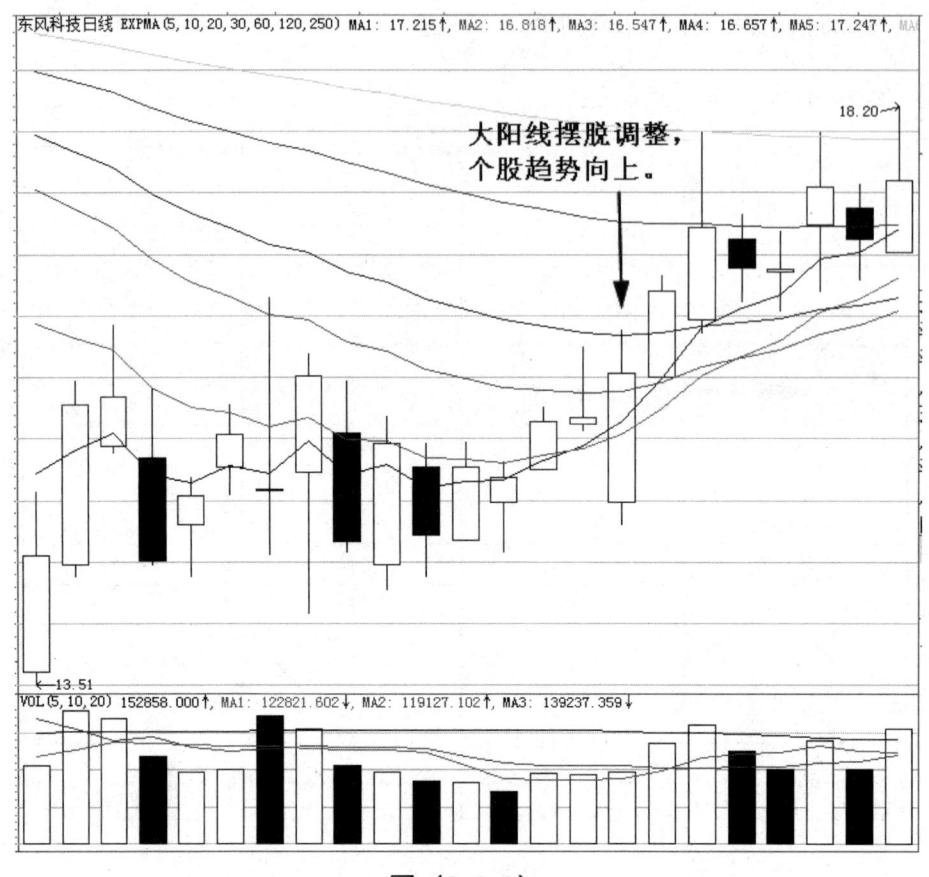

图（2-3-2）

　　个股在连续的大阳线上升中，股价出现快速上涨，抛盘也会随之出现。但个股的上升趋势已经确立，也不会让踏空的投资者有低价买进的机会。个股的上涨就采取了边拉边洗的方式上行，低开高走的 K 线形态出现。而这样的 K 线形态出现，正为投资者们的 T+0 交易打开空间，投资者可把握好机会。

　　我们再看一个案例。

　　图（2-3-3）是银河磁体（300172）在 2016 年 4 月 8 日的 K 线分时走势图。个股在当日的分时中走出低开高走的走势，个股在早盘低开后即出现拉升走势。个股在拉升后出现一段震荡的行情，并在尾盘再次出现拉升走势。个股在当天的波动中也有 5 个点的波幅，投资者把握机会也能获取不错的收益。

　　低开高走的个股，投资者操作 T+0 交易可以在早盘的低开时买进，并在随后的高位卖出，获取收益。

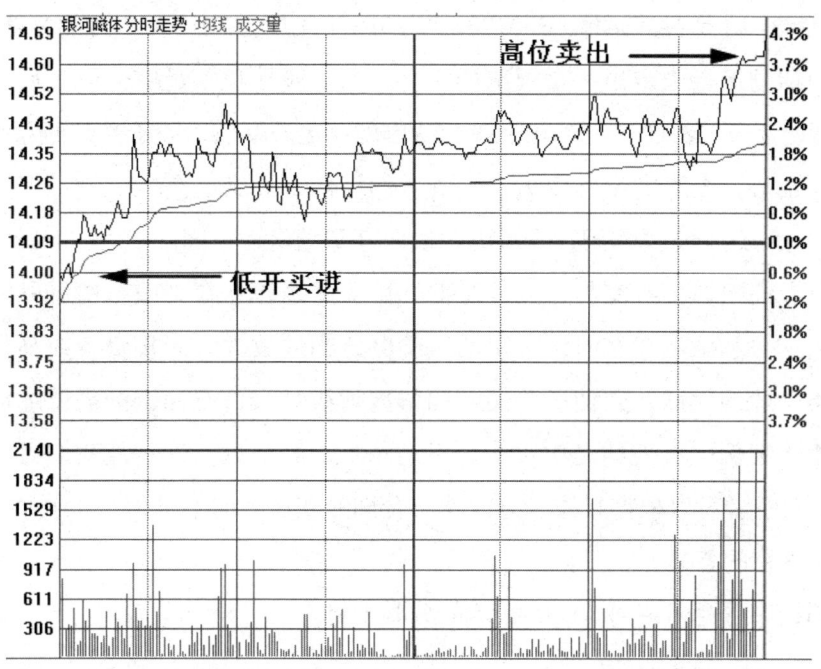

图（2-3-3）

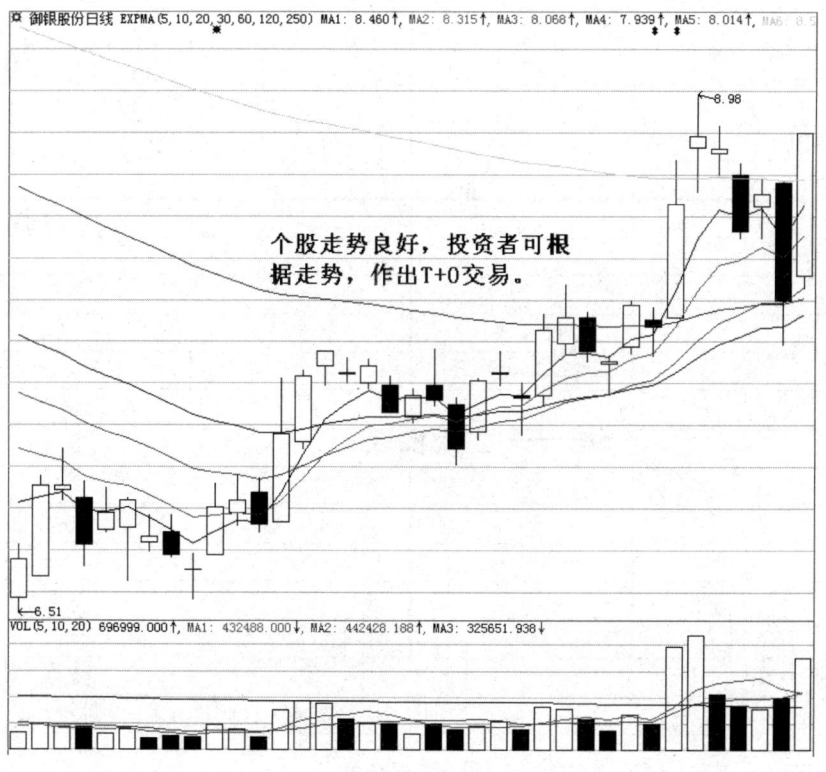

图（2-3-4）

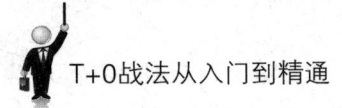

图（2-3-4）是银河磁体（300172）在2016年4月至2015年5月的K线走势图。个股在前期的运行中走出一个震荡的走势，而个股在积蓄足够的能量后，大阳线放出，开始上升趋势的运行。在个股行情出现一定升幅后，股价受到抛盘的影响，进入震荡走势，个股的波动变大，投资者们操作T+0交易空间大增。但这时投资者需要注意均线的支撑作用，个股的中线向好基础是否牢固。

投资者们把握T+0交易，尤其是低开后买进是建立在个股行情看好的基础之上的，当这一基础不存在时，买卖的风险会急剧地放大。而投资者在高位卖出个股是基于个股的大涨，致使股价短时间偏离均线太大，有回调的需要才成立的，所以对于本案例中出现的光头阳线，不是一个好的卖点，这一点我们可以从日线上发现。投资者可以根据日线和分时作出合理的变通。而不是为了T+0而T+0，最终失去了交易的意义。

我们最后看兰州黄河（000929）的分时走势。

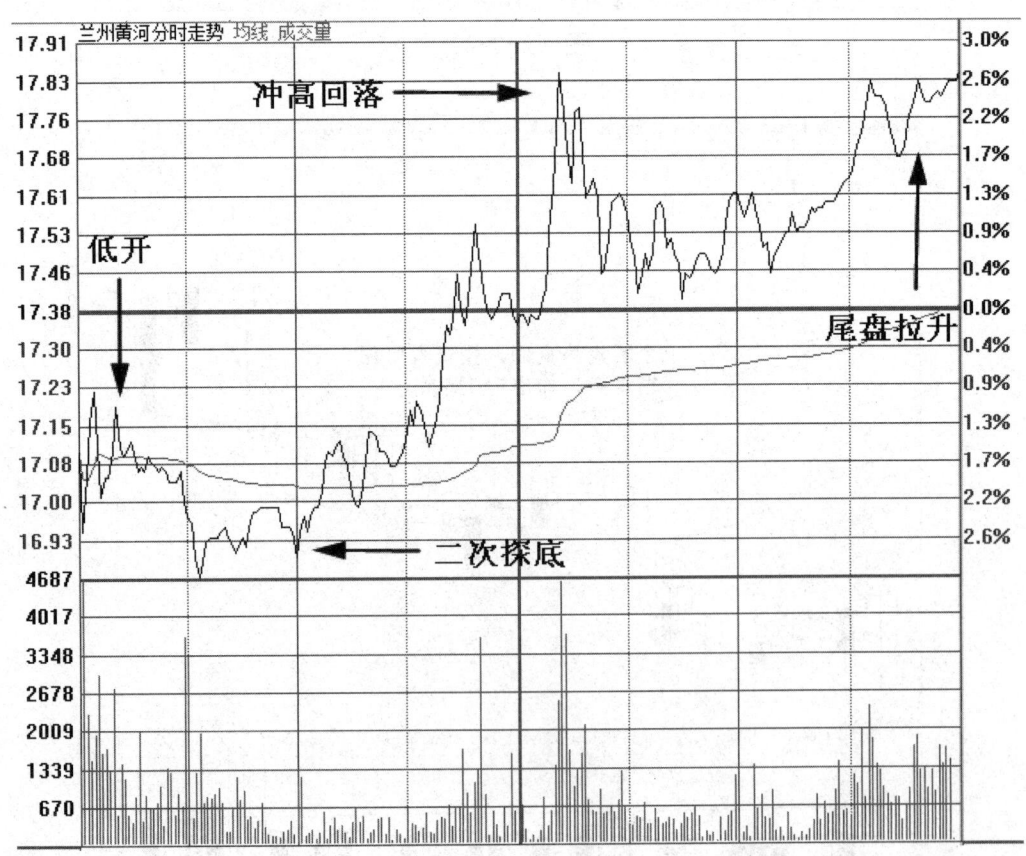

图（2-3-5）

　　图（2-3-5）是兰州黄河（000929）在 2016 年 5 月 8 日的 K 线分时走势图。个股在当日的分时中走出低开高走的走势，早盘低开后震荡，并出现二次探底的走势。个股在探底之后走出上升走势。股价在这一波行情中出现快速拉升，拉升后虽出现回调，但在尾盘股价回升，全天走势相对强势。

　　个股在探底回升后到股价的拉高，波动也有 5 个点的波幅，投资者把握机会也能获取不错的收益。投资者操作 T+0 交易可以在早盘的低开时买进，并在随后的高位卖出，获取收益。

　　对于个股中出现的二次探底和拉高后的调整，投资者从日线上就能发现端倪。

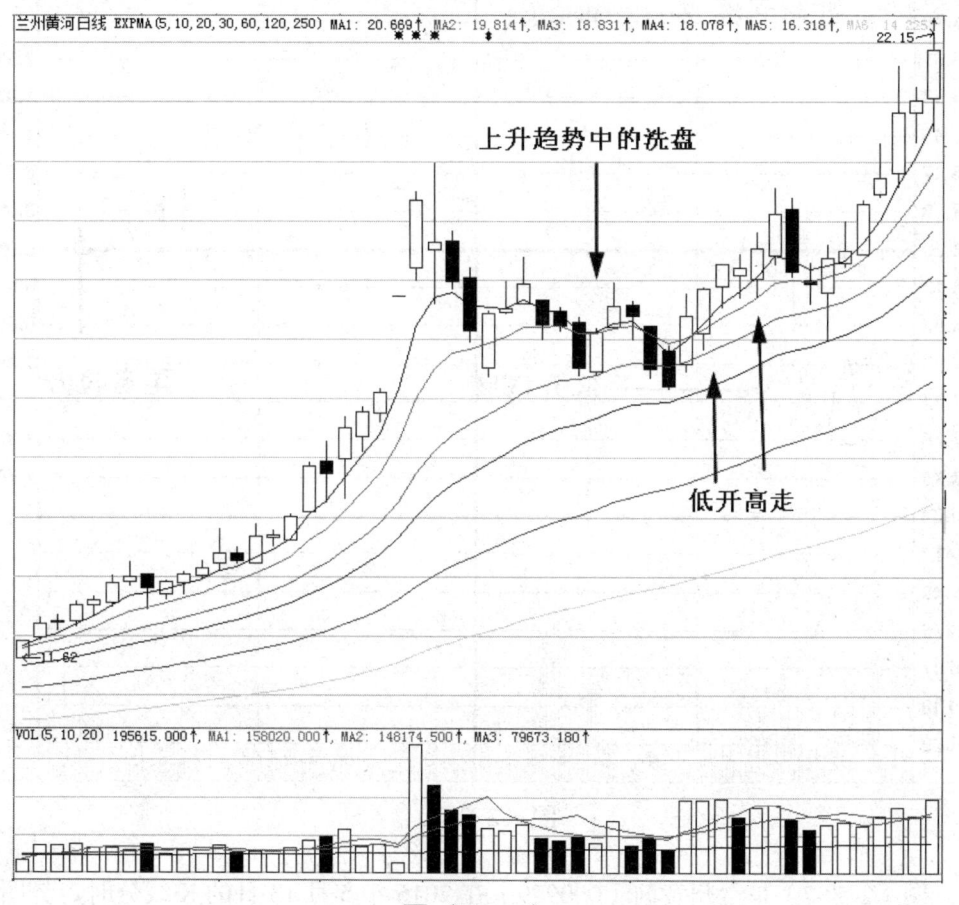

图（2-3-6）

　　图（2-3-6）是兰州黄河（000929）在 2016 年 3 月至 2016 年 5 月的 K 线走势图。个股在前期的运行中走出一个单边上升的走势，股价出现不错的涨幅，抛盘也随之产生。股价受到抛盘的影响，进入震荡回调走势。但因个股股价并未跌破均线，

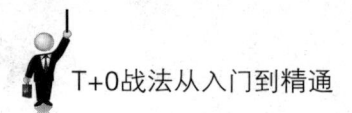

仍有支撑股价的中线行情，投资者仍可以把握机会获取收益。

在我们判断中线行情仍在后，投资者们可继续操作 T+0 交易。但这时投资者需要注意均线的支撑作用。投资者在股价低开后买进并且在股价拉高后卖出获取收益。

而对于 2016 年 5 月 8 日低开高走的分时，我们看到在日线中个股走出一个摆脱调整的中阳线。此阳线的出现只是新上升走势的开始，投资者要根据日线和分时作出合理的变通，获取最大收益。

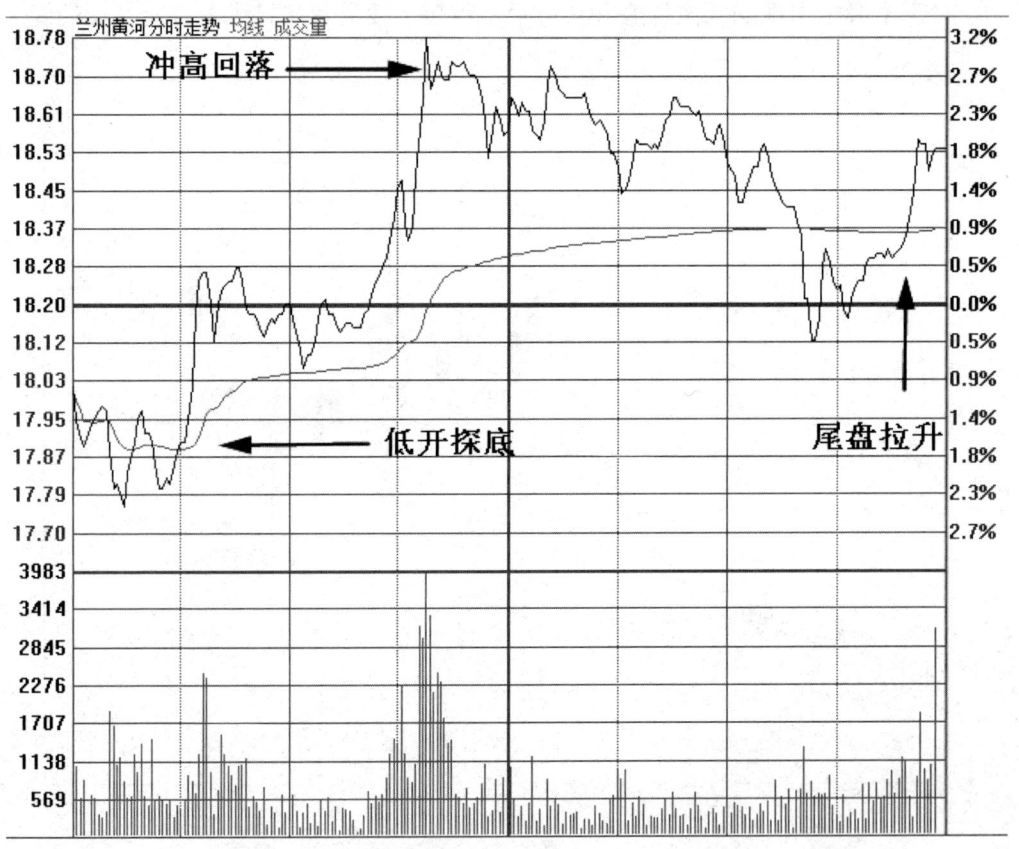

图（2-3-7）

图（2-3-7）是兰州黄河（000929）在 2016 年 5 月 13 日的 K 线分时走势图。个股在当日的分时中走出低开高走的走势，其在早盘低开后即进入震荡走势。个股在探底之后走出上升走势，拉升后再次出现回调，股价在尾盘回升。对比以上两个分时图的走势，我们发现两个走势如出一辙。我们再看这个走势的形成原因。

个股在连续两日的阳线之后，股价的获利盘增大，抛盘形成，在K线上形成了十字星的走势。而抛盘并没有在当天释放殆尽，个股于第二天低开，再次清洗浮筹。而随后的拉高回落也是出于清洗浮筹的目的，股价在清洗浮筹之后会再次上升。

而对于两个分时的如出一辙也能从股性的方面解释，历史会重演，但历史不会简单地重演。

第四节　探底回升 T+0

当股价在分时图中出现探底回升走势以后，投资者可以考虑开盘阶段和尾盘拉升阶段卖出股票。而T+0的低吸建仓机会，则出现在分时图的盘中，股价快速回调的时候，盘中出现探底走势，而尾盘股价继续放量反弹，分时图中的第二次卖点出现。

开盘后股价探底回升，运行形成因素与低开高走有着相同的因素，是弱势运行个股经常会出现的走势，也是一些个股短期上涨幅度较大引起的。经过分时图中探底回升的走势后，价格有继续震荡走强的动力。投资者的T+0操作机会出现。

下面我们看案例，分析个股的交易机会。

图（2-4-1）是克明面业（002661）在2015年11月4日的K线分时走势图。个股在当日的分时中走出探底回升的走势，个股在早盘平开后迅速打压，股价快速下探。就在投资者还犹豫不决时，股价探底回升，走出上升走势，这一上升走势持续很短，并快速遭到强烈打压，股价又迅速回落。这一张一落间，投资者难以决定，股价又重回升势，开始真正的上升走势。

图（2-4-1）

个股在早盘走出的分时形态有着明显的洗盘迹象，通过股价的快速打压让那些拿不定方向的投资者卖出个股。而这样的走势又让跟进的投资者也无从下手。对于这样的走势投资者可根据日线的走势、均线的位置作出早盘的买进，而尾盘的上涨，投资者早已获利不菲。

我们来看个股日线。

图（2-4-2）是克明面业（002661）在2015年10月至2015年12月的K线走势图。个股在前期的运行中走出一个单边上升的走势，其股价的运行始终处于均线系统之上。个股的单边向上运行固然很好，但获利的筹码造成的抛压，也必须得到正视。而个股正是通过股价的日内波动来清洗筹码的，这也正为投资者们的T+0交易提供了机会。

而对于个股分时的波动走势我们还原到日K线上，就会明显地看到，股价的跌幅下线是均线的支撑，投资者在此可参考均线作出T+0交易，获取投资收益。

我们再看另一日分时走势。

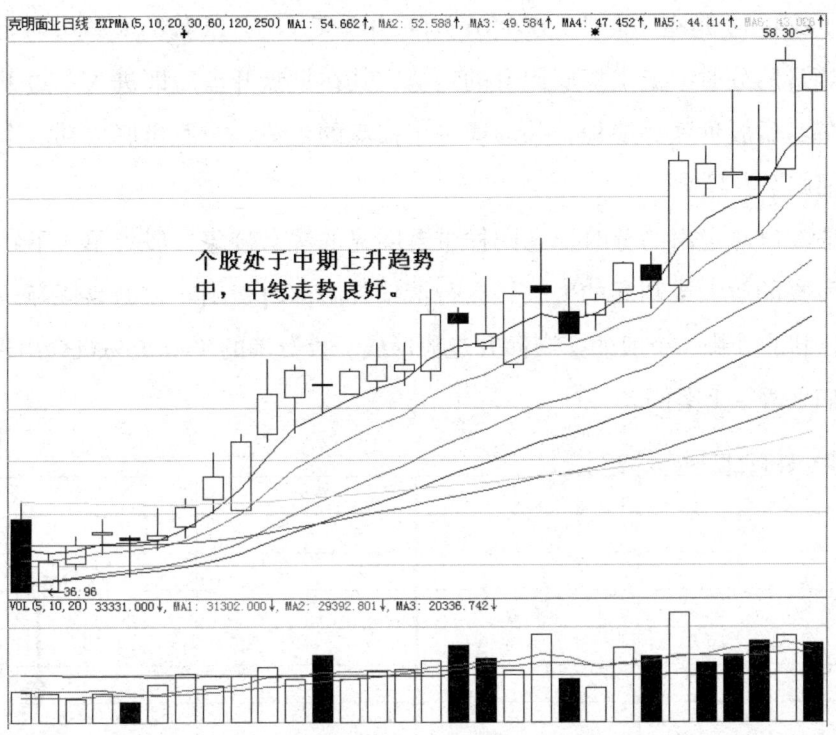

图（2-4-2）

图（2-4-3）

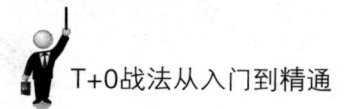

　　图（2-4-3）是克明面业（002661）在 2015 年 11 月 12 日的 K 线分时走势图。个股在当日的分时中走出探底回升的走势，其在早盘开盘后即进入单边下跌的走势，在午盘后股价跌势趋稳，并形成一个横盘的走势，个股坐底成功。个股在此后重新回归上升趋势。

　　个股在早盘走出的分时形态同样带着明显的洗盘迹象，股价单边下跌，投资者担心亏损的放大或利润的失去，在行情接近底部时卖出。在抛盘逐渐减少后，股价开始新的升势。个股的探底回升走势形成。投资者的 T+0 交易机会出现。

　　我们来看一个案例。

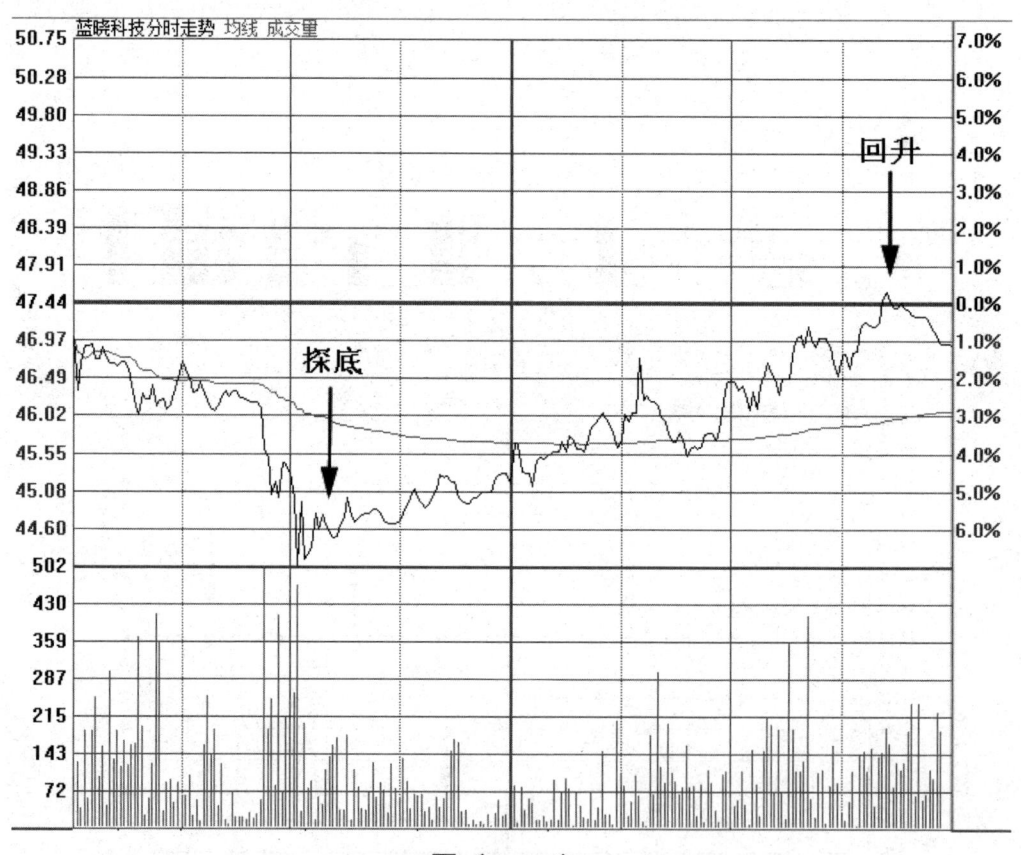

图（2-4-4）

　　图（2-4-4）是蓝晓科技（300487）在 2015 年 10 月 27 日的 K 线分时走势图。个股在当日的分时中走出探底回升的走势，其在早盘平开后出现单边下探的走势。并在早盘 10 时出现快速的探底，个股跌幅放大，幅度达到 6 个点以上。个股在快速回落释放抛盘后，出现慢慢企稳的走势，个股在此后的走势中走出单边上涨的

走势，个股探底回升走势明显 。

　　个股的探底走势可称为投资者T+0交易的买点,尾盘的走高称为投资者的卖点。当然投资者从 T+0 交易来说早盘的平开也是一个卖出的点位，可以在探底后回收筹码。

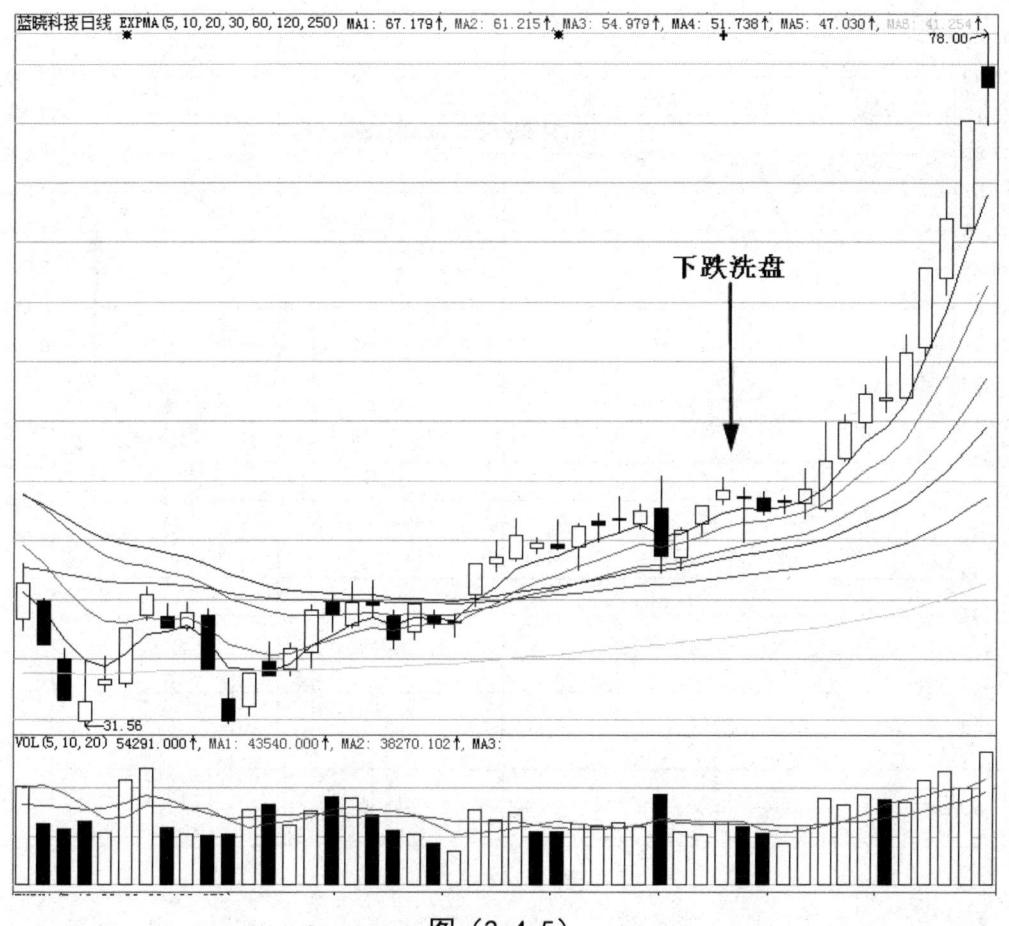

图（2-4-5）

　　图（2-4-5）是蓝晓科技（300487）在2015年8月至2015年10月的K线走势图。个股在前期的运行中走出一个震荡吸筹的走势，其在此阶段通过上下震荡吸收筹码。在个股慢慢积累到一定数量的筹码后，股价开始上扬并站稳均线系统之上。个股站稳均线确立个股的行情看好，但也并不是简单地开始拉升股价，个股出现一个洗盘的动作，股价出现震荡的走势。但这并未跌破均线，支撑股价继续看好，个股在洗盘后开始更大幅度的上涨。

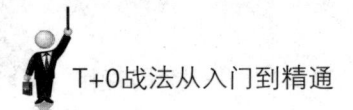

　　个股站稳均线是中线看好的走势，个股通过股价的波动来清洗筹码，为投资者的T+0交易提供空间。投资者可根据均线的支撑和分时的走势合理作出买卖决定，获取 T+0 交易收益。

　　我们再看其后个股分时走势。

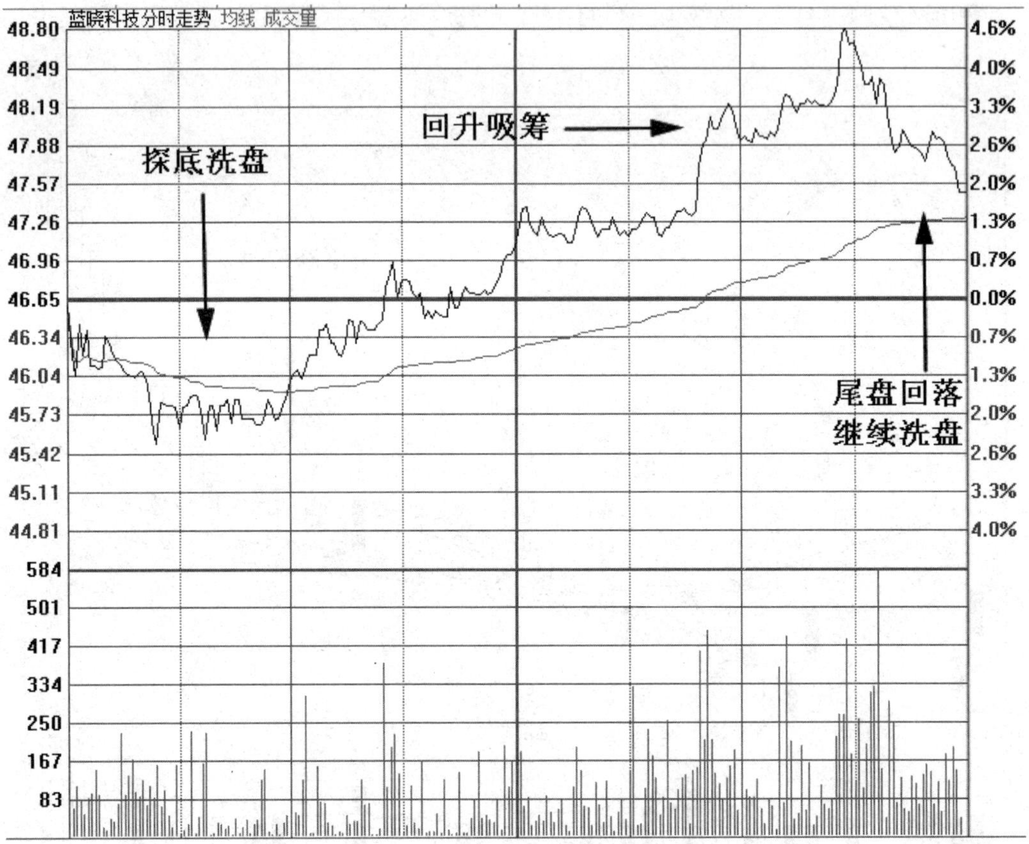

图（2-4-6）

　　图（2-4-6）是蓝晓科技（300487）在 2015 年 10 月 30 日的 K 线分时走势图。个股在当日的分时中继续走出探底回升的走势，个股利用早盘的单边下探的走势清洗筹码，并在随后的上升行情中慢慢吸筹。对于尾盘的回落，也是一个洗盘的动作。股价这时的回落为第二天的探底回升走势在此打下基础。个股继续吸筹。

　　对这样以走出底部区域，个股中线看好的个股，投资者要把握住交易机会。当然机会一方面体现在 T+0 交易上；另一方面也体现在持仓仓位上，要敢于重仓持股，获取回报。

我们最后看南京医药的走势。

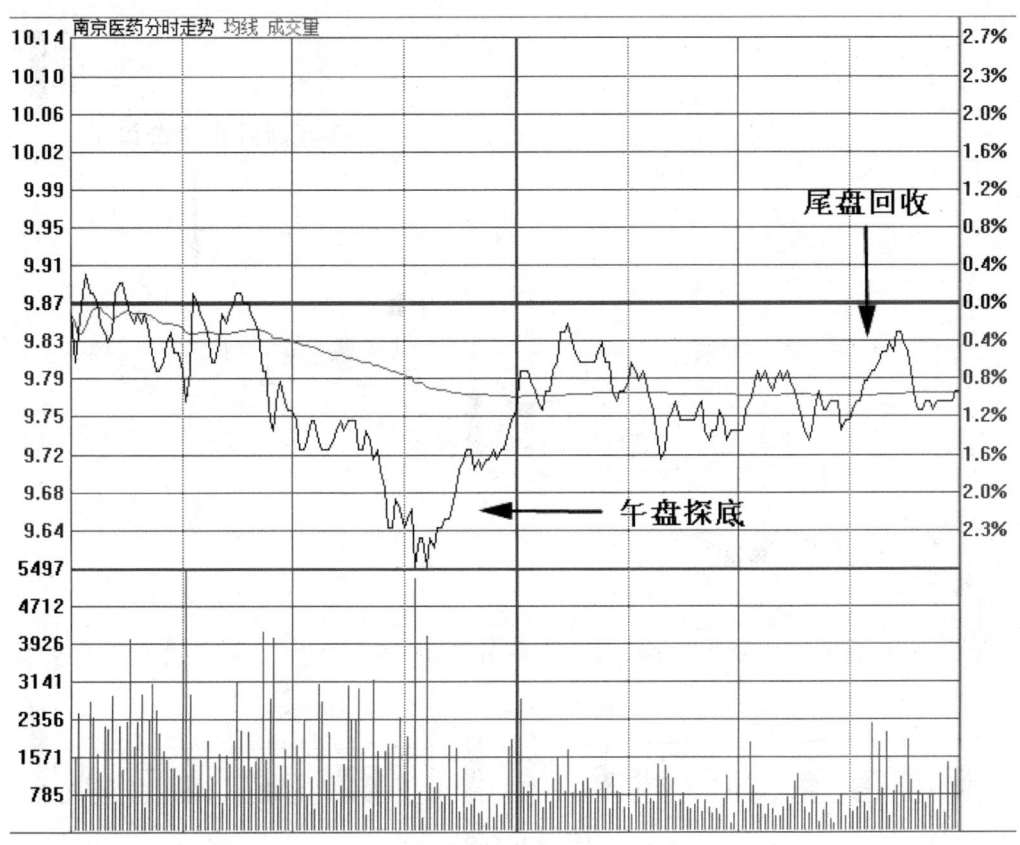

图（2-4-7）

图（2-4-7）是南京医药（600713）在 2015 年 11 月 5 日的 K 线分时走势图。个股在当日的分时中继续走出探底回升的走势，在早盘平开并走出震荡的行情，显示个股的上升动力不足。因为支撑力量的不足，个股在震荡一段时间后开始单边的下跌走势。个股的跌幅放大，达到近 3 个点位置。但个股的走势并未延续下去，股价随后出现 V 形反转，最终股价回升。在形态上留下探底回升的走势。

投资者的 T+0 交易可以在高点卖出，在探底时的低点买进。对于到底是该在早盘卖出还是在尾盘卖出，投资者们在日线上可见端倪。

图（2-4-8）是南京医药（600713）在 2015 年 9 月至 2015 年 11 月的 K 线走势图。个股在运行中走出上升趋势，股价站稳均线系统之上，中线行情看好。个股在中线看好的情况下走出阴线的洗盘动作正给投资者带来投资机会。个股在阴线之后出现回落的走势，股价在慢慢地积蓄能量，在阴线之后放出的大阳线即是证明。

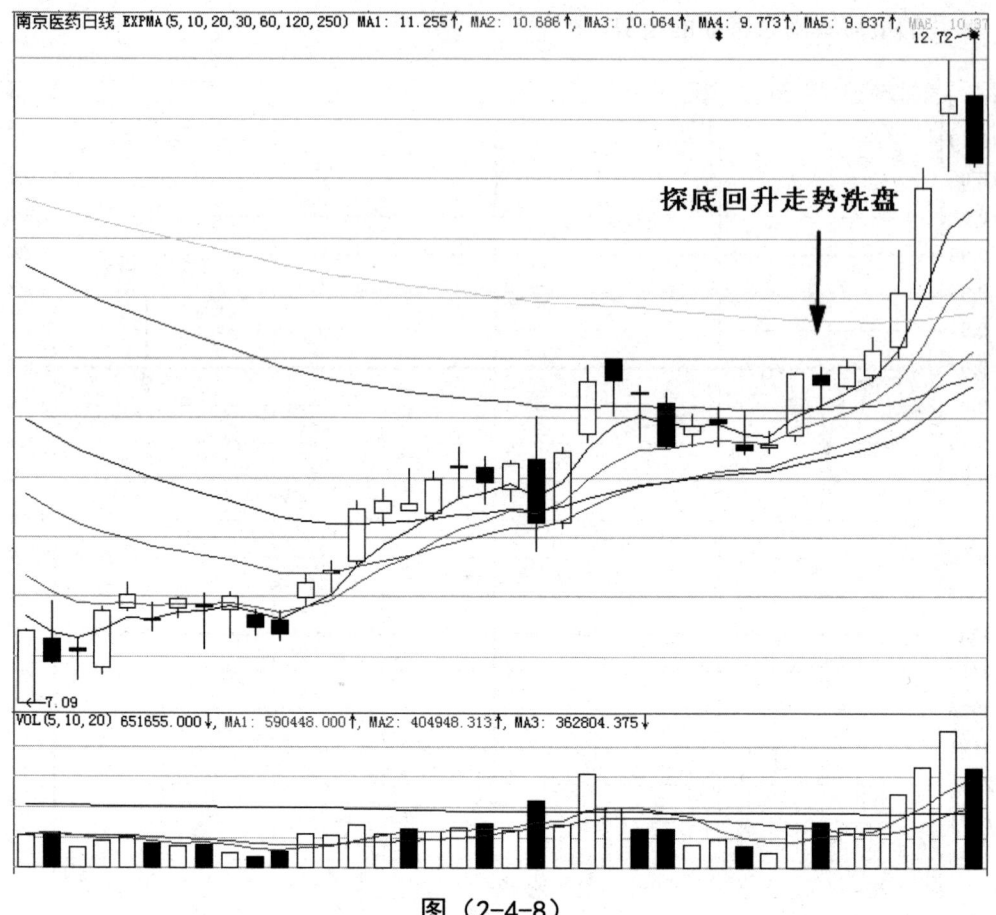

图（2-4-8）

大阳线的出现是个股上升趋势的重新开始，但这时投资者也要注意大阴线的套牢盘因素。个股第二天走出的探底回升走势正是为了消化套牢盘的抛压，探底是为了释放抛压，股价的回收则是对筹码的收集。股价能够再次回收则是上升动力的体现。所以对投资者们来说最好的T+0交易则是早盘卖出，在低位回落时回补仓位。尾盘的回收是上升趋势的确立，可继续持股。

个股短期的高抛多是股价短期涨幅太大的操作方法，股价的短期涨幅过大，难免获利盘回吐，股价承压。这时有回调的需要。投资者们高抛则能及时获利了结。而股价的再次回落时低吸则是回补仓位的最好时机。所以投资者们在进行T+0时要注意，高抛意味着看跌，而低吸是因为看涨。当股价上涨，却只是上升行情的开始时，则要注意踏空的风险，而股价下跌时则要注意股价行情走坏的风险。这也是我们要投资者们参考日线作分时T+0交易的原因。请投资者注意。

第五节　区间操作 T+0

区间 T+0 是我们直接在分时的时间框内谈论 T+0 的买卖时机。在这样的时间框内，我们不去区分分时的走势，单单从各项技术指标去判断买进还是卖出的方法。这样的买卖谈论具有相当的一般性，对个股的买卖意义也就有着更普遍性。当然这里的谈论我们需要借助更小的分时走势，才能帮我们解决问题。我们这里引入的是 5 分钟走势。下面我们就通过案例，看 5 分钟走势给我们提供的买卖点。

我们来看金瑞矿业走势。

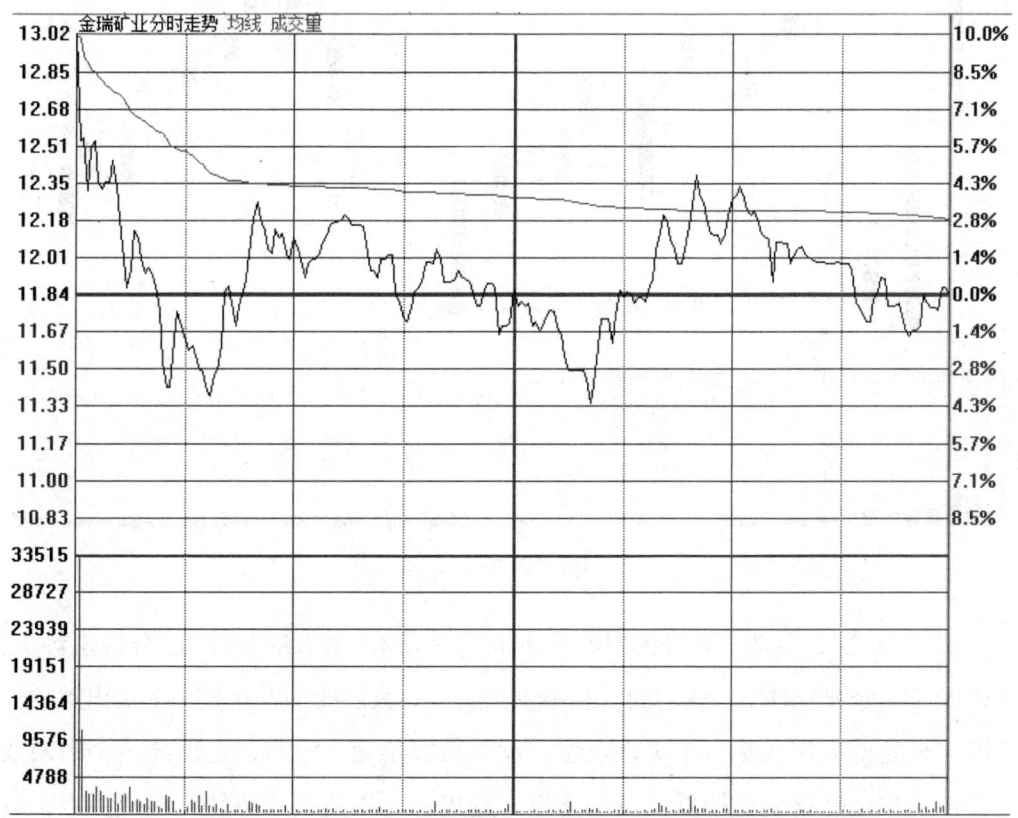

图（2-5-1）

图（2-5-1）是金瑞矿业（600714）在2016年3月4日的K线分时走势图。个股在当日的分时中为震荡的走势，当天早盘高开，随后就进入下跌走势中。个股在低位获得支撑，并走出反弹的走势。但反弹的力度不大，不能站稳均线。个股股价继续下跌，在跌至前低位置获得支撑，再次走入反弹行情中，反弹同样力度不足。股价全天就在这样的走势中震荡。

我们通过5分钟线的分析，投资者能发现怎样的T+0买卖点。

图（2-5-2）

图（2-5-2）是金瑞矿业（600714）在2016年3月4日的K线分时的5分钟走势图。从个股的5分钟分时中，我们能看到不少买卖点。大阴线的下跌是一个卖出点位。个股在低位的大阳线是一个买进点位。反弹后股价无力上行，走出的一个中阴线是卖出点位。回落到前期低位获得支撑，走出的大阳线回收阴线，形成买点，以及个股反弹中形成的阴线下跌再次形成卖点。

对于以上买点及卖点的判断，投资者们从 K 线及均线的走势判断即可。对于其中走出的多次买卖点位。投资者们可择机操作，获取收益。

我们再看一个案例。

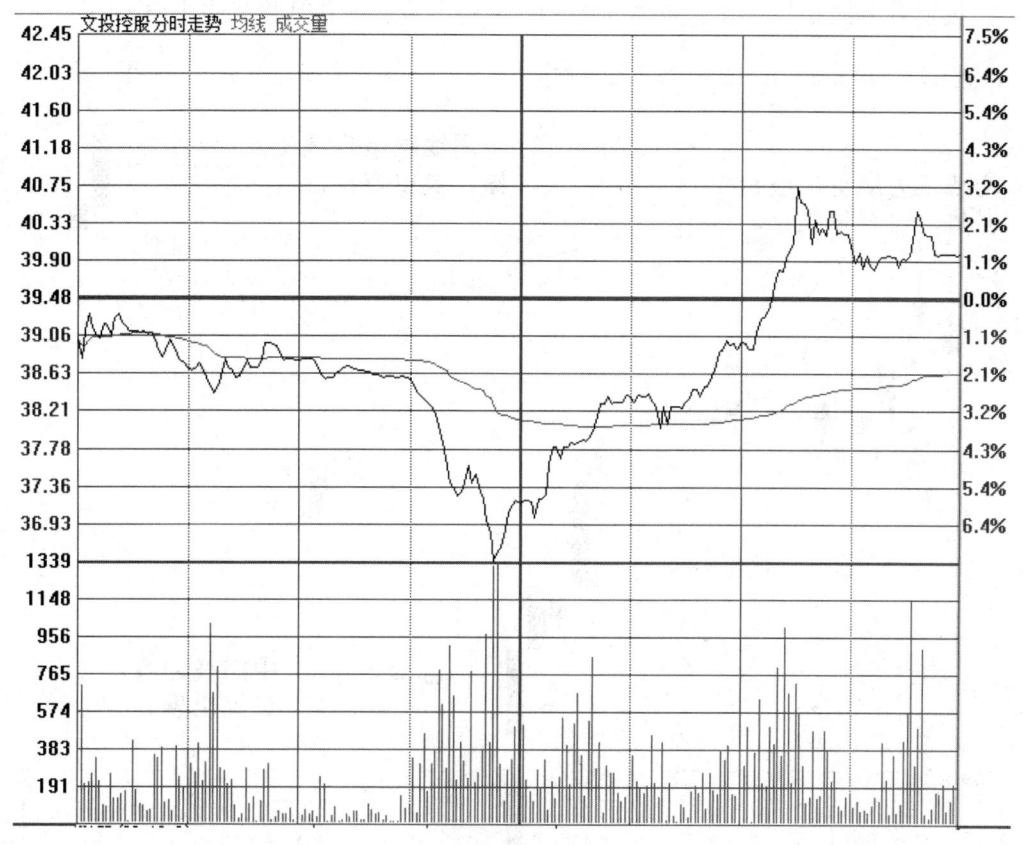

图（2-5-3）

图（2-5-3）是文投控股（600715）在 2015 年 3 月 15 日的 K 线分时走势图。个股在当日的分时中走出探底回升走势，个股在当天早盘略微低开，并维持均线震荡。在震荡的过程中我们看到走势有中心下移的情况。股价运行相对弱势。个股在接近午盘时出现快速跌落的走势，股价短时间跌幅达 6 个点以上。但这样的走势并未持续，股价随后走势反转，走出单边上扬的走势。尾盘收涨，探底回升走势明显。

图（2-5-4）是文投控股（600715）在 2015 年 3 月 15 日的 K 线分时的 5 分钟走势图。从个股的 5 分钟分时中，我们也能发现买卖点位。个股开盘的弱势行情，股价长时间处于均线下方，投资者可及早卖出获利了结。个股于大跌后出现回收

的中阳线，其短期买点出现。此后个股沿均线上行，投资者可坚定持股。在个股运行到高位后，股价出现滞涨，并出现中阴线跌破均线支撑。个股短期卖点出现，投资者可卖出做 T+0 交易。

投资者根据 5 分钟线的走势操作 T+0 交易，最后的获利将相当丰厚。

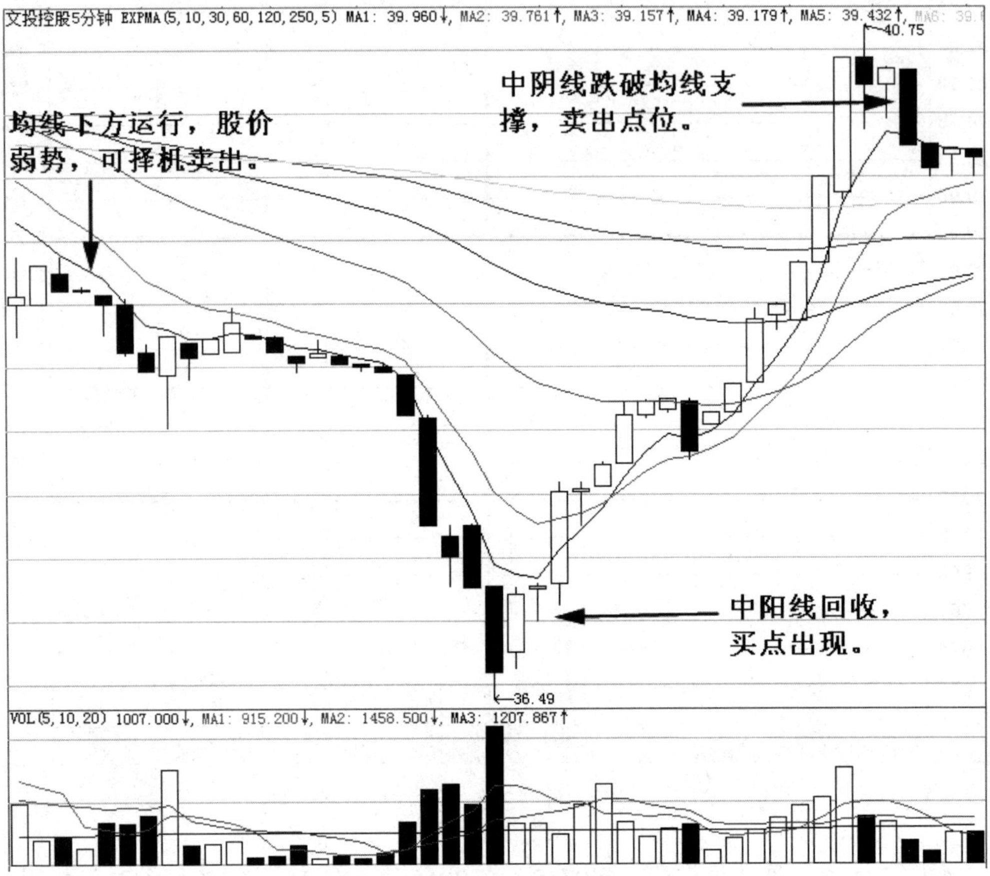

图（2-5-4）

我们看下一个案例。

图（2-5-5）是酒鬼酒（000799）在 2015 年 12 月 3 日的 K 线分时走势图。个股在当日的分时中走出冲高回落的走势，当天早盘略微低开，并维持均线震荡。个股在一段时间的震荡后开始上升走势，股价出现快速拉升。短时间股价涨幅近 5 个点。个股在 5 个点的涨幅后出现回落的走势。全天个股走势呈冲高回落形态。

我们来看个股 5 分钟买卖点。

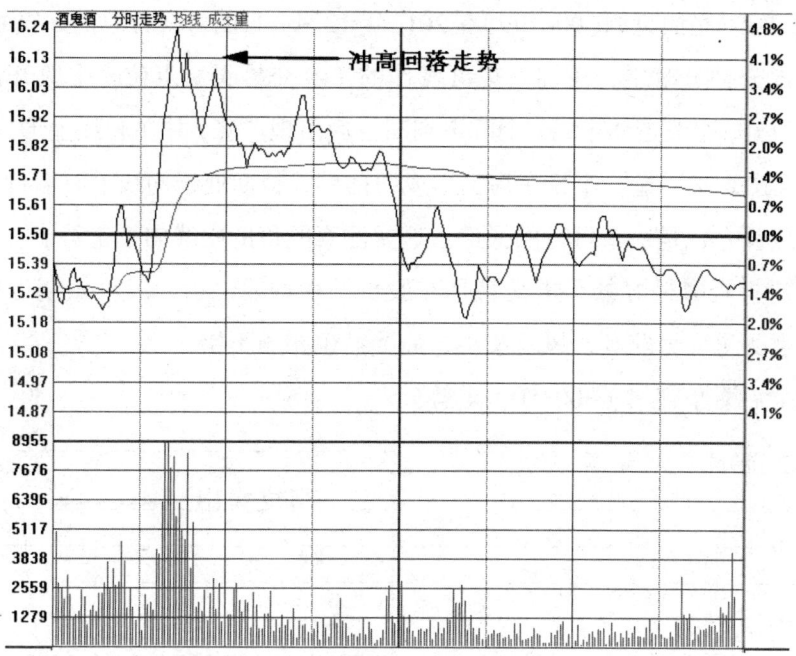

图（2-5-5）

图（2-5-6）

图（2-5-6）是酒鬼酒（000799）在2015年12月3日的K线分时的5分钟走势图。在个股的5分钟分时中，我们发现可操作的T+0交易买卖点位。个股开盘后出现大阳线的拉升，个股走势不错。个股走到高位后出现滞涨，并在K线上形成上吊线，K线形态卖出意义明显。个股在高位形成回落后，长期处于均线下方运行。投资者若是在低位补仓也是一个可行的操作。这要注意股价的中线向上走势。

当然对投资者最好的买进交易是在股价站稳均线之后，股价短期也呈向上走势，投资者买进即可获利，风险最小，而受益也相当不错。

我们最后看华鹏飞（300350）走势。

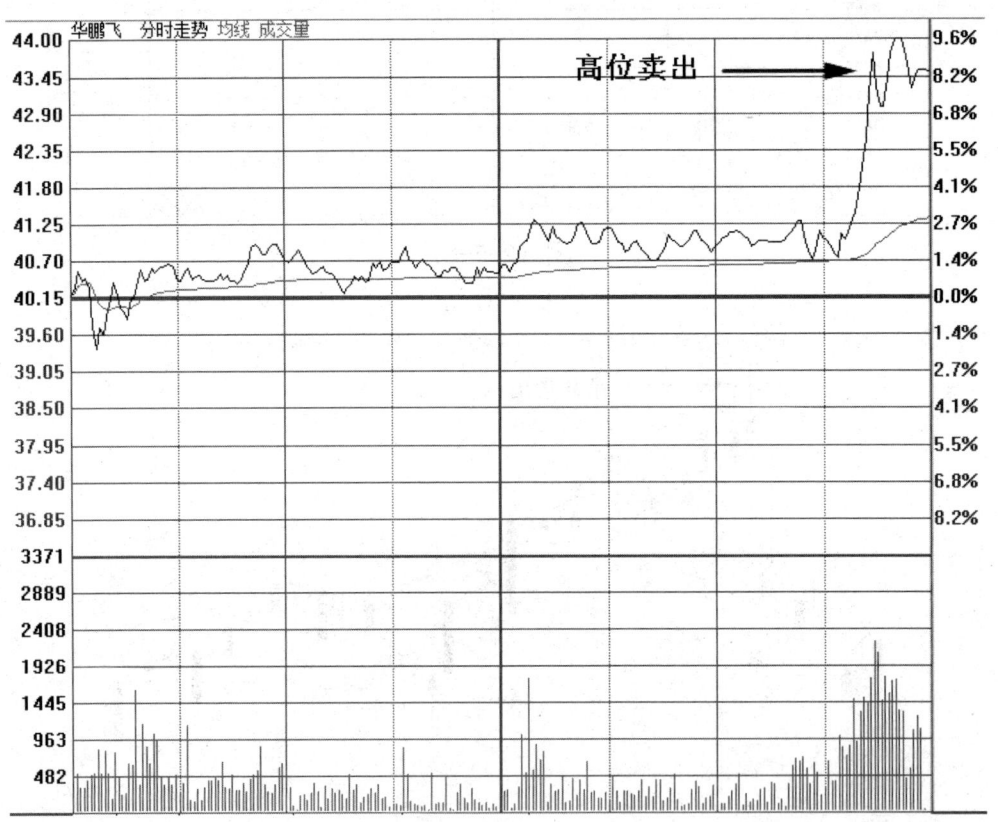

图（2-5-7）

图（2-5-7）是华鹏飞（300350）在2015年11月6日的K线分时走势图。个股在当日的分时中走出横盘拉高的走势，当天早盘平开，在做一个简单的下跌洗盘后就长时间运行于均线之上。股价走势稳健，支撑股价进一步的上升。个股在横盘的过程中也出现慢慢抬升的走势，这更是股价向上的证明。在前面种种迹象

的支撑下，股价于尾盘的拉升也将是意料之中的事情。而对于在高位是否要卖出，我们得看个股的 5 分钟走势。

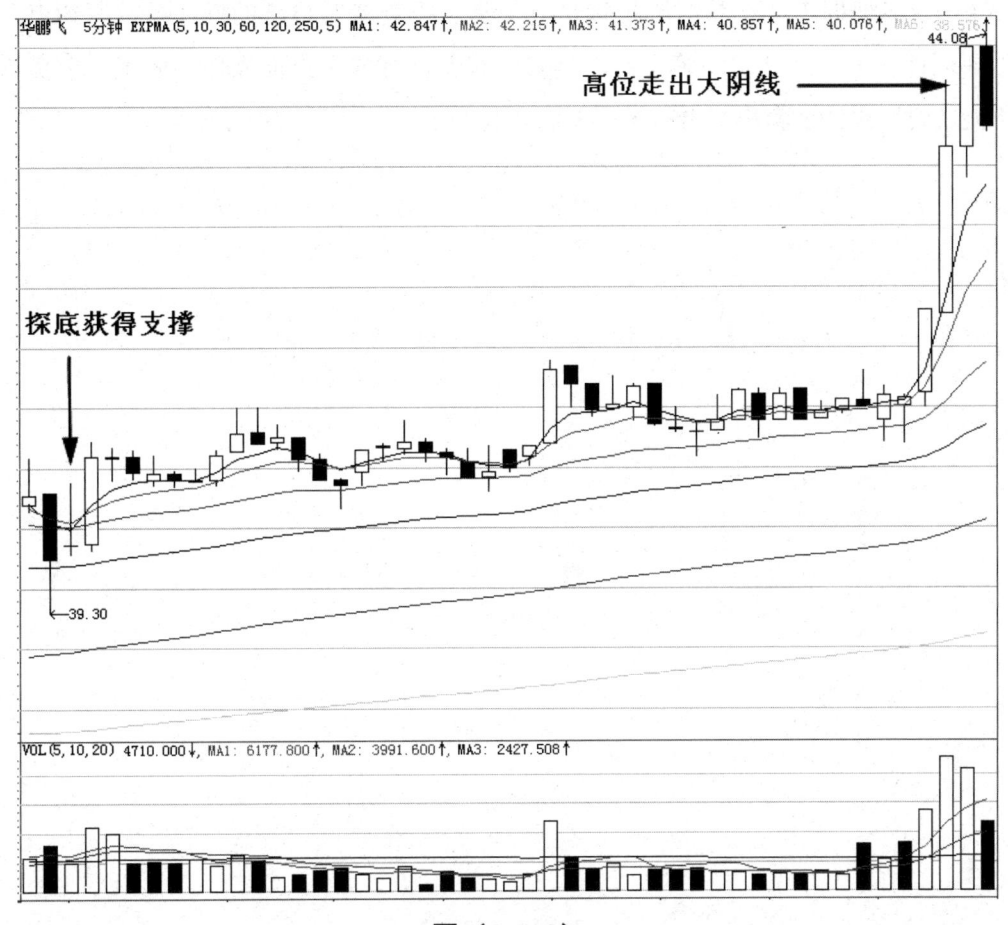

图（2-5-8）

图（2-5-8）是华鹏飞（300350）在 2015 年 11 月 6 日的 K 线分时的 5 分钟走势图。在个股的 5 分钟分时中，我们试着发现 T+0 的交易买卖点。个股开盘后作出的洗盘动作并未跌破均线支撑，股价有继续看好的理由。此后股价长时间运行于均线之上，股价运行平稳，投资者可继续持股即可。

个股在均线上方运行时也在慢慢地积蓄能量，最终股价在尾盘出现大幅拉升，投资者的投资收益快速增加，但这时风险却也悄悄出现，尾盘的回落在 5 分钟线上留下一个大阴线，股价有短期回落的需要。投资者可短线 T+0 交易卖出，保住已有收益。

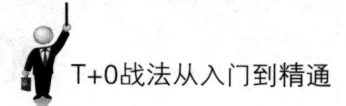

　　T+0 交易是为投资者的获利服务的，投资者操作 T+0 交易的目的是为了获取收益。所以投资者在操作的时候也不可太过于强求，不能操作 T+0 时就要学会放弃 T+0，能把握 T+0 交易时则把握 T+0 交易。投资者对自己的操作要有所约束，做到理性、可观。让每一笔交易都是因为有着良好的买点而操作，而每一个卖点都能及时而果断地卖出。希望投资者们获利倍增。

第三章

T+0 交易仓位

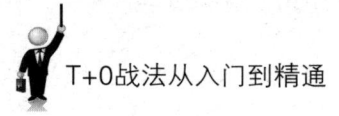

第一节　半仓T+0交易

超短线交易中，投资者投入的资金越多，短线盈利空间也越大。特别是股价表现强势的情况下，大资金建仓以后短线就可以获得超额回报。不过超短线交易的投资回报和持股风险是对等的。投资回报大的情况下，持股资金占用率高，一旦股价回调便会遭受较大的亏损。所以适当调整持股资金，投资者就能更好地适应价格波动。这样即便调整出现，投资者也能够游刃有余地应对。

在T+0交易仓位的问题上我们简单地给出两个标准：一个就是半仓，还有一个就是全仓。当然投资者们还可以做具体的增减，三分之一仓位也是常见的持仓。投资者对仓位的把握上主要从对个股走势的把握上划分。投资者看好个股行情就可以把仓位放得大一点，若是不看好仓位，但还想做一些超短线，就可以把仓位适当收一点。这可以根据需要灵活调整。

半仓的优点在于，股价一旦出现异动，投资者就可以毫不犹豫地介入。这样既可以获取股价上涨的收益，又能在个股回调时保留后手的余地。半仓交易还有一个好处就是在T+0的交易中，真正实现T+0交易。因为投资者有一半的仓位和一半的资金，可以同时操作卖出和买进。这一点是全仓做不到的。全仓的T+0交易更多是一种"片面"的T+0交易。

下面我们通过案例解释半仓T+0交易。

图（3-1-1）是东方铁塔（002545）在2015年3月至2015年5月的K线走势图。个股在区间运行中呈现明显的上升和调整形态。个股在前期的走势中走出单边上涨的行情，但随着股价的上升，获利盘增加，股价有调整的需要。个股走出震荡的走势。个股在震荡中消化抛盘、积蓄新的上升动力。个股于此后开始新的上升走势。

对于其中不同的走势，一般投资者操作T+0交易时可区别对待。前一阶段股

价单边上涨，投资者可放大仓位，甚至于全仓操作。对于中部的震荡走势，投资者可减小仓位，半仓甚至于三分之一仓位操作。对个股随后再次走出的上升走势，投资者可慢慢加仓，获取收益。

对于从震荡到单边上扬的走势中，K线走势十分重要。对于把握不准是否突破，投资者就可以半仓操作，既可以获取收益，又可以降低风险。

我们来看东方铁塔（002545）当天的分时图。

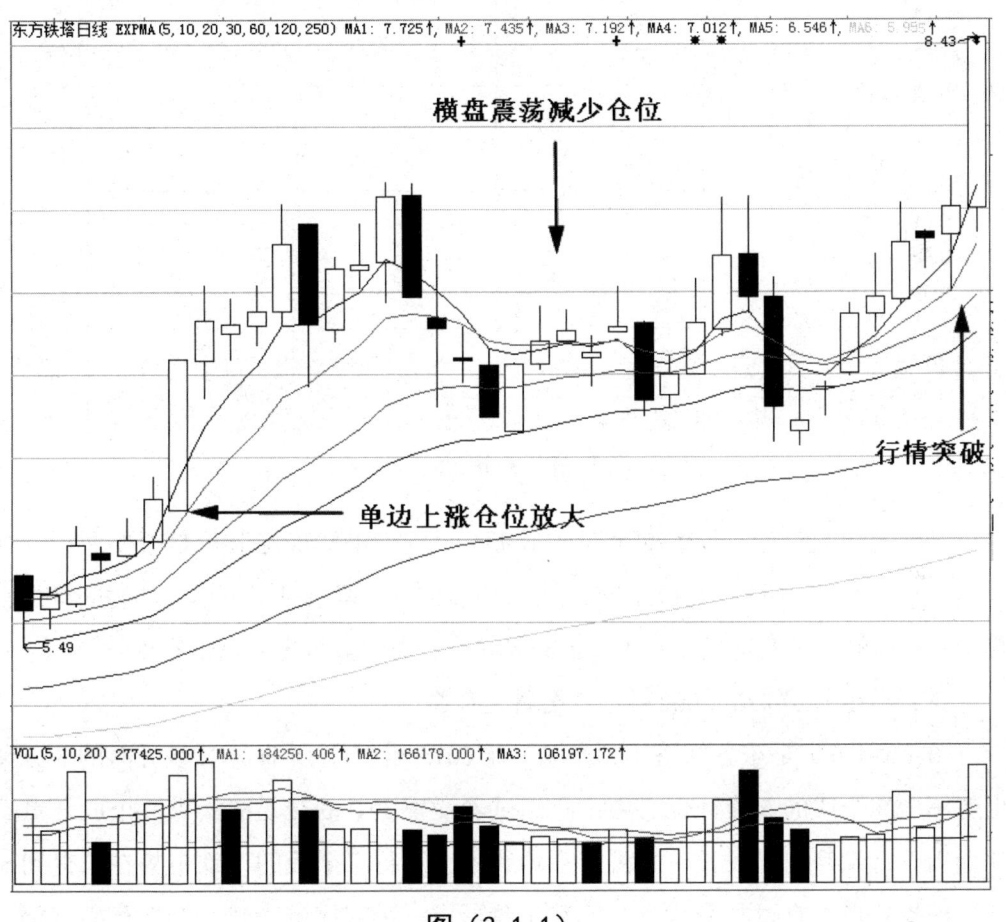

图（3-1-1）

图（3-1-2）是东方铁塔（002545）在2015年5月15日的K线分时走势图。个股在当日的分时中走出探底回升的走势，个股在当天早盘高开后，即进入单边下跌的走势中，个股于接近午盘时探到最低点，随后股价出现震荡回升的走势。个股在午盘开盘后再次作出一个探底的动作，并未跌破前一低点，在分时上构成一个双底的走势。个股随后开始大幅的拉升走势。

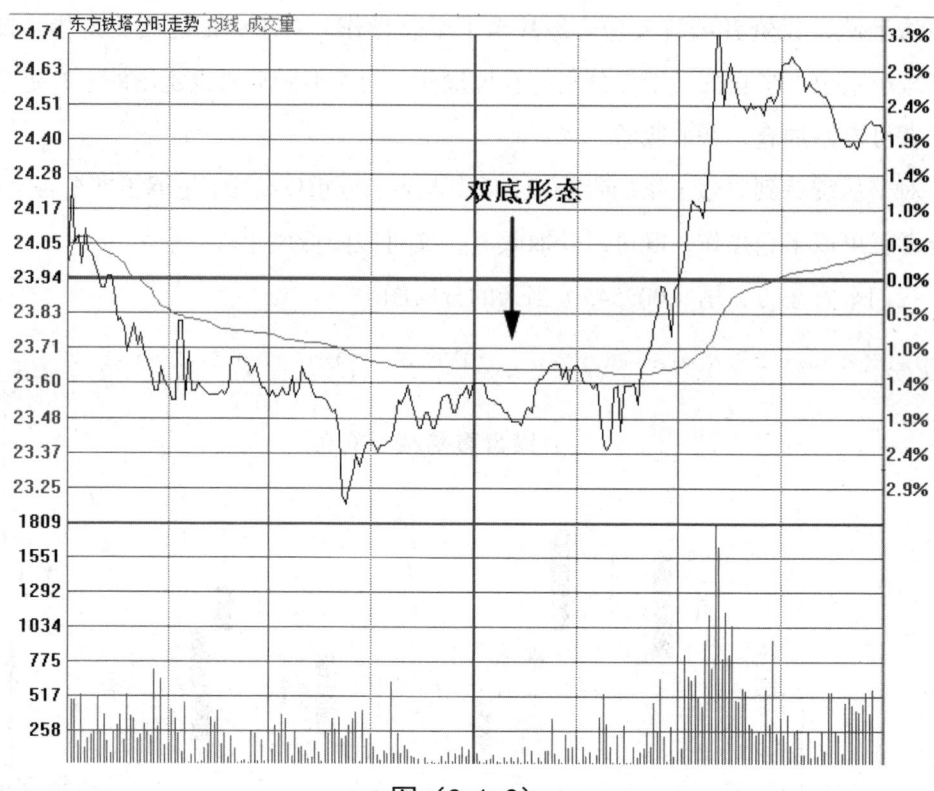

图（3-1-2）

对于这样的走势，因前期个股的低走，投资者不能确定股价是否要回调，难以作出买进决定。而到以后的拉升中个股快速拉升，留给投资者思考的时间极少，投资者可取的办法就是半仓介入，控制风险、获取收益可做到进退有据。

我们再看东方铁塔（002545）5分钟走势图。

图（3-1-3）是东方铁塔（002545）在2015年5月15日的K线分时的5分钟走势图。在个股的5分钟分时中，我们试着发现T+0的交易买卖点。个股开盘后期走出下行走势，个股长时间维持在均线下方运行。个股的下跌走势在未得到改变之前投资者不宜过早介入。个股在午盘形成一个双底的走势，有企稳的迹象。在个股构筑双底的过程中，于右底放出大阳线，这一点看出股价的上升趋势。个股在大阳线放出后升势继续，阳线再次放出，并突破均线的压制。个股有望走出上升趋势。投资者的短线T+0买点出现。

对于高位的大阴线出现，投资者可结合日线的走势作出买卖决定。

我们来看山东药玻（600529）的走势。

图（3-1-3）

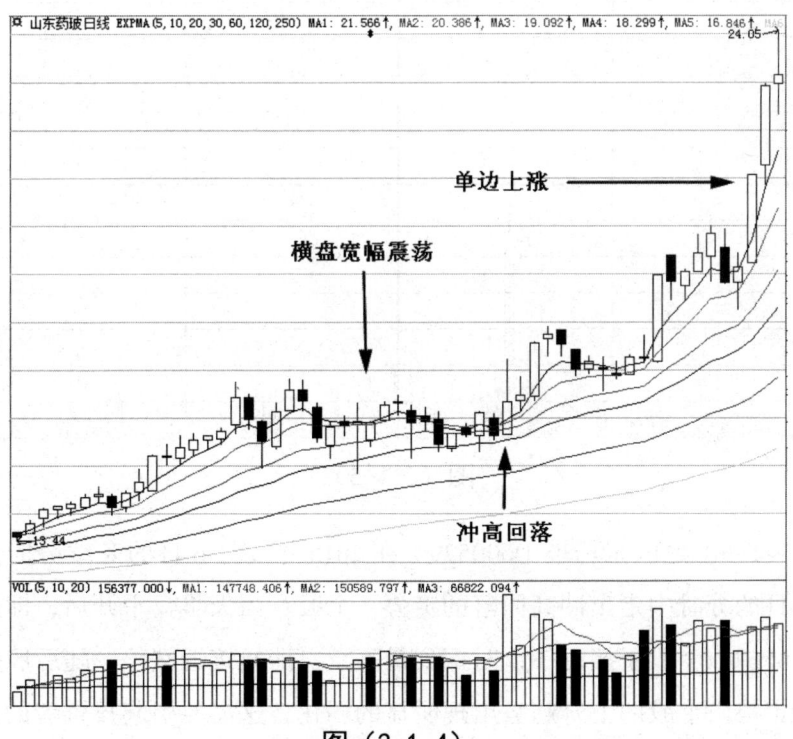

图（3-1-4）

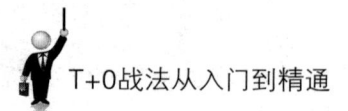

股在一段时间的盘整后于尾盘跌破均线，股价回落一半以上，幅度不小。

个股的单边上升走势，会让犹豫的投资者失去买进机会，而买进的投资者若是遇到股价的回调，则又面临损失的风险。这时投资者就可采取半仓介入的办法，控制风险、获取收益可做到进退有据。在股价回调后，并获得支撑后还可以补仓摊平成本。

我们再看山东药玻（600529）5分钟K线走势图。

图（3-1-6）

图（3-1-6）是山东药玻（600529）在2015年5月6日的K线分时的5分钟走势图。在个股的5分钟分时图中，我们试着寻找T+0的交易买卖点。个股开盘后期走出单边上升走势，长时间维持在均线上方运行。这时个股的支撑良好，股价运行平稳，投资者可适当介入，以免错失股价上涨的行情。

但在这一走势中，股价在高位后出现回调的走势，5分钟线上留下长上影，个

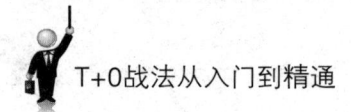

股有回调的需要。此后股价也处于回调之中。个股在尾盘跌幅加大。但这时我们能看到个股股价也在慢慢接近均线系统，在得到均线的支撑后仍可作为买进的时机。而我们结合日线的走势，个股向上的运行仍是大概率事件，投资者可在股价获取均线支撑后买进，获取上升收益。

这一T+0交易体现半仓在风险控制方面的优势，投资者在面对不确定行情时，可优先使用半仓来操作，控制风险。

我们来看下一个案例。

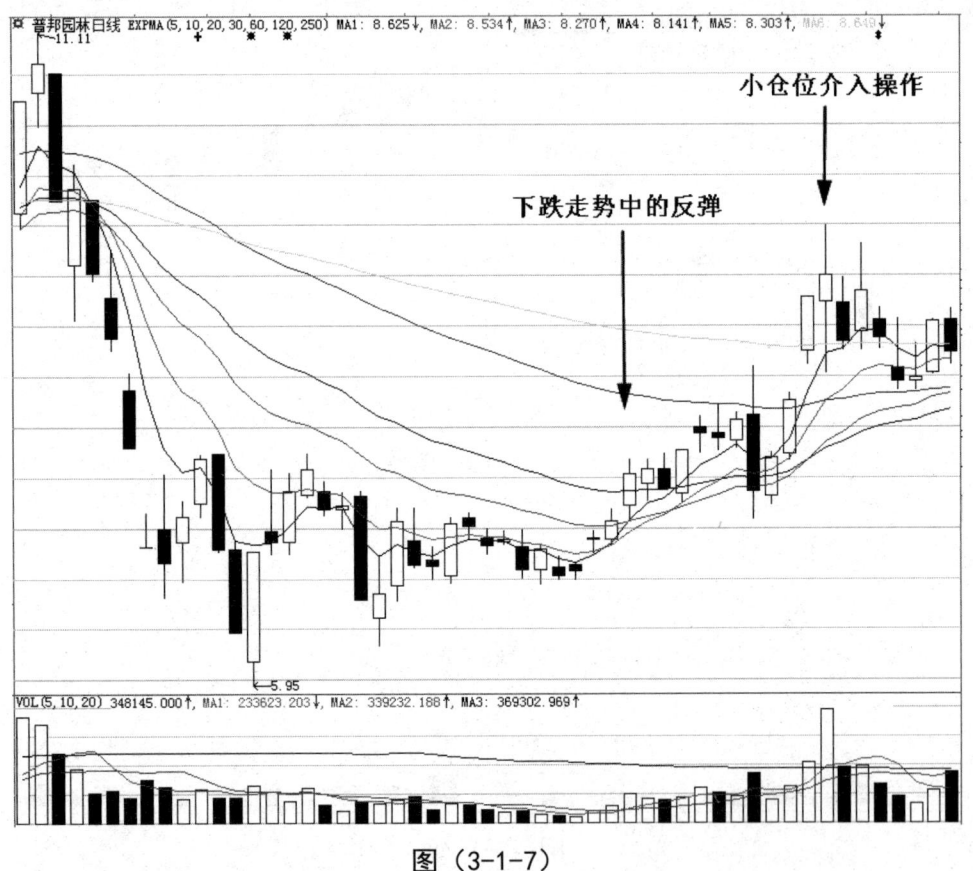

图（3-1-7）

图（3-1-7）是普邦园林（002663）在2015年8月至2015年11月的K线走势图。个股在区间运行中呈现的是超跌反弹走势。个股在前期的走势中呈单边下跌的行情，股价在短时间出现大幅下跌。随着股价的大幅回落抄底的资金介入，个股在震荡吸筹后走出上升行情。但这一走势仍只是下跌走势中的反弹而已，投资者必须有清醒的认识。

　　股价在底部调整的走势中震荡吸筹，慢慢集聚筹码，随着时间的推移均线行情也有好转的迹象。投资者的短线交易机会来临。仍要强调的是投资者们要明白，这只是下跌趋势中的反弹而已，所以买进时的仓位非常重要，要控制可能发生的风险。

　　我们在前文中说 T+0 交易的前提是在中线看好的行情下，在此我们仍会再次确认这一点。但我们也必须承认太多的时候我们操作一只个股也只是获取一个短期收益，并非看中的是长期行情的走势。但我们还是要强调，认识到自己身处险境是一种判断，不知自己身处险境才是真正的风险。希望投资者们谨慎对待。

　　我们来看普邦园林（002663）的分时走势图。

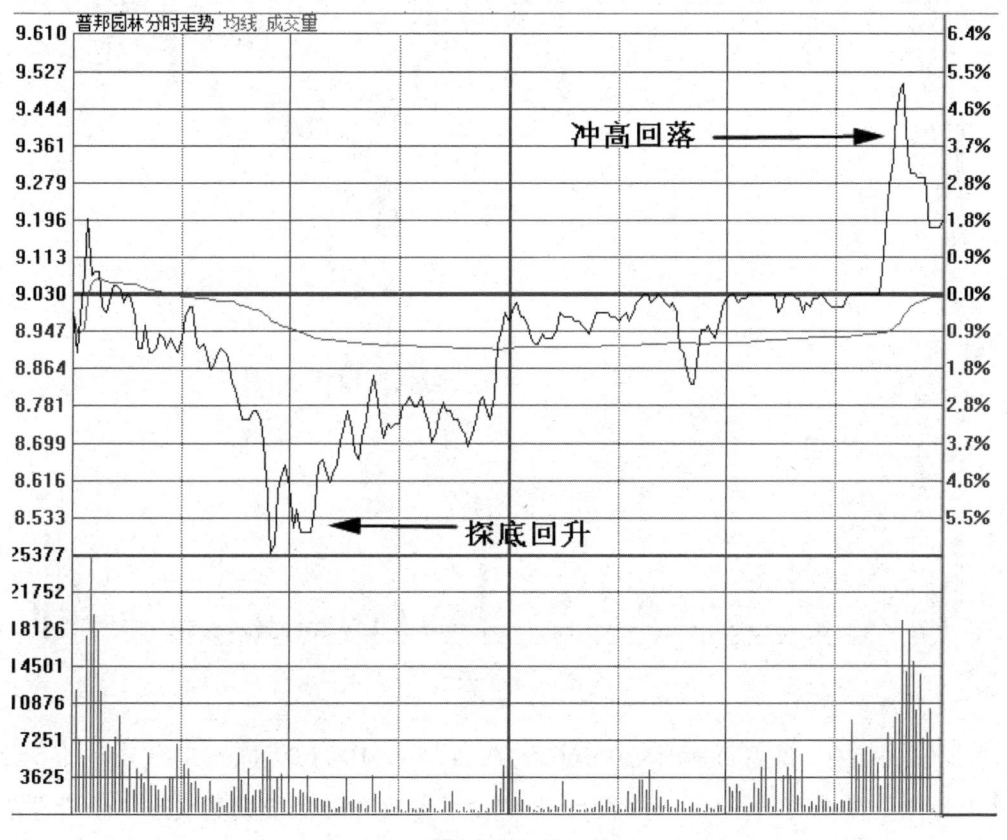

图（3-1-8）

　　图（3-1-8）是普邦园林（002663）在 2015 年 10 月 27 日的 K 线分时走势图。个股在当日的分时中走出探底回升并冲高回落的走势，在当天早盘略微低开后，即进入震荡下跌的走势中，个股于跌幅末端呈直线下跌的走势，跌幅达 5 个点以上。个股在大幅下跌后，做空力量得到释放，股价开始回升，并在尾盘出现快速拉升

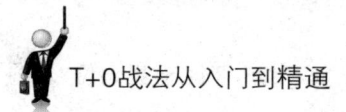

的走势，股价瞬间上升近 5 个点。个股全天波幅近 10 个点，投资者的 T+0 交易空间巨大。

我们再看普邦园林（002663）5 分钟走势图中的买卖点。

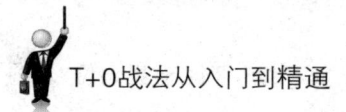

图（3-1-9）

图（3-1-9）是普邦园林（002663）在 2015 年 10 月 27 日的 K 线分时的 5 分钟走势图。在个股的 5 分钟分图中，我们试着发现 T+0 的交易买卖点。个股在前一交易日处于涨停的位置，所以在 5 分钟走势上呈一字横盘的走势。就 10 月 27 日当天的走势我们看到股价开盘即出现强震走势，股价随后单边下跌，DNA 股价在跌落至均线处获得支撑，低位的大阳线处可视为买点。随后股价开始上行，当股价运行到高位时，个股走出长上影，预示着个股有回调的需要。结合日 K 线的走势，投资者就要注意股价的风险，作出卖出决定。

我们来看阳泉煤业（600348）的走势。

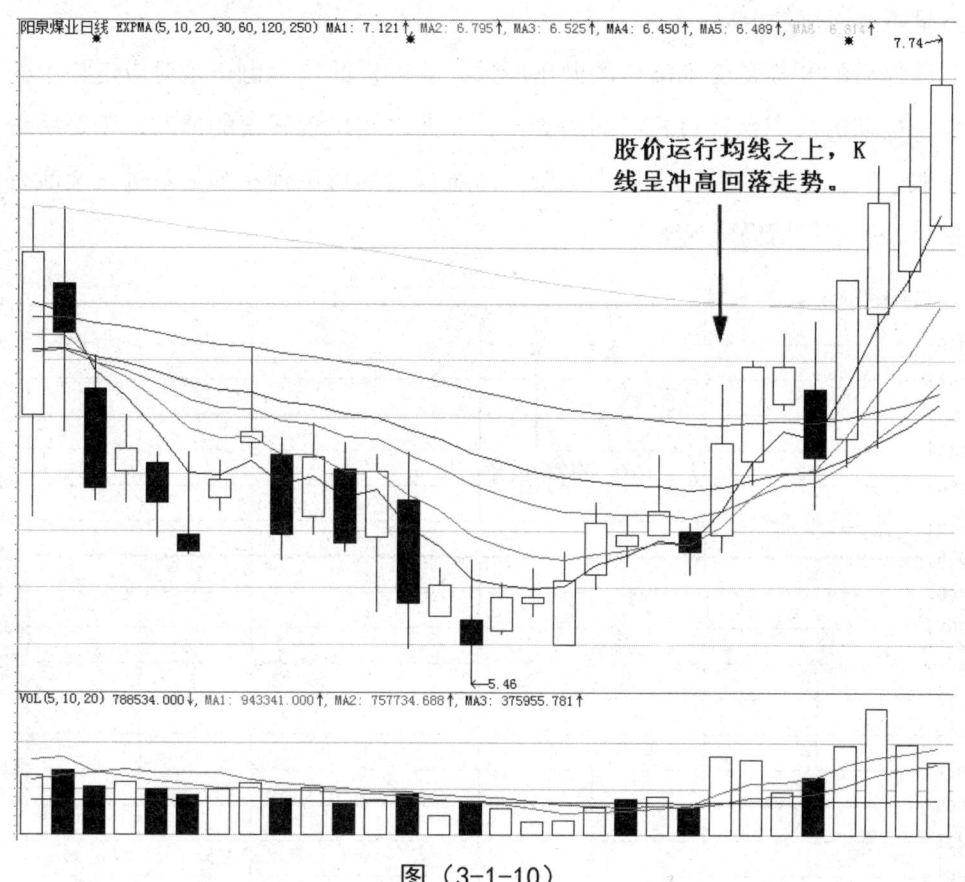

图（3-1-10）

图（3-1-10）是阳泉煤业（600348）在2016年1月至2016年3月的K线走势图。个股在区间运行中呈现的是超跌反弹走势。个股在前期的走势中呈单边下跌的行情，股价出现大幅的下跌。随着股价的大幅回落抄底资金逐渐介入，个股在底部获得支撑后走出上升行情。个股慢慢站稳均线，与股价的大幅波动可视为投资者T+0交易的机会，投资者可好好把握。

因为个股仍处于长期的下跌走势中，投资者要对操作的仓位加以控制，尤其是在不能确认行情的延续性时。

我们来看个股站稳均线当天的走势。

图（3-1-11）是阳泉煤业（600348）在2016年2月22日的K线分时走势图。个股在当日的分时中走出冲高回落的走势，当天早盘略微高开后，即进入单边上涨的走势中，个股于接近尾盘时出现快速拉升的走势，个股出现大幅上涨，最高

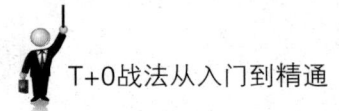
时直接封涨停板。但个股的封涨停板行情并没有持续，股价在接近午盘时打开，随后呈震荡回落的走势。

涨停后的开板是受到高位的抛压所致，涨停板的位置也正是对应走势中的压力位。前期的套牢盘经过长时间的套牢，突然之间出现解套的情况，于是纷纷卖出个股。股价在这些抛压下逐步走低。而对行情的后市判断则是新进资金能否消化抛盘，后市行情仍待观察。

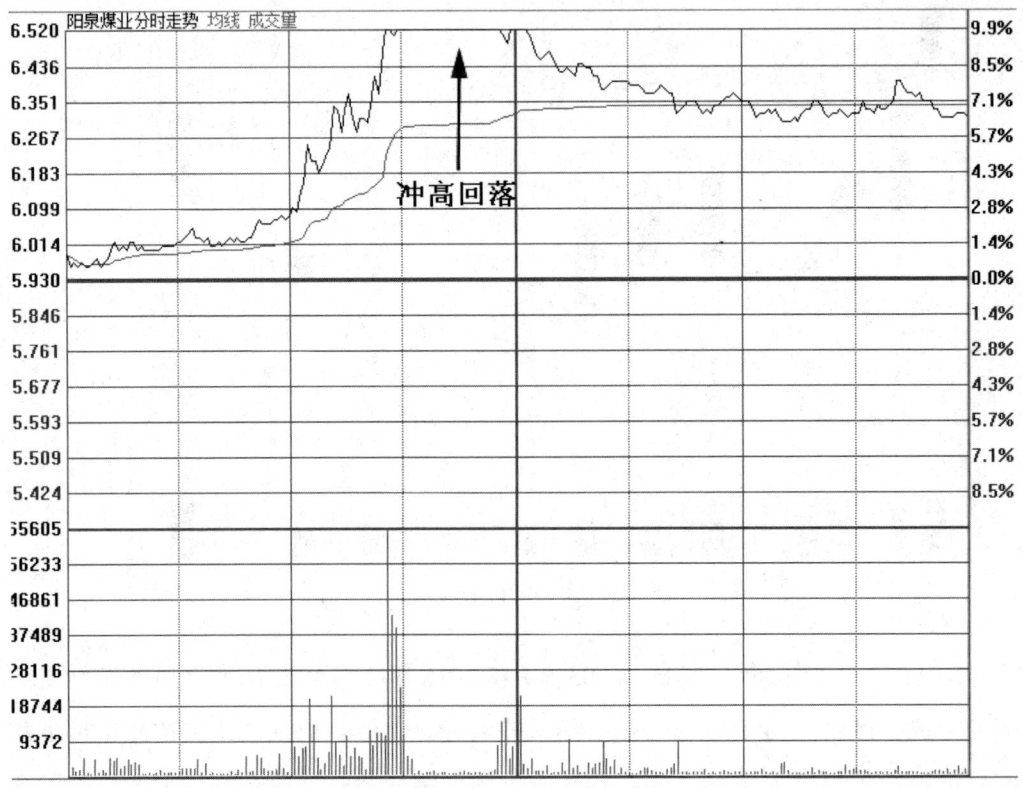

图（3-1-11）

我们再看阳泉煤业（600348）的 5 分钟走势图。

图（3-1-12）是阳泉煤业（600348）在 2016 年 2 月 22 日的 K 线分时的 5 分钟走势图。在个股的 5 分钟分时图中，我们试着发现 T+0 的交易买卖点。个股在上升行情之初一直站稳均线之上，支撑股价上行。投资者可择机买进，获取收益。个股在前期的低位运行一段时间后，开始股价的直线拉升，在这过程中，股价呈单边上升的走势，最终封在涨停板位置。股价在涨停板后期，走出中阴线，个股有回调的需要。投资者需要注意风险的出现。这时投资者们可以注意下方均线的支撑，股价站稳均线则行情有待进一步发展，股价跌破均线，风险加大，投资者要注意及时离场。

在 5 分钟的均线上我们能得到买卖信息，这一点在分时和日线图上也能发现。这也是我们从这几个方面综合分析的原因，希望投资者们把握机会。

我们说仓位的控制是根据行情的走势来作出调整的，当投资者对行情不是太肯定时，就可以以少量的仓位操作交易。随着个股走势的加深，投资者对个股的走势有了更深的判断，就可以对仓位进行调整，进而全仓或者减至空仓。

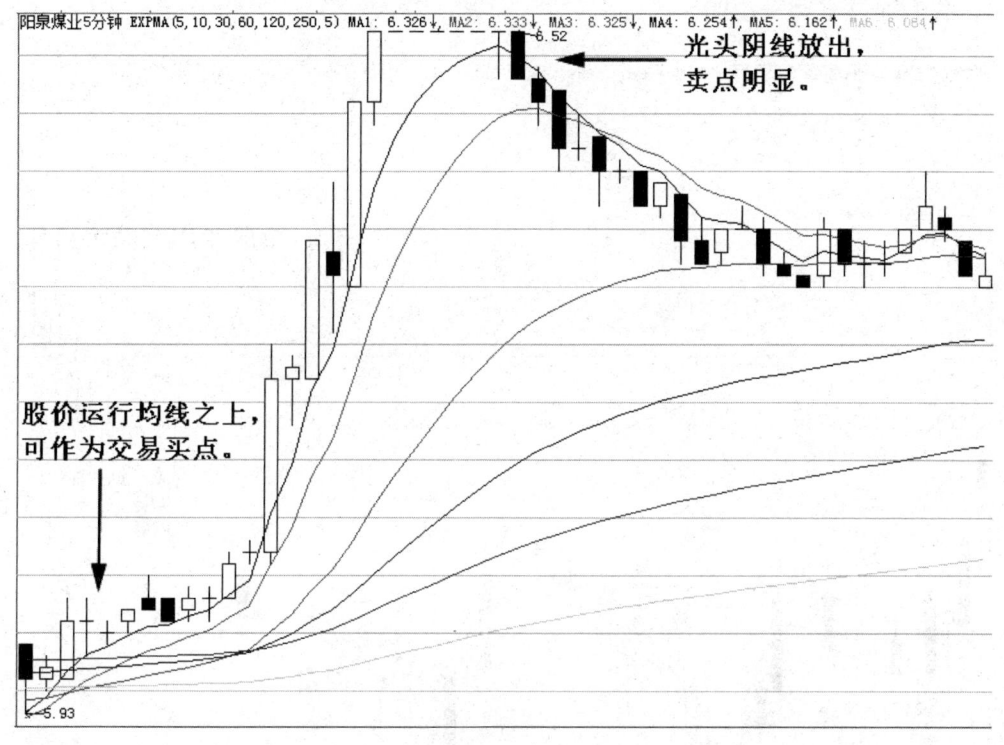

图（3-1-12）

■ 第二节　全仓 T+0 交易

在 T+0 的增仓操作中，投资者总体持仓状况应该随着交易的进行而增加。考

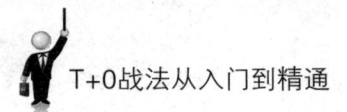

虑到价格的持续回升，投资者总体增仓并不会增加持股风险。如果股价处于上升通道，那么回调必然是短期现象，投资者增仓的话更容易获得利润。在 T+0 的交易中，希望获取的是利润，所以在适当的时候对买入股票和卖出股票数量作出调整也是应该的。太低的仓位就算加上波动的收益也未必比重仓而不加操作的收益多。付出得更多，判断得更准，最后获取的利润却是更少，岂不可惜。

所以投资者在一些明确是上升行情中要敢于重仓，通过增减仓位的方法，获取最大收益。

我们通过案例来说明。

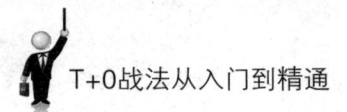

图（3-2-1）

图（3-2-1）是华微电子（600360）在 2016 年 1 月至 2016 年 4 月的 K 线走势图。个股在区间运行中呈现的是超跌反弹走势。个股在前期的走势中呈单边下跌的行

情，股价出现大幅的下跌。随着股价的大幅回落抄底资金逐渐介入，个股在底部震荡筑底，等个股于底部获得不错的低位筹码后，股价获得新的上升动力，再次走出上升行情。个股在随后的走势中慢慢站稳均线，并摆脱震荡区域，开始加速上升的走势。

对于其中不同阶段，投资者操作 T+0 交易要保持不同的仓位。震荡行情中，股价是否企稳，这时投资者要小仓位参与，最好是空仓等待。等个股在随后的走势中站稳均线，投资者可适当加大仓位。若个股还未走出震荡行情，趋势还不明显，这时仍要控制仓位。当股价摆脱调整后，投资者可进一步加大仓位，获取更大的投资收益。

我们来看个股当时的 K 线分时走势图。

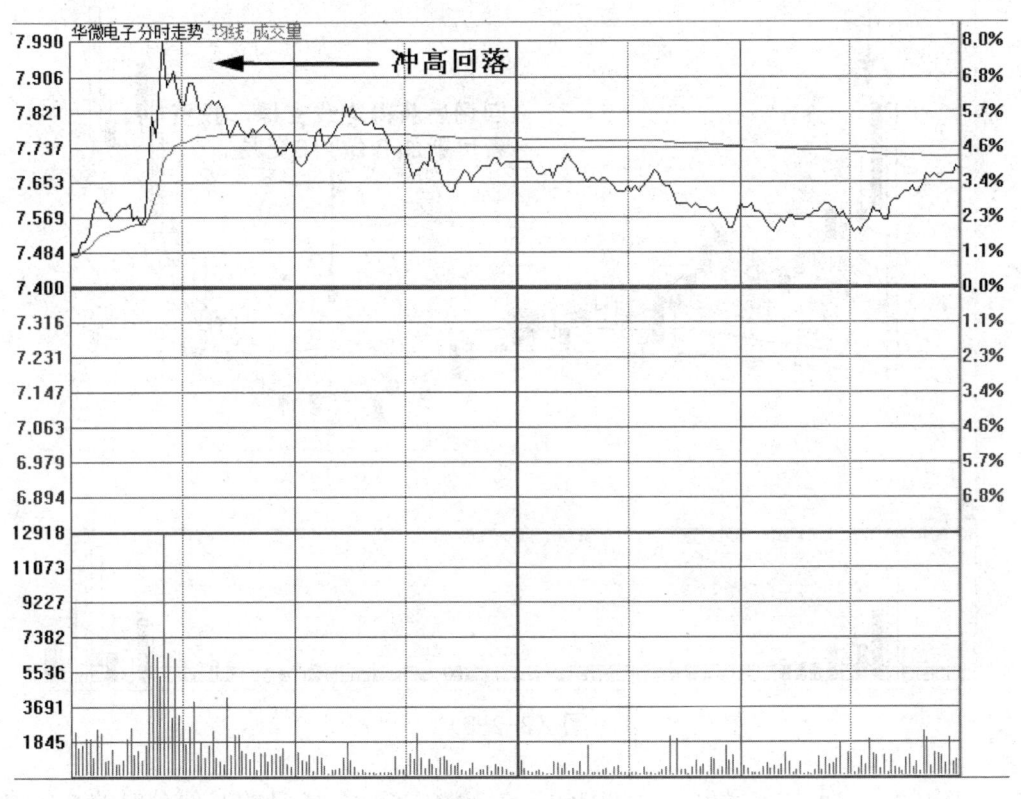

图（3-2-2）

图（3-2-2）是华微电子（600360）在 2016 年 3 月 25 日的 K 线分时走势图。个股在当日的分时中走出冲高回落的走势，当天早盘略微高开后，即进入单边上涨的走势中，个股股价快速拉涨，短时间个股股价大幅上涨 8 个点。投资者的波

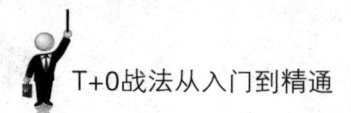

动交易空间足够。但个股行情未能持续，随后呈震荡回落的走势。全天走势呈冲高回落的走势。

这时的个股走势有上升的动力，但同时高位的抛盘也存在，所以股价通过不断地冲高回落来消化筹码。当个股消化套牢盘后将开始新的上升走势。但这时的行情还不确定，对投资者来说最安全的是半仓介入，等行情确定后再逐步加仓操作。

我们再看华微电子（600360）之后的走势。

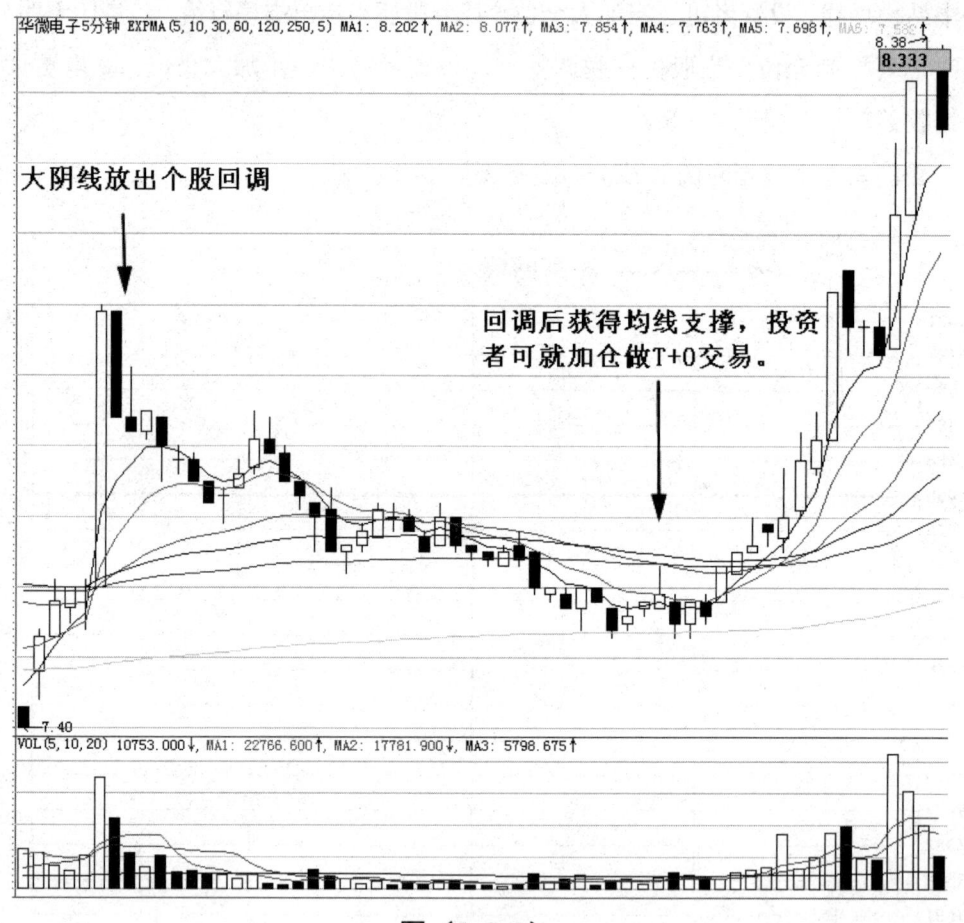

图（3-2-3）

图（3-2-3）是华微电子（600360）在2016年3月25日的K线分时的5分钟走势图。在个股的5分钟分时中，我们试着发现T+0的交易买卖点。个股在上升行情之初一直站稳均线之上，这一点支撑股价上行。投资者可择机买进，获取收益。个股在直线拉升后出现回调走势是个股的风险所在，但个股在回调中得到均线的

支撑，这又支撑对股价的看好。而个股在得到这一均线的支撑后摆脱震荡的走势，将开始新的上升行情，在这时投资者可选择加仓操作，获取最大收益。

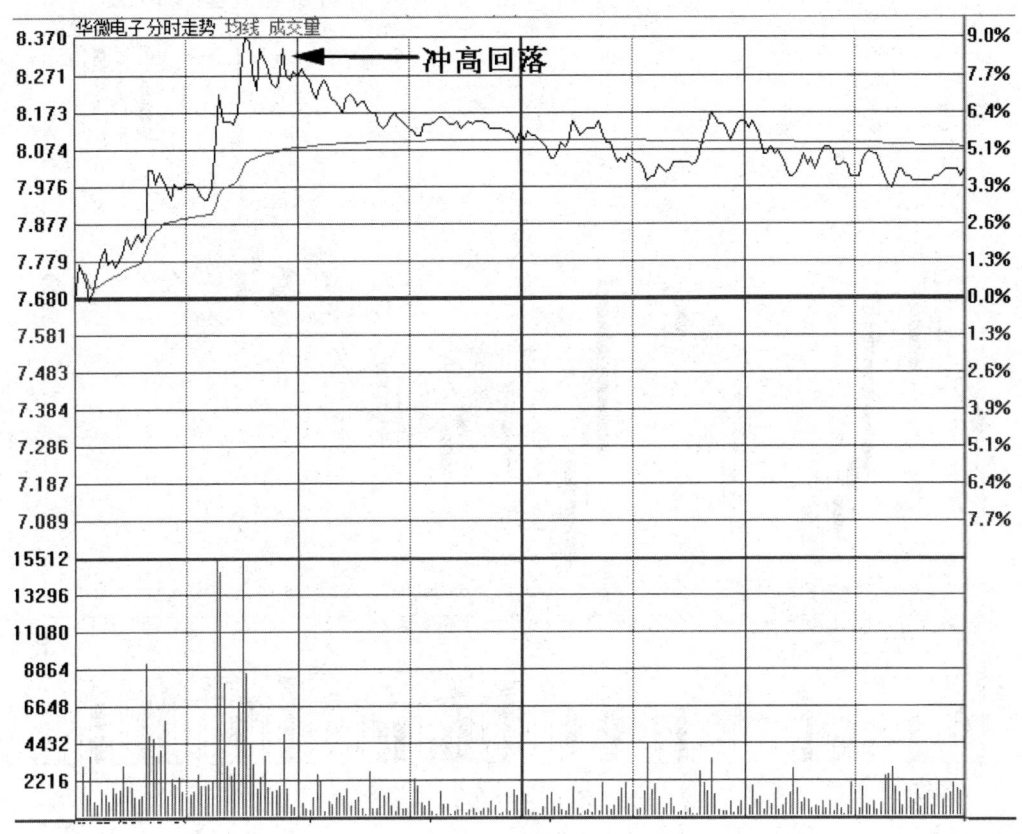

图（3-2-4）

图（3-2-4）是华微电子（600360）在2016年3月26日的K线分时走势图。这是个股在随后一天的分时中走出的走势，个股于分时中走出冲高回落的走势。投资者就可以在这一个分时中操作T+0交易。在股价冲高时卖出，并于股价回落后买进。当然这只是一般的操作，投资者也可以从5分钟走势图上发现更准确的买卖点位，获取更大的收益。

这一分时与前一交易日的分时走势雷同，所不同的就是他们所处的日线上的位置。这也是不同仓位不同的原因。个股所处的行情阶段不同，一切的力量变化也会不同，投资者们的决策也当然不同。在后面的文章中我们会谈论，日线的走势，毕竟这才是投资者们操作T+0交易根本的条件。

我们再看一个案例。

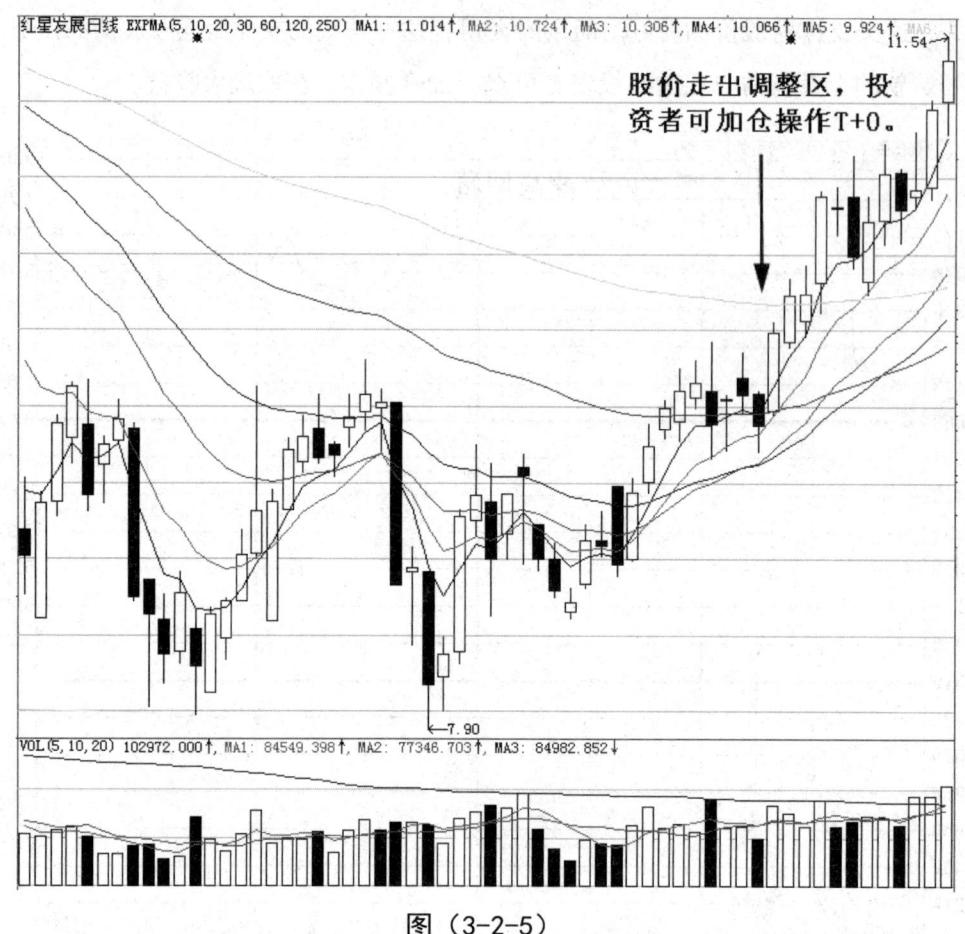

图（3-2-5）

图（3-2-5）是红星发展（600367）在 2016 年 1 月至 2016 年 4 月的 K 线走势图。个股在区间前期走出区间震荡的走势，做多力量在区间内慢慢集聚。随着时间的推移做多力量越来越强盛，个股有走出震荡，开始上升趋势的痕迹。个股于区间的上沿慢慢震荡消化筹码。一日股价突然强势上行，与当天走出大阳线。个股正式开始上升行情。投资者在这以后可加仓操作 T+0 交易。

我们看当时的 K 线分时图。

图（3-2-6）是红星发展（600367）在 2016 年 3 月 30 日的 K 线分时走势图。个股在当日的分时图中走出单边上涨的走势，在当天早盘略微高开后，即进入单边上涨的走势中，期间个股虽有震荡，但均线对股价支撑完好。个股也保持持续上扬的走势。

这时对行情还不能把握的投资者，但又不想错失机会，可半仓买进，获取收益。

余下的仓位可根据行情走势作出增减的需要。

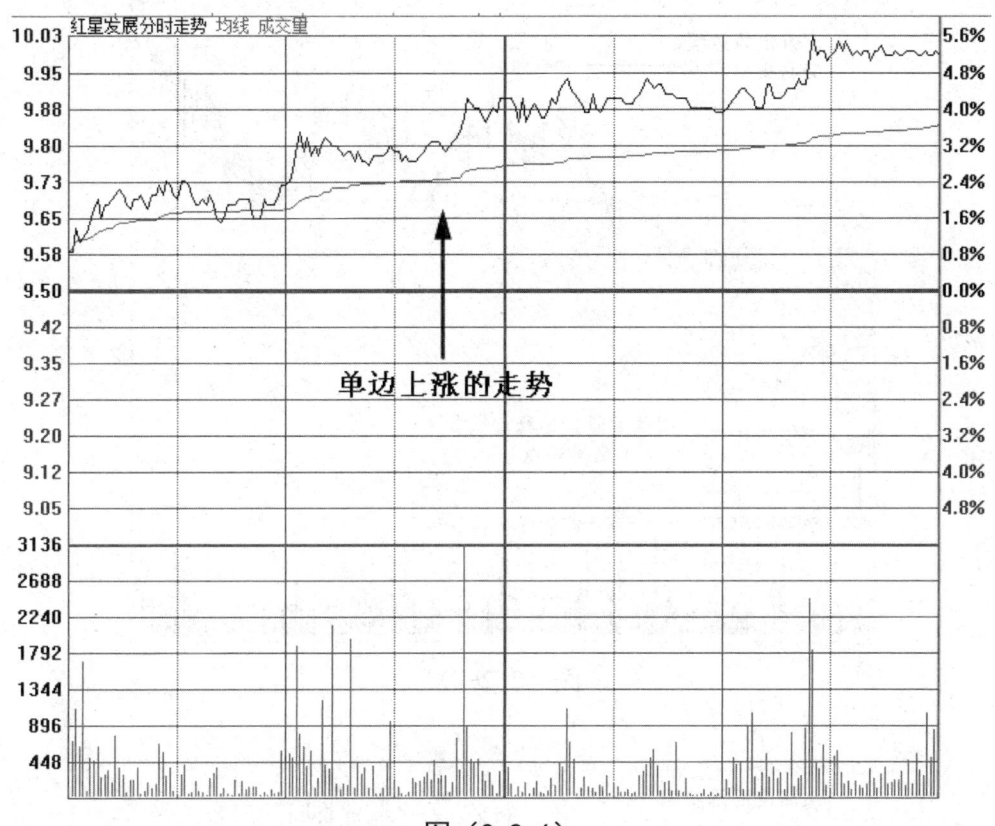

图（3-2-6）

我们来看个股的 5 分钟走势图。

图（3-2-7）是红星发展（600367）在 2016 年 3 月 30 日及 31 日的 K 线分时的 5 分钟走势图。在个股的 5 分钟分时图中，我们试着发现 T+0 的交易买卖点。个股首先在低位放出大阳线，行情有看好的迹象。随后个股一直保持站稳均线之上的上升行情，个股走势相当稳健。投资者可择机买进，获取收益。

个股在拉升后期出现股价走势放缓的迹象，这可视为 T+0 交易的一个卖点。这时投资者就要注意均线对后续股价的支撑作用。均线支撑股价，股价摆脱震荡走势，则行情继续看好；相反股价跌破均线，则要注意个股的回落，行情有可能再次跌回震荡走势中。这也是投资者半仓买进的原因。

当然这支个股后市看好，均线支撑良好，投资者可在股价获得均线支撑处买进加仓，操作全仓 T+0，获取超额收益。

我们再看个股的随后走势。

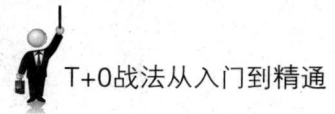

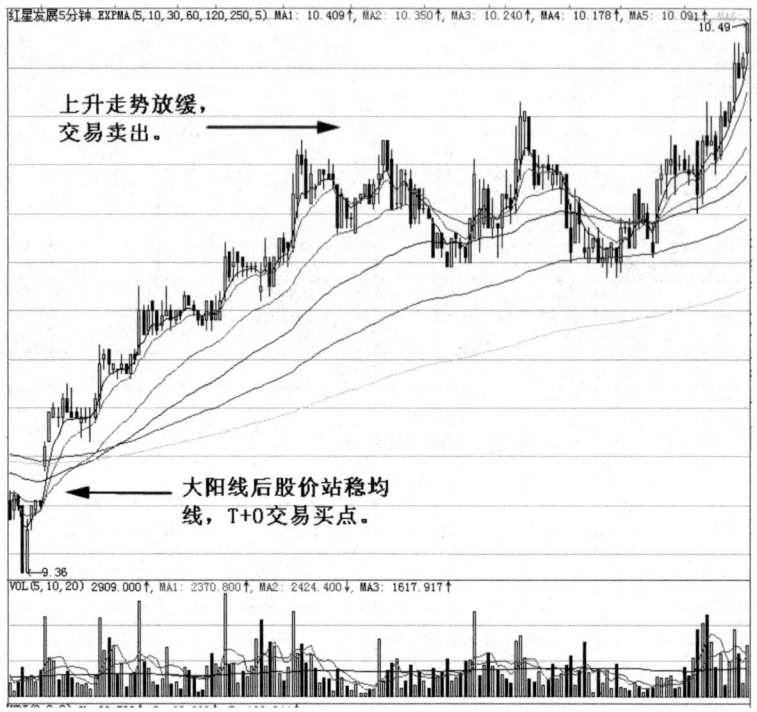

图（3-2-7）

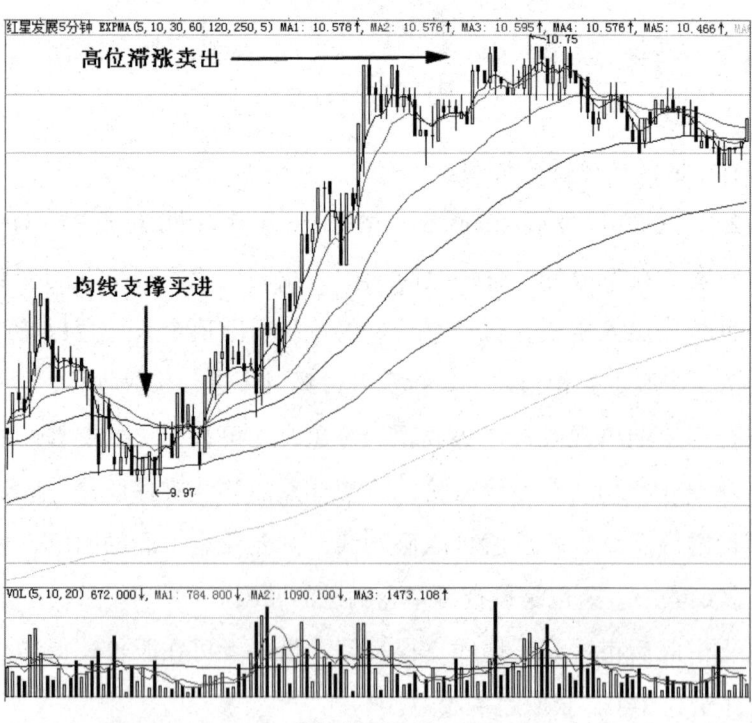

图（3-2-8）

图（3-2-8）是红星发展（600367）在2016年4月1日及2日的K线分时的5分钟走势图。在个股的5分钟分时图中，我们试着发现T+0的交易买卖点。个股股价在回调中获得均线的支撑，可看作T+0交易买点，随后股价获得支撑并上行。个股在上行到高位时，出现滞涨的走势，股价短期面临抛压的较大，有回调的需要，投资者可在T+0交易卖出。投资者在卖出后可注意股价的再次买进机会。

对全仓T+0交易，我们把时间相对拉长，在前文我们也说过全仓T+0交易就是一个片面的T+0。因为无法完成当天的交易，当天的买卖就显得次要，投资者可参考5分钟线，作出最正确的买卖点判断，获取收益。我们仍要强调一点，T+0的目的是获取收益，控制风险，其目的不在于股票的当日回转。

我们来看宝光股份（600379）的走势图。

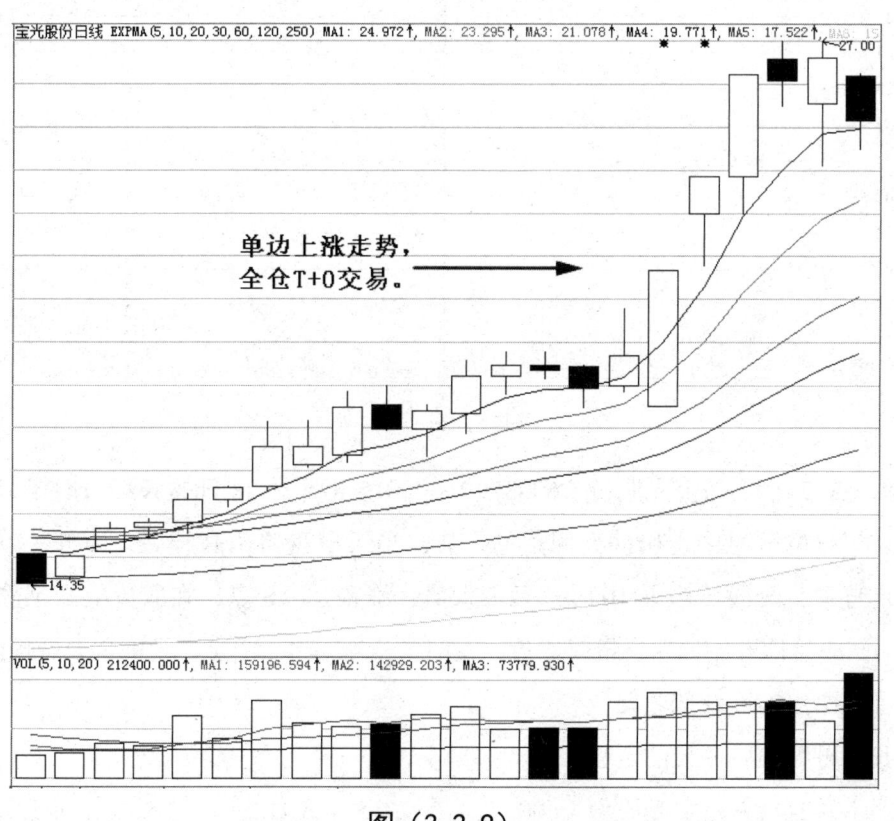

图（3-2-9）

图（3-2-9）是宝光股份（600379）在2015年5月至2015年6月的K线走势图。个股在区间中走出单边上涨的走势，股价均线上方运行。个股形态良好，投资者可全仓操作T+0交易。

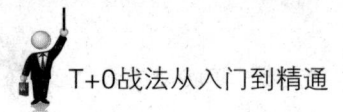

对于其中需要关注的则是股价运行到高位时出现的滞涨走势，这预示着股价有回调的压力，投资者要注意回避风险。

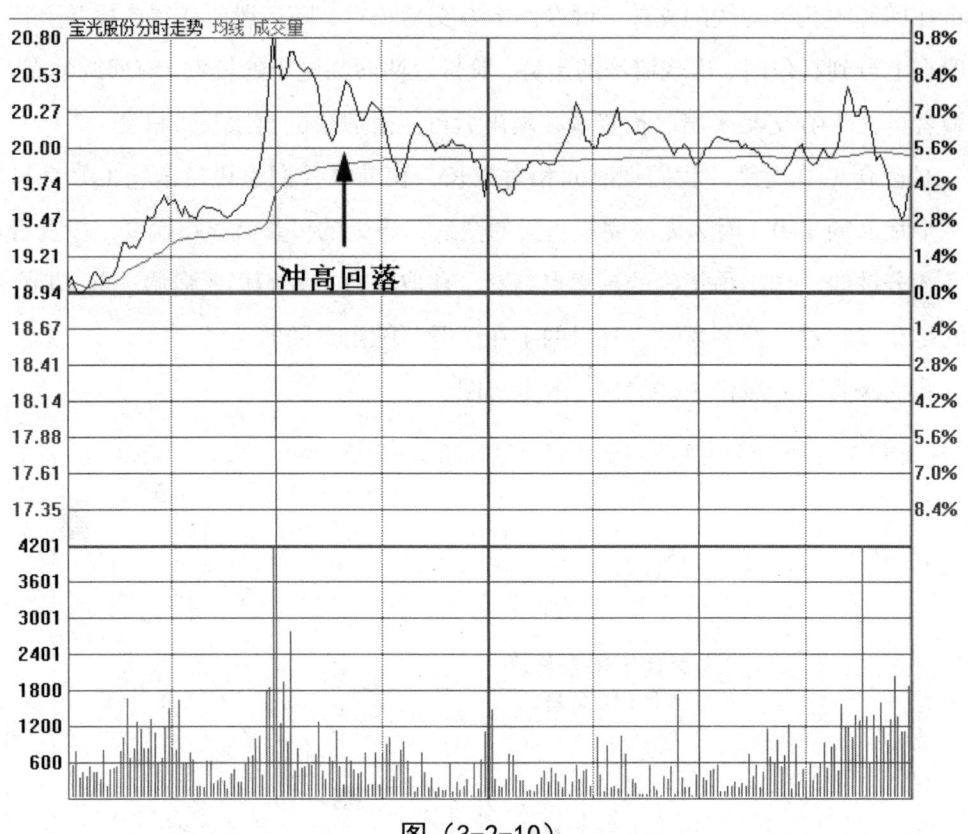

图（3-2-10）

图（3-2-10）是宝光股份（600379）在 2015 年 5 月 28 日的 K 线分时走势图。个股在当日的分时中走出冲高回落的走势，当天早盘略微高开后，即进入单边上涨的走势中，个股于当天 10 时达到最大值，涨幅达 9.8 点。在股价上涨至涨停板位置后，股价即开始回落，最终股价收盘时的涨幅有 4.2 个点。股价全天振幅巨大。投资者可操作 T+0 获取收益。

我们再看随后一天的走势。

图（3-2-11）是宝光股份（600379）在 2015 年 5 月 29 日的 K 线分时走势图。个股在当日的分时中走出单边上涨的走势，区间内虽有震动，但均线对股价的支撑仍然有效。股价在获得支撑之后，开始稳步上行。最终股价封至涨停板位置。

我们把两个交易日的走势连续起来，可以看到以下的 5 分钟走势。

图（3-2-11）

图（3-2-12）

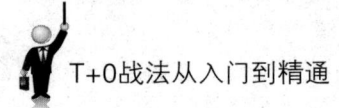

图（3-2-12）是宝光股份（600379）在 2015 年 5 月 29 日及 30 日的 K 线分时的 5 分钟走势图。在个股的 5 分钟分时中，我们发现 T+0 的交易买卖点。个股股价在回调中获得均线的支撑，可看作 T+0 交易买点，随后股价获得支撑并上行。个股上行到高位时，出现快速回落的走势，股价短期面临的抛压较大，T+0 交易卖出点位出现。

对比以上的三幅图，我们会发现单一指标或信号发出的买卖点，难免会有些偏颇，而只有结合更多的信号，才能找出最好的买卖点。我们再次重申 T+0 的交易目的是为了获取收益，而不是为了交易，而我们论述的多种点位的判断方法，也不是任何一种就可以找出最优的买卖点，这需要投资者结合多项信号，综合判断，最终找出最优的一点，获取收益。

第四章

T+0 交易日 K 线

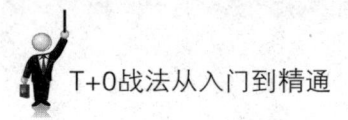
第一节　压力位卖点

从 K 线图上来看，每一次空头发力的位置都是比较重要的压力位，会对以后的股价运行产生明显的压制作用。所以当股价前方即将面临这些阻力位时，投资者们就需要逐步清仓或者减仓了，并一定要等到阻力位被有效突破之后才可以再次介入。投资者就要根据不同的情况作出不同的 T+0 的操作。

存在的压力位成为投资者卖出位的一个重要参考。由压力位构成的卖出位主要有以下几种情况：

第一，前期形成高点位卖出位。

第二，箱体上沿位卖出位。

阻力位对于投资者的指示意义，主要有两个方面：①卖出对应的股票；②买入对应的股票。

卖出对应的股票是因为这一压力位是由套牢盘构成的，股价不会在短时间突破这一压力，投资者就要根据其买卖力度，作出减仓的操作。操作 T+0 时也要注意风险，毕竟这是一个下跌的行情，仓位要维持在低位。

阻力位还是那个阻力位，但在不同的时间段和不同股票运行趋势下，它对股价的压制与支撑作用也会不同，所以相应地我们作出的判断也会截然不同。这也是投资者们需要注意的。

随着时间的转移，股市在前一阶段存在的诸多利空早已不复存在，而因长时间股价的回调，此时股价已远远低于其价值所在。一些资金逐步介入个股，在股价的底部区域隐秘吸筹，但此时的筹码已不多，远远达不到大资金控制股价的要求，他们就把目光抬高，上方的巨额套牢盘成为其眼中的目标。当大资金完成对套牢盘的收集后，筹码尽归庄家所有，此后的股价行情自是扶摇直上。自此阻力位摇身一变成为股价飙升的助推器。

这就是阻力位与支撑位的关系，两者密不可分，在不同的时间内扮演着不同的角色。但对投资者来说判断其中的不同就非常重要。当一个价位起支撑意义时，投资者可重仓操作 T+0，而当价位对股价起到压制的作用时，就要对 T+0 交易的仓位进行控制，注意规避风险。在认识到主要阻力位与支撑位对个股走势将会产生重要影响之后，投资者们就要在实际的操盘中自觉地根据走势面临的阻力位与支撑位制定相对应的应对策略，做到顺势而为。

下面我们就根据不同的压力与支撑形成，看具体案例分析 T+0 的交易方法。

如图（4-1-1）是四川长虹（600839）对应的前高压力位。

图（4-1-1）

图（4-1-1）是四川长虹（600839）在 2014 年 7 月至 2015 年 3 月的 K 线走势图。股价自 2014 年 7 月开始步入上升趋势，并于当年 11 月 5 日形成高点。在高点当天股价走出一根巨阴 K 线，伴随量能放大，说明主力资金出货迹象明显，巨额的

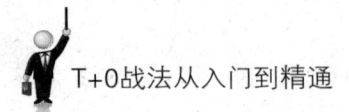

成交量也意味着当日套牢盘同样是一个天量。这对后期股价的走势形成了巨大的压制，在图中我们也看到此后股价虽有反弹但也无力挑战前高，而出现的接近前高的点位就成为投资者逢高减仓的点位了。

在图中，我们看到前高位置的大量筹码堆积，庄家绝不会拉高到让前方套牢盘顺利解套的高度，也不会在此价位上做长时间的停留。股价随后的回头向下形成形态时，就是股价向下运行得以坐实的阶段。当投资者对股价的运行有了下行的判断后，在操作T+0时就要注意风险的存在，毕竟T+0的底仓会随着股价的下行而下行。控制底仓就成为一件很重要的事情，或者说，做有选择的T+0就很重要了。

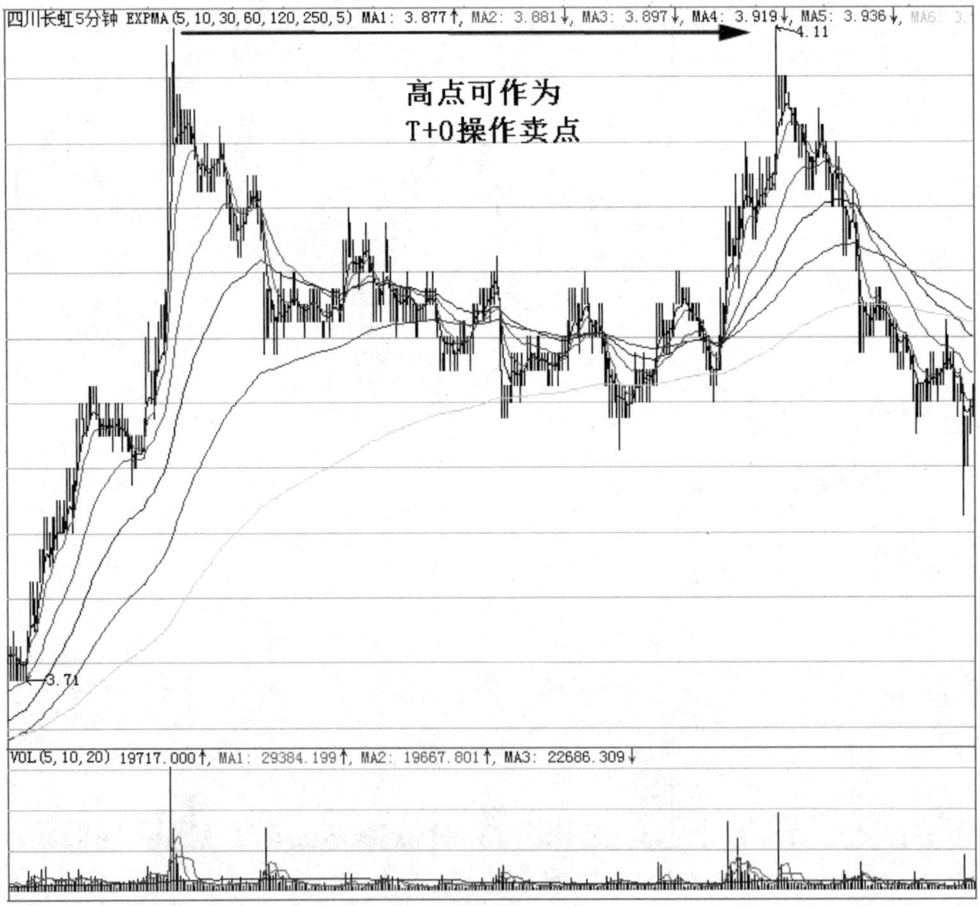

图（4-1-2）

图（4-1-2）是四川长虹（600839）的5分钟K线走势图。股价在前期的走势中走出上升趋势，股价大幅上升并形成一个高点。在高点后的一天个股走出一根

巨阴K线，伴随量能放大，说明主力资金大力出货，这点也形成投资者T+0交易的卖点。随后股价回调，并得到均线的支撑，可视为再次T+0交易的买点，股价随后继续上涨。但个股股价在上升到前期高点时，升势夭折，随后大幅回落。投资者的T+0交易卖点再次出现。投资者若是把握高点的压力，就可以先人一步，及早离场。而在这一5分钟走势中高点的意义同样明确。

下面我们来看一个案例。

图（4-1-3）

图（4-1-3）是万里股份（600847）在2014年2月至12月的K线走势图。股价于2014年2月19日创出近期新高，但股价于当日收出一根长上影的十字星，股价转向要求强烈。此后股价虽有多次反弹但无力上攻最高点。股价在上攻高点无望后，于2014年8月5日高开跳空收出巨阴，同时量能放大，股价回头向下突破。短期跌幅巨大，没有离场的投资者将面临巨大的损失。而依据高点压力位卖出的

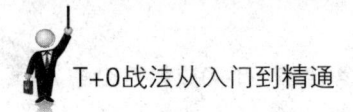

投资者不仅能避免此次大跌，还能获利不少。

投资者在这样的大幅下挫中，做好的操作就是空仓，回避这一波下跌走势。对已有的仓位要及时减仓操作。

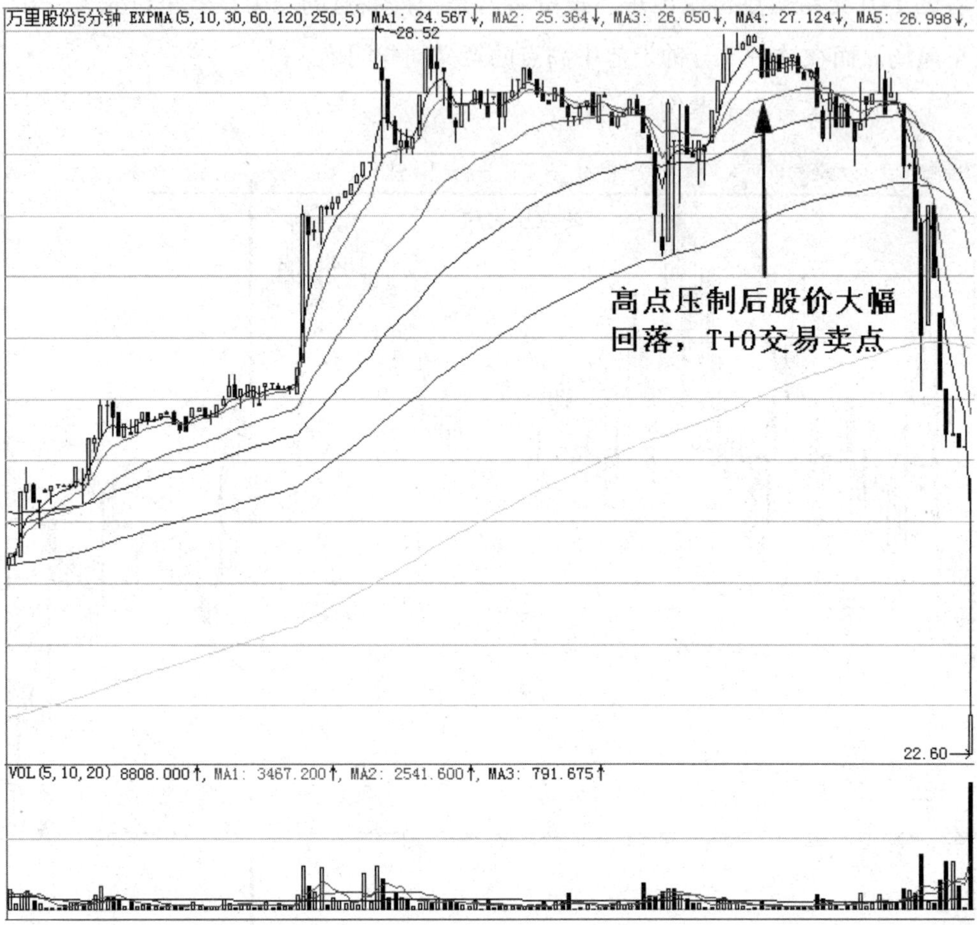

万里股份5分钟 EXPMA(5,10,30,60,120,250,5) MA1: 24.567↓ MA2: 25.364↓ MA3: 26.650↓ MA4: 27.124↓ MA5: 26.998↓

28.52

高点压制后股价大幅回落，T+0交易卖点

22.60→

VOL(5,10,20) 8808.000↑ MA1: 3467.200↑ MA2: 2541.600↑ MA3: 791.675↑

图（4-1-4）

图（4-1-4）是万里股份（600847）的 5 分钟 K 线走势图。股价在前期的上升走势中创出近期新高，但股价在连续的阴线出现后，有回调的需要，个股开始进入回调走势。这一点位也形成 T+0 的交易卖点。随后股价在回落中得到均线的支撑，并开始上升趋势。但股价在运行到高点附近位置后，受制于前期抛压的影响，股价再次回落。T+0 交易卖点再次凸显。个股股价随后大幅滑坡。及早卖出的投资者收益颇多。

我们来看一个高点卖出位的案例。

图（4-1-5）

图（4-1-5）是蓝色光标（300058）在2012年12月至2014年7月的K线走势图。图中股价自从2013年10月形成短期高点后，股价随之下行，虽然股价在以后出现一波反弹行情，但股价并没有有效突破高点压力位，此后股价无力挑战前高，股价也就难免下行。而没有在高点处卖出的投资者将面临不小的损失。

在个股形成高点的压力线之后，投资者最优先的任务是保留获得的收益，对于个股中走出的反弹走势，也可以T+0低仓操作，但当反弹行情终结时要及时获利了结。

蓝色光标5分钟 EXPMA(5,10,30,60,120,250,5) MA1: 12.738↓ MA2: 12.845↓ MA3: 13.067↓ MA4: 13.125↓ MA5: 13.196↓ MA6: 13

~13.68   T+0交易卖点

12.53

VOL(5,10,20) 10033.000↓ MA1: 14458.600↓ MA2: 15302.000↓ MA3: 11936.700↑

图（4-1-6）

图（4-1-6）是蓝色光标（300058）5分钟的K线走势图。图中股价在一轮上升行情中形成短期高点，股价在形成高点后，随之一根大阴线放出，开始下行趋势。个股在下跌中得到均线的支撑，出现一波反弹行情，但股价也并没有有效突破高点压力位，此后股价无力挑战前高，股价持续下行。相对应的前高成为投资者T+0交易的重要卖点参考，投资者可以此作为买卖依据。

以上就是高点形成的压力位，对股价后来走势的压制，前期的高点就是一个很好的买卖参考。在日线级别的行情上投资者可判断个股的后市行情，据此确定T+0交易的仓位。在分时线上，投资者则可以直接据此买卖交易，获取收益。

下面我们再看一些箱体上沿压力位的卖出法。

巨化股份日线 八线理论(5,10,20,30,60,235,453) 七天线: 9.150↑ 持股线: 8.900↑ 生命线: 8.530↑ 初月线: 8.247↑ 双月

箱体震荡走势

5.35

VOL(5,10,20) 540693.000↓ MA1: 545433.188↓ MA2: 534021.375↓ MA3: 428989.281↑

图（4-1-7）

图（4-1-7）是巨化股份（600160）在2014年9月至2015年4月的K线走势图。股价在上升中途走出一段箱体震荡的行情。个股走出震荡行情主要是利用长时间的震荡消化前期的获利盘，股价的价值得到投资者承认，不愿让更多的投资者有低价买进的机会。

对于这样的走势投资者可采取 T+0 的办法高抛低吸，在接近箱体上沿时卖出股票，在股票跌近箱体下沿时买进股票。利用多次的短线买卖也能获得不错的投资收益。当股价向下跌破时，则必须严格止损，不可大意。对于股价向上突破箱体时的情况，我们会在以后的文章中论述。

图（4-1-8）

图（4-1-8）是巨化股份（600160）5分钟的K线走势图。图中股价在一轮上升行情中形成震荡的走势，股价在一个箱体的范围内上下震荡，走出明显的规律性运行方式。个股在经过短时间的运行后才突破箱体上沿开始新的上升走势。

对个股在箱体内运行的走势投资者可采取T+0的方式交易。在股价接近箱体上沿时卖出，在个股接近箱体下沿后买进，获取之间的波段收益。而5分钟的时间差较小，可提供的交易机会较多，投资者可择机把握，获取收益。

让我们来看一个案例。

图（4-1-9）是东安动力（600178）在2013年12月至2014年5月的K线走势图。个股在此时的运行，我们看到是处于一个下降趋势中的。在其中我们还是找到了短线获利的机会。从图中，我们看到股价的运行出现一个明显的箱体震荡走势。

据此，投资者可作一些高抛低吸的操作也能获利不少。但当股价的运行向下突破箱体时，投资者们就必须离场观望、静待行情明了。

当然在一个单边下跌趋势中，我们不建议投资者长线持有。这样只会让损失无限放大，最终难以自拔。即使投资者们作一些 T+0 的短线操作，我们也建议投资者们保持较小的仓位，可以随时离场。我们在此给出的建议是：空仓是一门艺术。希望对投资者们有所帮助。

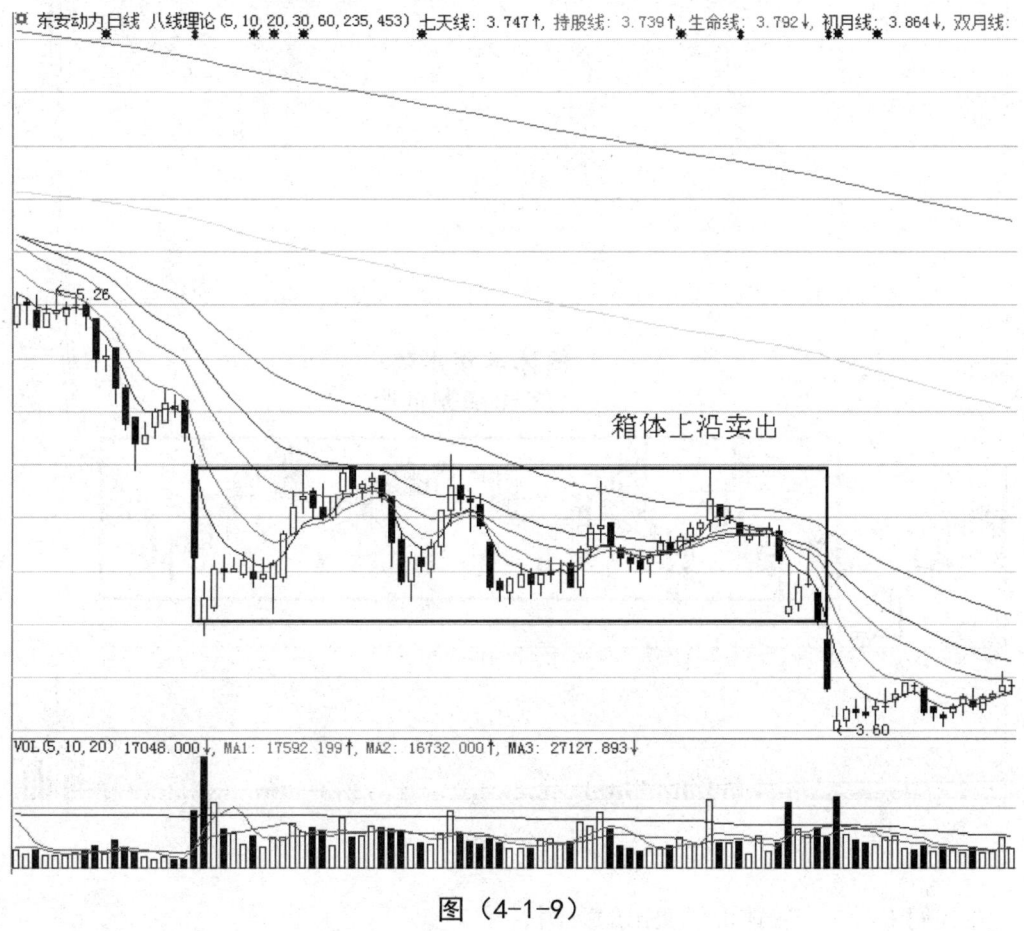

图（4-1-9）

我们再看当时的 5 分钟走势图。

图（4-1-10）是东安动力（600178）5 分钟的 K 线走势图。图中股价在低位运行中形成震荡的走势，股价在一个箱体的范围内上下震荡，走出明显的规律性运行方式。个股经过不断的震荡，获取上升的动力，个股在震荡中获取一定的筹码后，股价将突破箱体上沿开始上升行情。

　　个股在箱体内有规律地运行，投资者可采取 T+0 的方式交易。在股价接近箱体上沿时卖出，在股价接近箱体下沿后买进，获取之间的波段收益。个股在后期走出箱体，开始上升趋势时，投资者则要注意个股运行趋势的变化，及时调整交易方式获取最大收益。

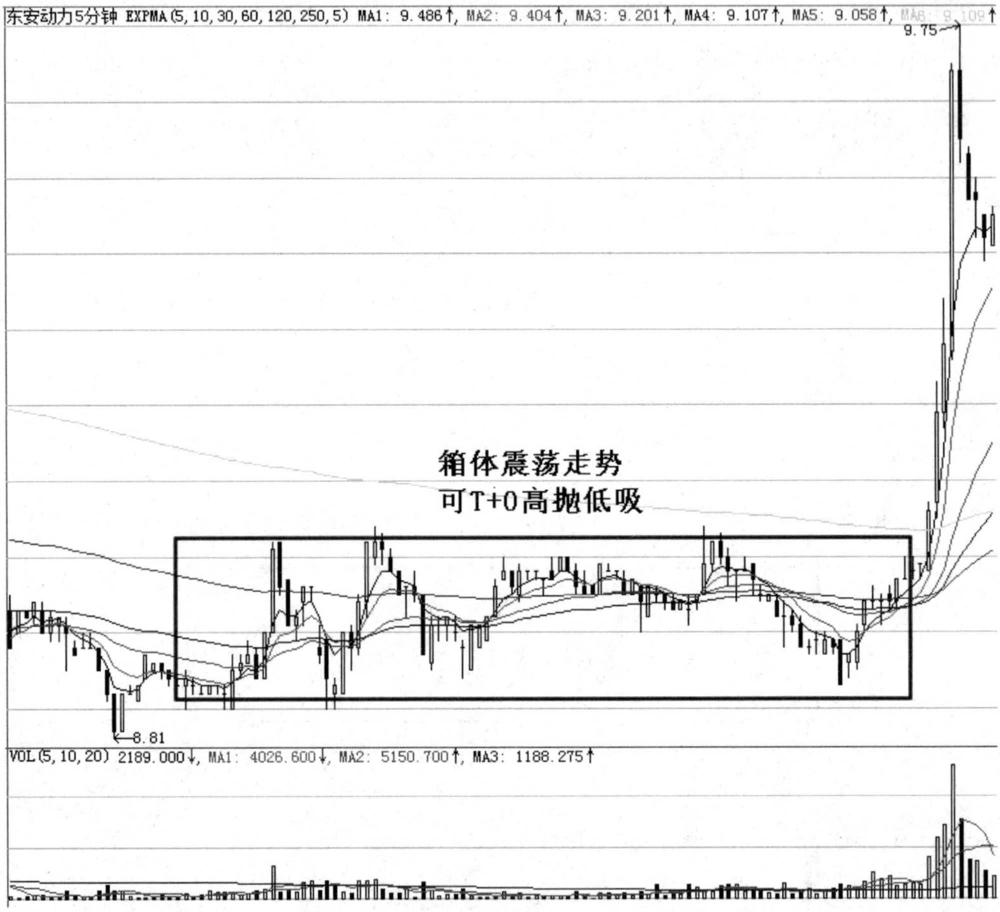

图（4-1-10）

　　我们来看一个箱体上沿卖出的案例。

　　图（4-1-11）是武昌鱼（600275）在 2013 年 6 月至 11 月的 K 线走势图。股价在下降运行趋势中出现一个箱体震荡的走势。投资者依照我们箱体上沿卖出、箱体下沿买进的策略作出买卖决断，可获得不错的 T+0 短线收益。

　　当然日线上的 T+0 交易未必就是最优的 T+0 交易，投资者仍可结合 5 分钟线作出买卖决定。T+0 交易只是我们交易的手段而绝非目的，希望投资者明白。

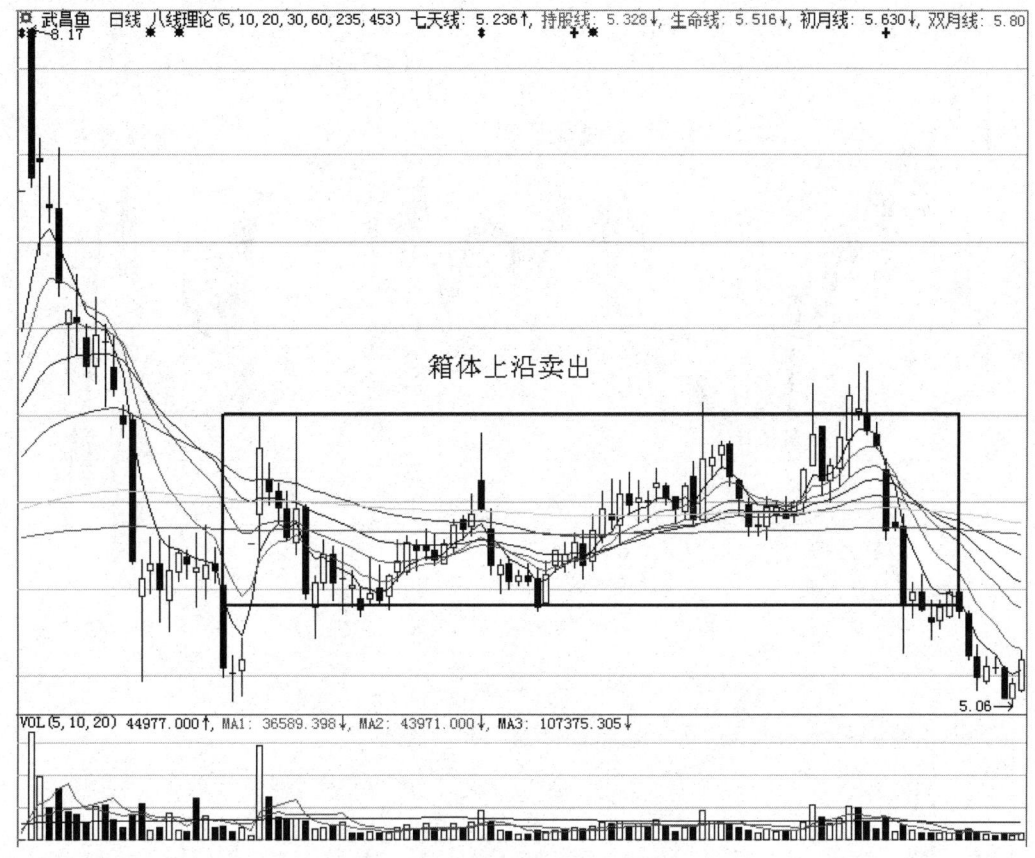

图（4-1-11）

我们再看 5 分钟 K 线走势图。

图（4-1-12）是武昌鱼（600275）的 5 分钟 K 线走势图，个股走势在 5 分钟的周期中走出各种买卖信号，投资者可结合这些买卖信号和日 K 线的走势作出买卖决定，获取投资收益。

个股于底部构成头肩底形态，买进信号明显；个股在运行中站稳均线，买进信号明显；个股在继续上升中遇到前期的密集成交区，股价震荡，投资者可短期 T+0 交易卖出；随后股价在均线位置获得支撑，在向上运行中遇到高点压制，股价回调，短期卖点再次出现，以及在最后走出的反弹，反弹的高度不过前高，再次卖出的信号明确。投资者可据此多次操作获取收益。

箱体上沿的卖出与下沿的买进是投资者们在震荡市中很好的操作策略，投资者可多多关注。但需要投资者们注意的是，当变盘位的到来时需要认真把握，不可错失了抓住大鱼的良机，更不要因没有及时离场成了别人案板上的鱼，戒之戒之。

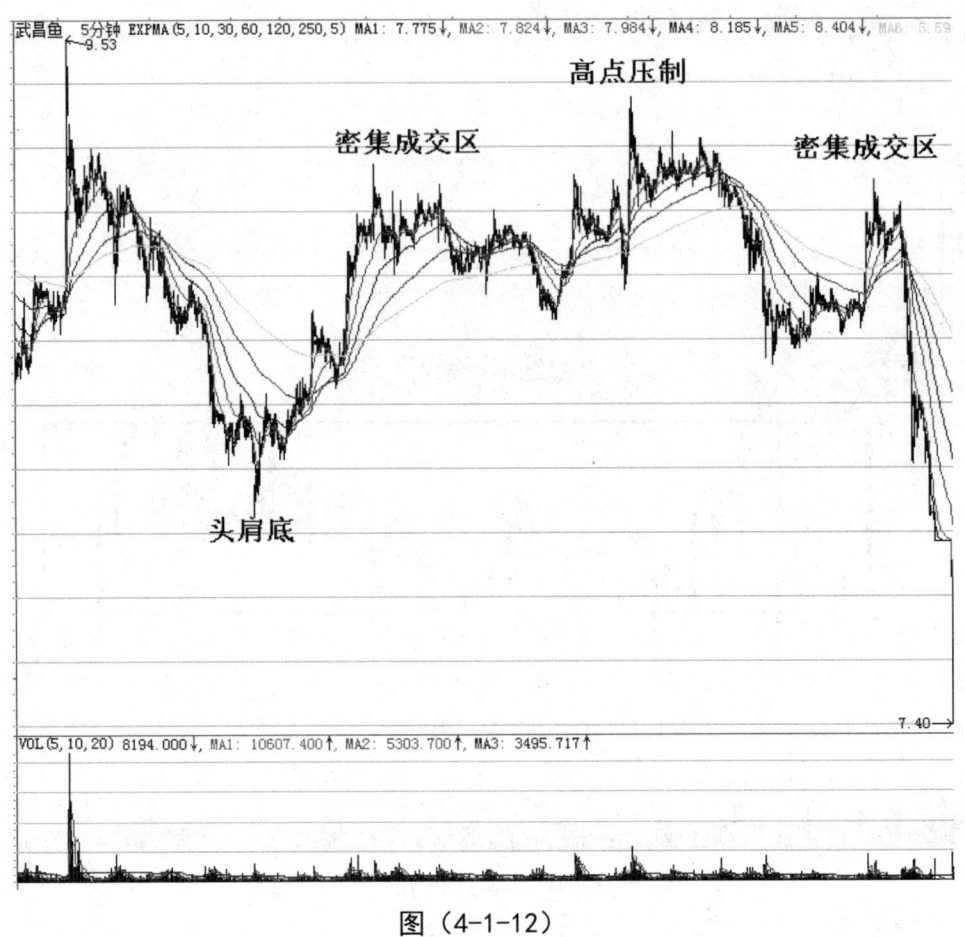

图（4-1-12）

第二节　支撑位买点

阻力位还是那个阻力位，但在不同的时间段、不同股票运行趋势下，它对股价的压制与支撑作用也会不同，所以相应地我们作出的判断也会截然不同。这也是投资者们需要注意的。相对应地我们从上文的压力位构成中，去探寻买点的出现。

由突破阻力位压制构成的买进位也就有了以下两种情况：

第一，由突破前期高点形成买进位。

第二，由突破箱体上沿位形成的买进位。

随着时间的转移，股市在前一阶段存在的诸多利空早已不复存在，而因长时间股价的回调，此时股价已远远低于其价值所在。一些资金逐步介入个股，在股价的底部区域隐秘吸筹，但此时的筹码已不多，远远达不到大资金控制股价的要求，他们就把目光抬高，上方的巨额套牢盘成为其眼中的目标。当大资金完成对套牢盘的收集后，筹码尽归庄家所有，此后的股价行情自然是扶摇直上。自此阻力位摇身一变成为股价飙升的助推器。

我们来看案例分析说明。

图（4-2-1）

图（4-2-1）是中国国航（601111）在2014年10月至2015年4月的K线走势图。股价自2014年10月进入上升阶段，并于2015年1月份走出一个高点，随后股价

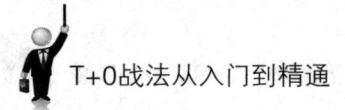

回调，但并未跌破均线支撑，当股价放量在此站稳前期高点时，前期的高点就成为股价下一阶段上涨的起点，而在股价站稳前期的高点后，及时买进的投资者，则可获利不少。

这时个股的压力位转化为支撑位，股价有进一步上涨的动力，T+0 交易机会也出现。个股处于一个上升趋势中。投资者也可根据行情的变化，进行仓位的增减。对急于买进的投资者来说，在股价突破前高的阻力线位买进不是一个最优的选择。因为此时股价随时可能回头向下，这样对追高的投资者就会造成难以估量的损失。对投资者最好的买点是在股价突破后的短时间回调期，此时阻力线是否转化成股价上涨的助推器早已清楚，这时介入安全系数最高。买进的时机最好是集合小周期分析。

我们再看 5 分钟 K 线走势图。

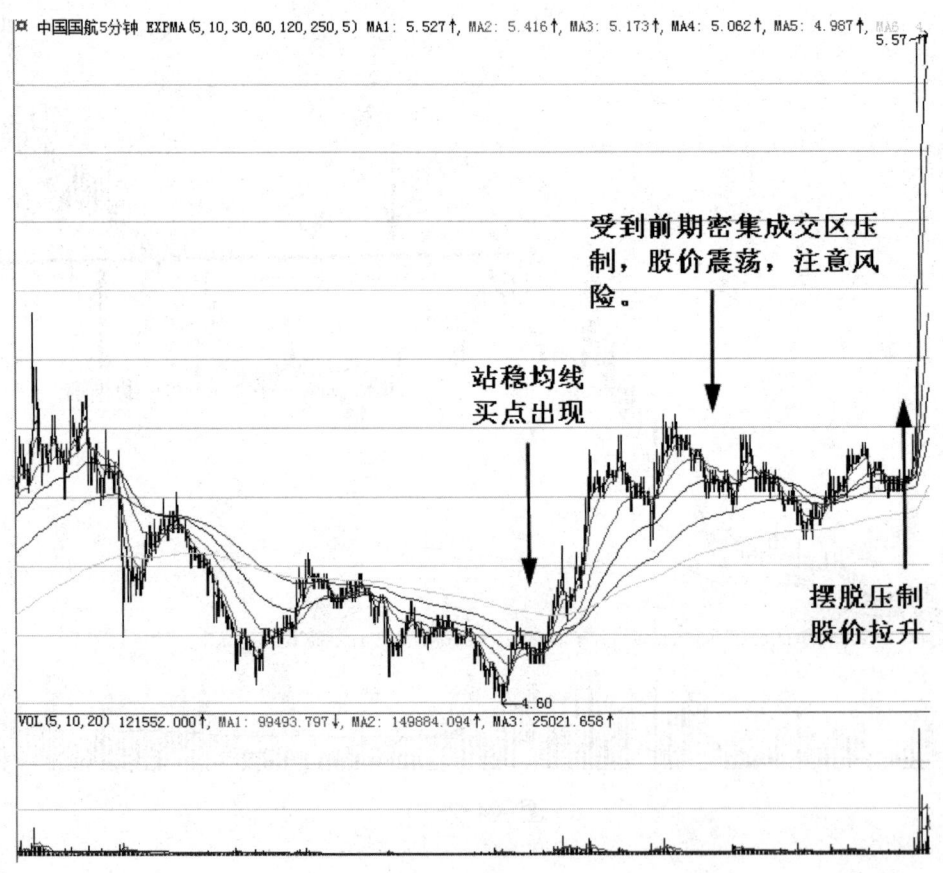

图（4-2-2）

图（4-2-2）是中国国航（601111）的5分钟K线走势图。股价在回调中跌破均线，并一直处于均线下方运行。个股的走势不是太好，投资者的交易空间较小，可等待时机买进。

个股在均线下方运行一段时间后，走势慢慢转强，股价摆脱均线的压制，并站稳均线之上。这时形成一个T+0的交易买点，投资者可买进获取上涨收益。个股此后开始上涨走势，当个股在运行到前期高点位置时遇到筹码的抛压，股价出现震荡，投资者可选择暂时卖出T+0交易获利了结。

此后个股维持一段震荡的走势，在回调中得到均线的支撑，这是行情向好的迹象。投资者可适度T+0交易买进。个股后期摆脱高点的压制开始新的更强势的上升，投资者可逐步加仓，获取更大的收益。

我们来看一个案例。

图（4-2-3）

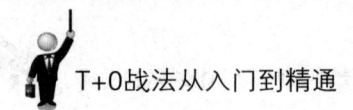

图（4-2-3）是上证指数在 2009 年 3 月至 2015 年 6 月的月 K 线走势。大盘指数自 2009 年 8 月走出 3478 点的高点后创出了反弹以来的最高点，并对以后的股价走势形成了强烈的压制，股价以后难获生机。低迷的走势持续近 6 年的时间，一直到 2015 年 3 月股价强势突破压制才告一段落，此后压制转变为支撑，助力大盘指数直上 5000 点以上。股价走出一波靓丽的上涨行情。而在突破阻力线后积极买进的投资者则获利巨大。

个股在达到前一高点之后长时间处于下行的状态中，股价受到高点压制明显。但随着时间的推移，指数的估值发生变化，大资金就会把前期的套牢盘收为筹码，获取后期的拉升利润。而在大资金获取利润的同时，投资者也应注意到行情的变化，积极布局获取收益。

分时中的高点同样发挥作用，我们看 5 分钟线。

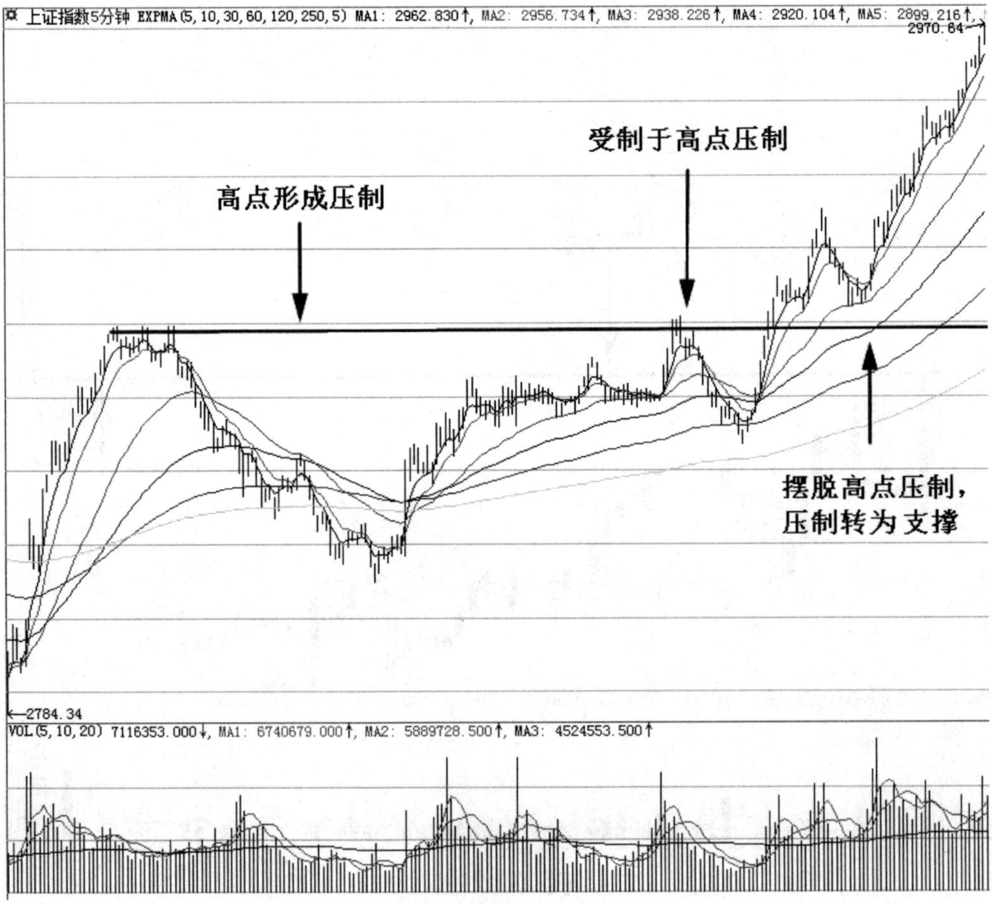

图（4-2-4）

图（4-2-4）是上证指数的5分钟K线走势图。指数在一个上升波段中走出一个高点，指数在形成高点后，出现回落走势，此后指数长时间处于下行的状态中。指数在回落至均线位置，获得支撑，并出现一个向上的运行趋势。这一点位形成T+0交易买点。

指数在向上的运行中遇到前一高点位置时，发生回调走势。这是高点形成的压制发生作用，随后股价回落。但回落的指数受到均线的支撑，指数保持继续强势的运行，并在随后的上升中突破高点的压制。指数突破压制后有一个短时间的回调，这一回调在接近高点位置时获得支撑，压制转化为支撑作用明显。投资者买进获取收益的机会明确，可把握上涨利润。

我们来看内蒙华电（600863）中的高点阻力支撑转变。

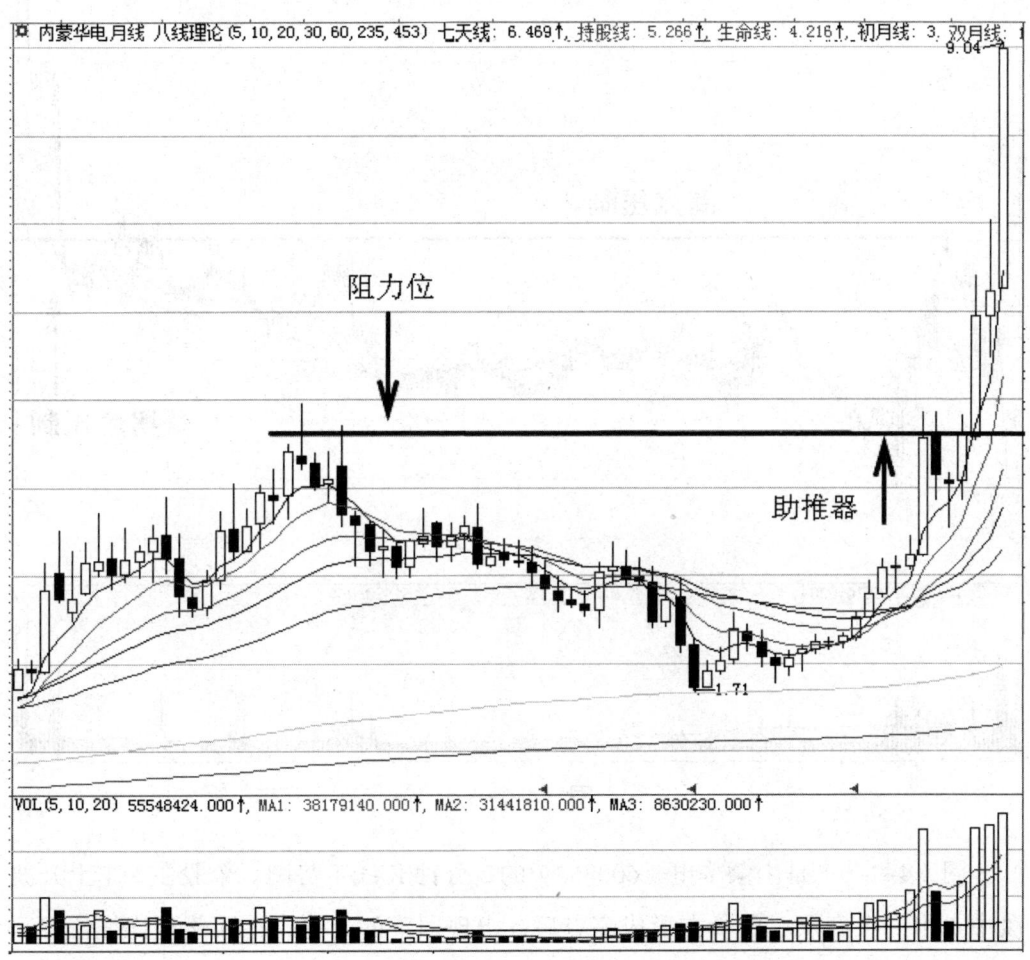

图（4-2-5）

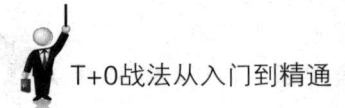
图（4-2-5）是内蒙华电（600863）在2009年6月至2015年6月的月K线走势图。股价在2011年的2月走出一个高点，此后股价一路下行。经历长达3年的调整，股价于2014年重获升势，到2015年才再次挑战前高。而当股价顺利突破前高后，阻力线转变为助推器，此后股价加速上行。买进的投资者将获取大笔的收益。股价的大幅上涨，投资者的交易难度降低，T+0交易获利空间大增。

我们再看5分钟线走势。

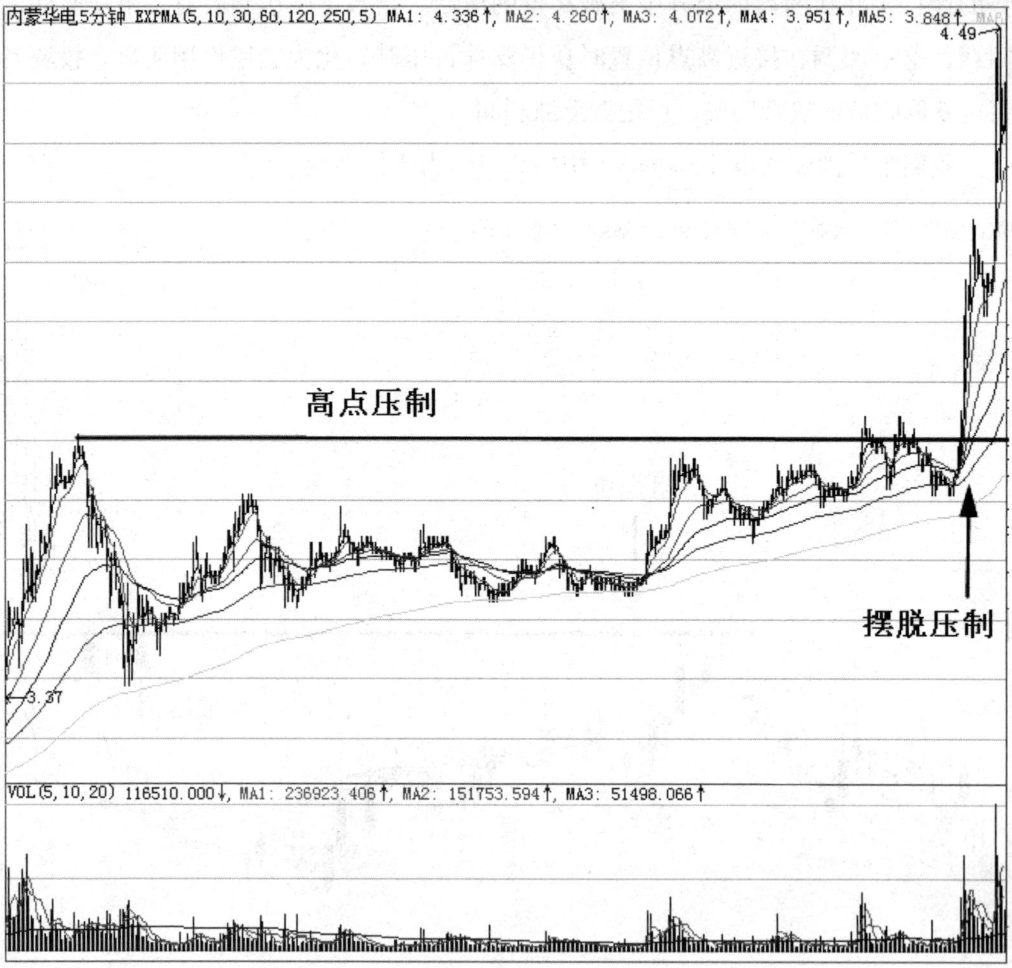

图（4-2-6）

图（4-2-6）是内蒙华电（600863）的5分钟K线走势图。个股在一个上升波段中走出一个高点，股价在形成高点后，出现回落的走势，在回落至均线位置，获得支撑，股价此后沿均线上下波动。个股也在波动中慢慢消化筹码，个股在长时间的波动后，慢慢获得上升的动力，股价开始出现上升走势。但个股股价在向上运行中受制于高点的压制明显。在股价未突破高点压制时，高点作为 T+0 交易卖点明显。

股价在受制于高点压制后，发生回调走势。但回落的股价受到均线支撑，股价继续保持强势，并再次上攻。高点压制在股价的连番上攻中，筹码得到慢慢消化，对股价的压制也慢慢变弱。此后个股以强势拉升的方式摆脱高点的压制。股价大幅上升。T+0 交易买点再次出现。

下面我们来看国电电力（600795）的走势。

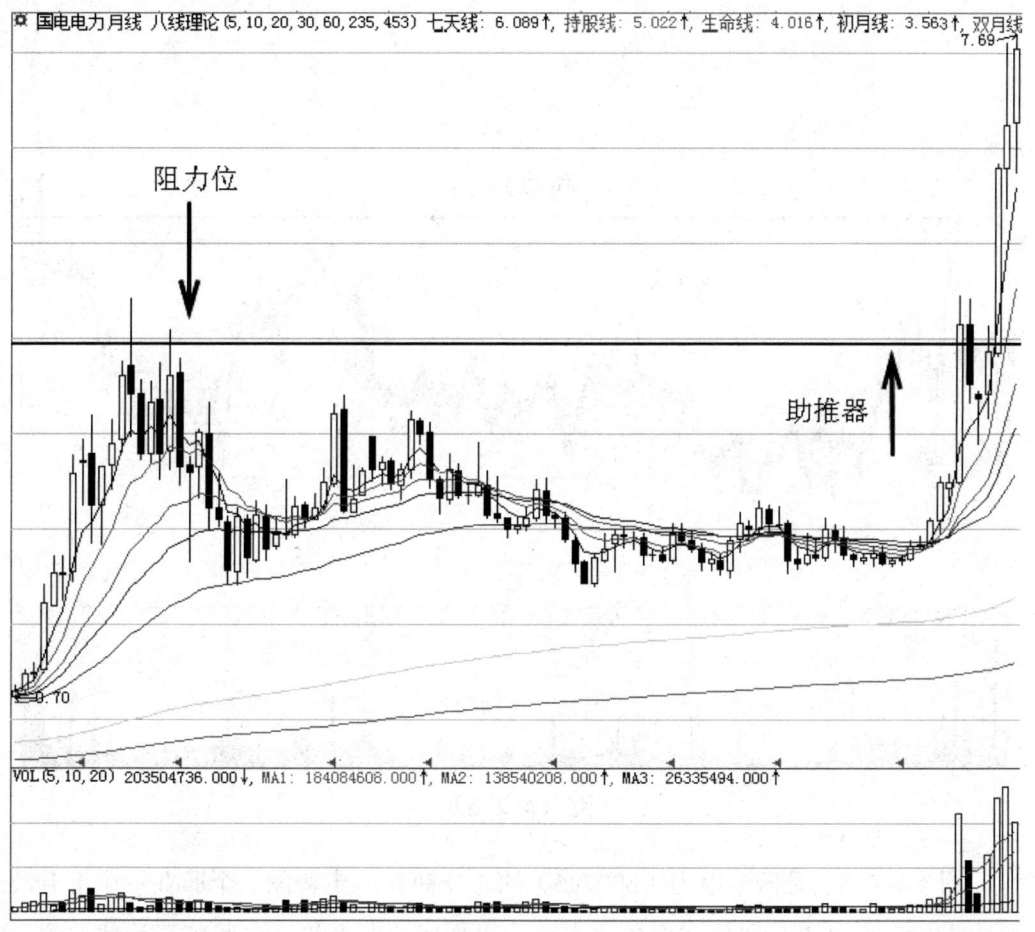

图（4-2-7）

图（4-2-7）是国电电力（600795）在2005年11月至2016年6月的月K线走势图。股价在前期形成一个高点，此后股价出现一段反弹行情，但都不足以挑战之前的

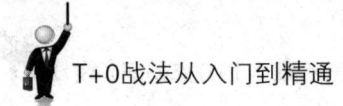

高位，当股价反弹不能站上高位时，股价就步入漫长的熊途。而当2015年股价顺利突破前期高点时，阻力位转换助推器，股价进入加速上涨阶段。此时正是短线投资者的买进良机，买进的投资者可获得不菲的投资收益。操作T+0交易的投资者也可重仓买进交易，获取最大收益。

我们再看5分钟K线走势图。

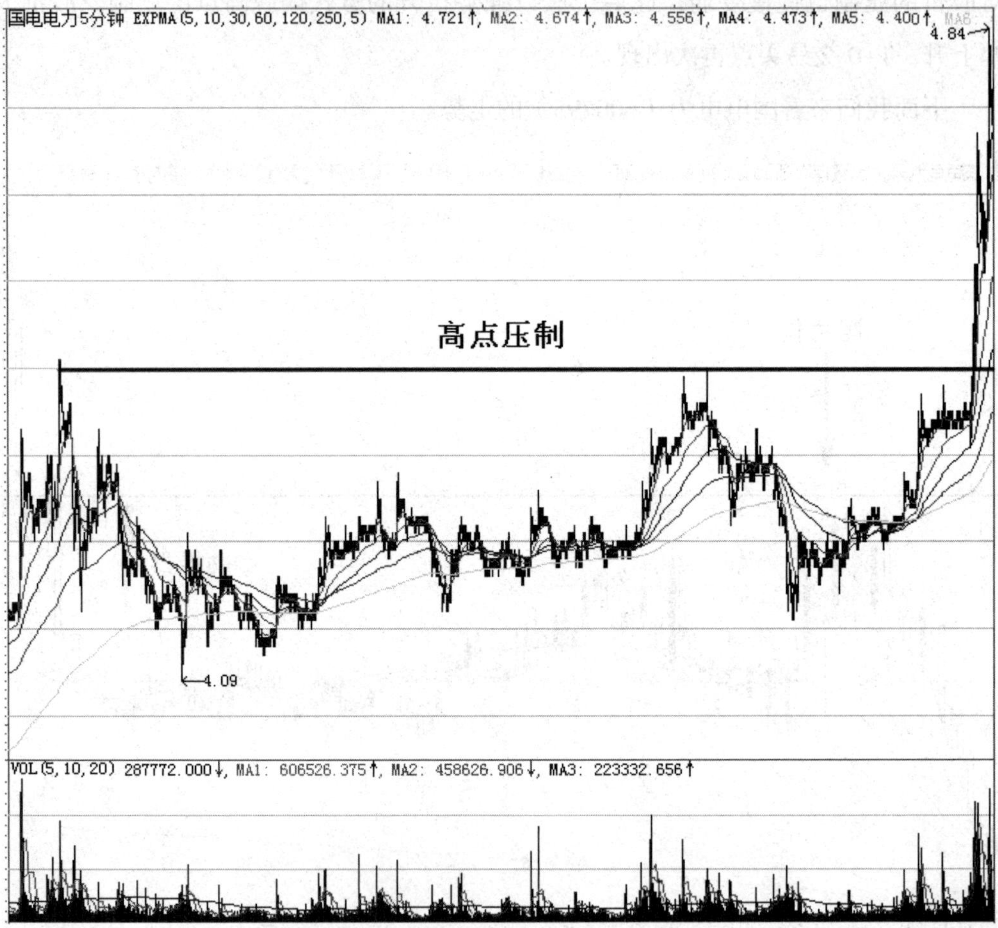

国电电力5分钟 EXPMA(5,10,30,60,120,250,5) MA1: 4.721↑ MA2: 4.674↑ MA3: 4.556↑ MA4: 4.473↑ MA5: 4.400↑ MA8

4.84→

高点压制

←4.09

VOL(5,10,20) 287772.000↓ MA1: 606526.375↑ MA2: 458626.906↓ MA3: 223332.656↑

图（4-2-8）

图（4-2-8）是国电电力（600795）的5分钟K线走势图。个股在一个上升波段中走出一个高点，股价在形成高点后，出现回落的走势，在回落至均线位置，获得支撑，股价此后沿均线上下波动。个股在震荡走势中获得上升的动力，股价在随后的行情中，开始出现上升走势。但个股的上升运动受制于高点的压制，出现夭折的走势。股价再次回落。这一案例中高点作为T+0交易卖点再次出现。

个股股价的回调走势，迅速而凶狠，短时间股价大幅下滑，投资者不得不在低位卖出筹码，而大资金与低位横盘获取大量筹码。筹码的再次集中让资金有更大的势力上攻高点。此后的个股行情在盘整一段时间后，直接开始快速拉升行情。当个股以强势拉升的方式摆脱高点的压制后，投资者的T+0交易买点出现。

高点因其积累的大量套牢盘而对后期股价走势形成长期的威慑，这是它成为压力线卖出位的原因。而当主力资金积极做多股价时，积累的套牢盘则犹如一道丰盛的美食摆在了庄家的面前。当庄家在此酒足饭饱后，行程自是更上一层。

第三节　密集成交区

在股价的上升与下降过程中还有一些重要区间，值得投资者注意。股价的走势在遇到这一区间时，也会发生方向的选择。个股难以摆脱区间的压制，则股价回落。相反股价弱势能够站稳区间，则股价后市看好。投资者的T+0交易也就有了更清楚的行情判断。下面我们就来认识一下这一区间：密集成交区。

密集成交区是由庄家出货造成的，也就意味着大量的套牢盘的出现，当股价在后期的反弹中接近此位置时，大量的套牢盘就会一涌而出，对上升中的股价造成很大的抛压，压制股价的再次上涨。而又因庄家刚刚完成了出货，股价在短期上涨的因素尚不具备，所以也就不会把刚刚出掉的筹码再重新收集回来。庄家离场，股价自然也就难有作为，投资者最好的办法就是跟随庄家的步伐，逐步减仓，做T+0交易时也要注意仓位的控制。

下面我们来看造成密集成交区后个股走势。

图（4-3-1）是平高电气（600312）在2011年4月至2012年7月的K线走势图。股价在下跌趋势中形成一个筹码的密集成交区，筹码在此大量堆积，对股价的后期走势产生很大的压制。在股价的连续两次反弹中都不能站稳此区域，说明主力意在出货，而不是拉高吸筹。庄家在两次操纵的反弹中顺利出货，此后股价一蹶不振。

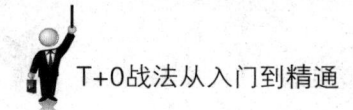

　　对成交密集区来说这一区间本身即构成卖出的信号。投资者要注意风险，卖出个股。又因这一价位抛盘较重，个股的上升难度加大，此后个股多走出回落走势。投资者在其后的回落走势中也要注意交易风险，操作 T+0 时要注意仓位的控制。

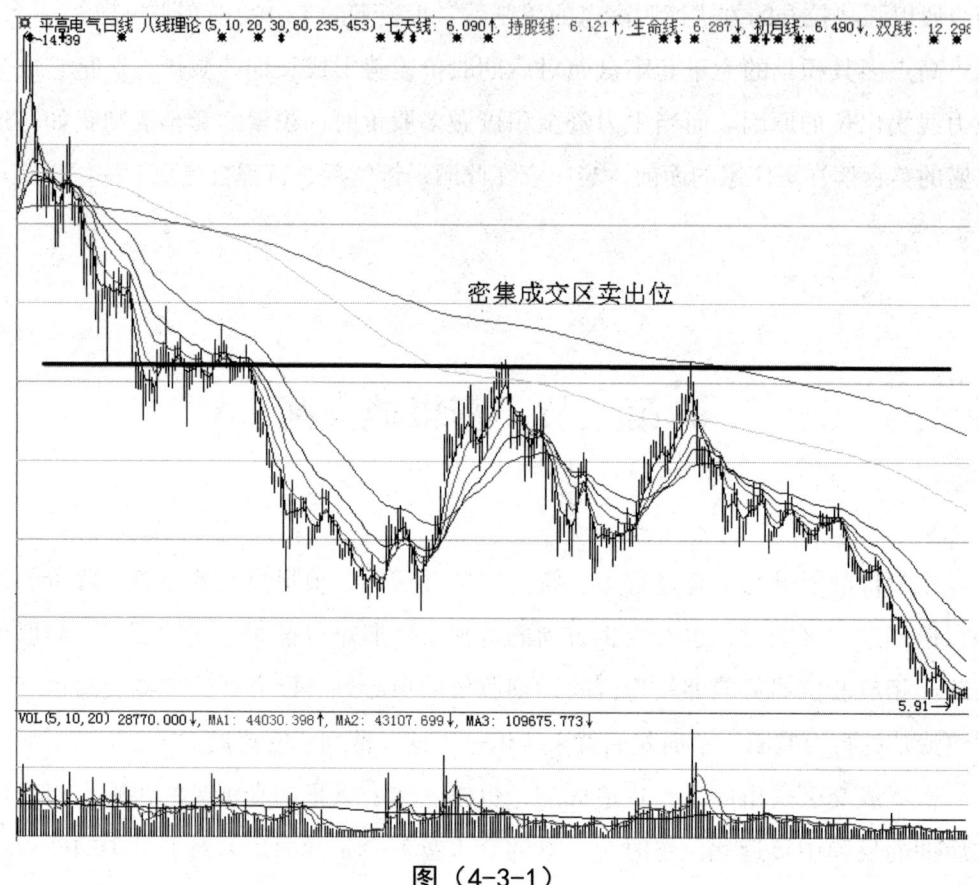

图（4-3-1）

　　我们再看 5 分钟 K 线走势图。

　　图（4-3-2）是平高电气（600312）的 5 分钟 K 线走势图。个股在区间内走出一个下降趋势，股价于下降趋势中走出一段横盘的走势。筹码在这一阶段大量堆积，形成一个密集成交区。这一密集成交区的形成对股价产生压制作用。

　　个股在横盘后继续回落，在个股走出阶段底部时出现反弹的走势。但个股的反弹高度有限，在股价上升到密集成交区位置回落。这一区间对股价的压制明显。而相应的这一区间也就形成一个 T+0 卖点。在个股此后的回落走势中投资者操作 T+0 需要控制仓位，防范风险。

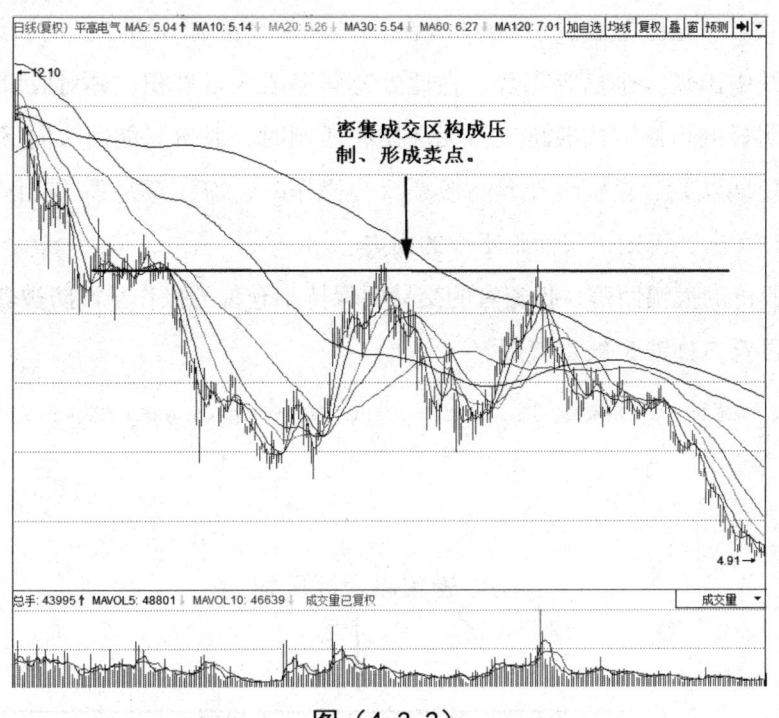

图（4-3-2）

我们来看一个案例。

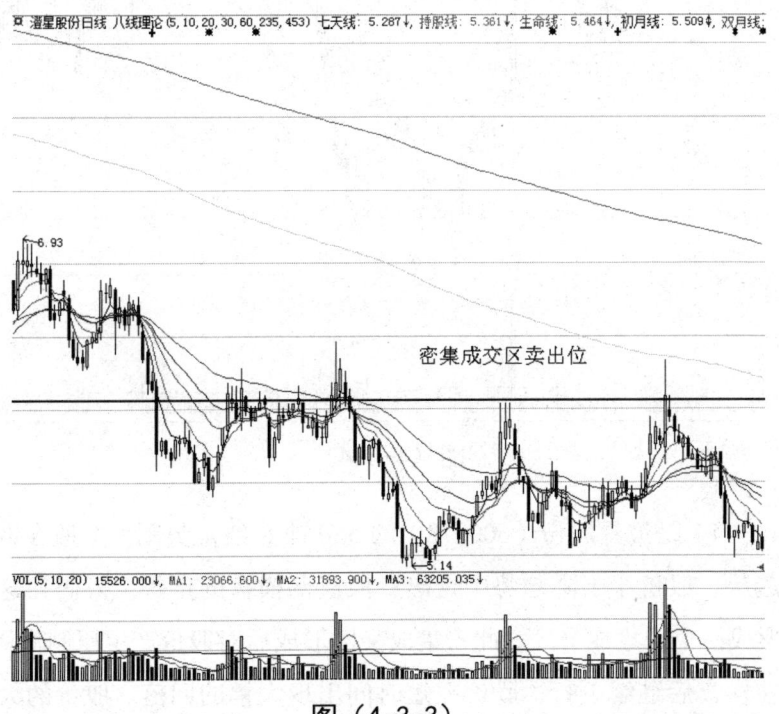

图（4-3-3）

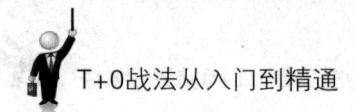

图（4-3-3）是澄星股份（600078）在2013年9月至2014年5月的K线走势图。股价在下跌中出现一个横盘走势，在此处筹码形成大量堆积，并对股价的后期走势产生了明显的压制。当股价上行无法摆脱压制时，股价只能回头向下，又是一个不小的短期跌幅。投资者在参与股票反弹操作时，需注意密集成交区对股价的压制，及时卖出，否则也将面临不小的损失。

其后股价的大幅回落，投资者的交易要保持小仓位的操作，以防被套。

我们再看5分钟K线走势图。

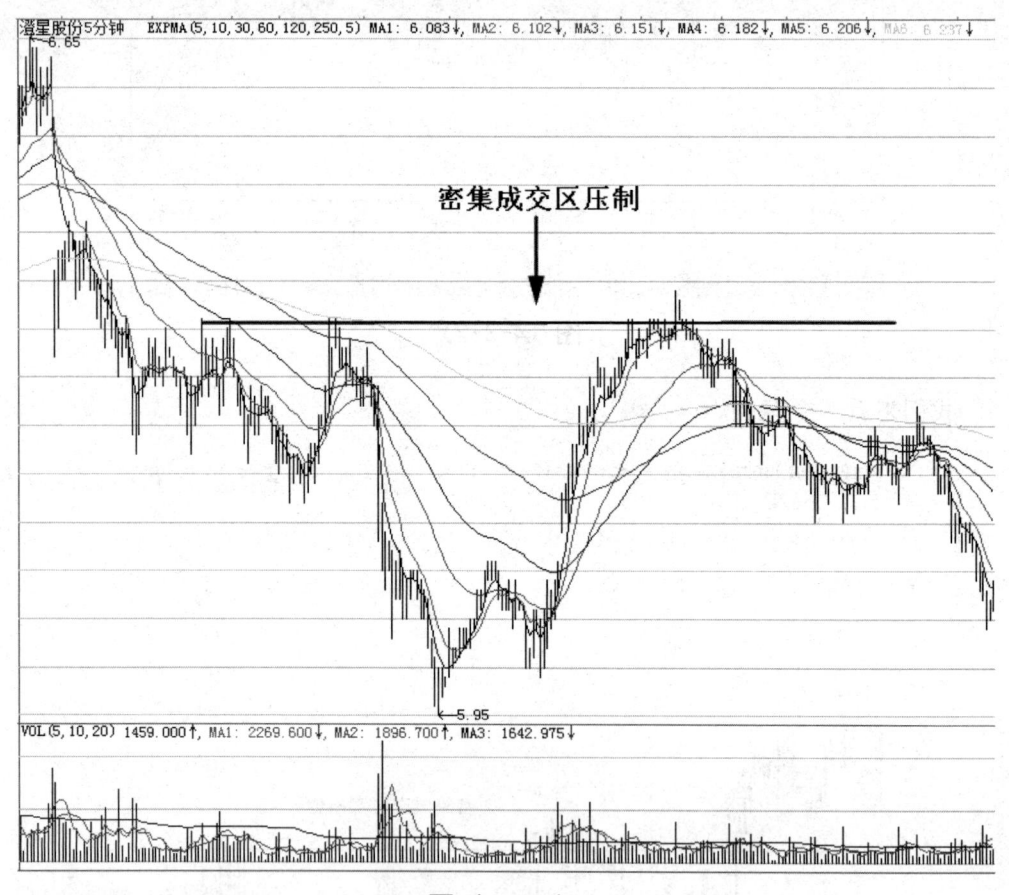

图（4-3-4）

图（4-3-4）是澄星股份（600078）的5分钟K线走势图。个股在区间内走出一个下降趋势，股价于下降趋势中走出一段震荡横盘的走势。筹码在这一阶段大量堆积，形成一个密集成交区。此密集成交区形成后对股价产生压制作用。

个股在横盘后继续下行，股价在短时间出现大幅的回落。股价的大幅回落也

带来抄底资金的介入。股价看似走出探底回升的走势，但个股的上升趋势并未持续太长，在股价上升到密集成交区位置遇阻回落。密集成交区对股价的压制明显。T+0交易卖点明显。

我们来看宝泰隆（601011）中密集成交区对股价的压制作用。

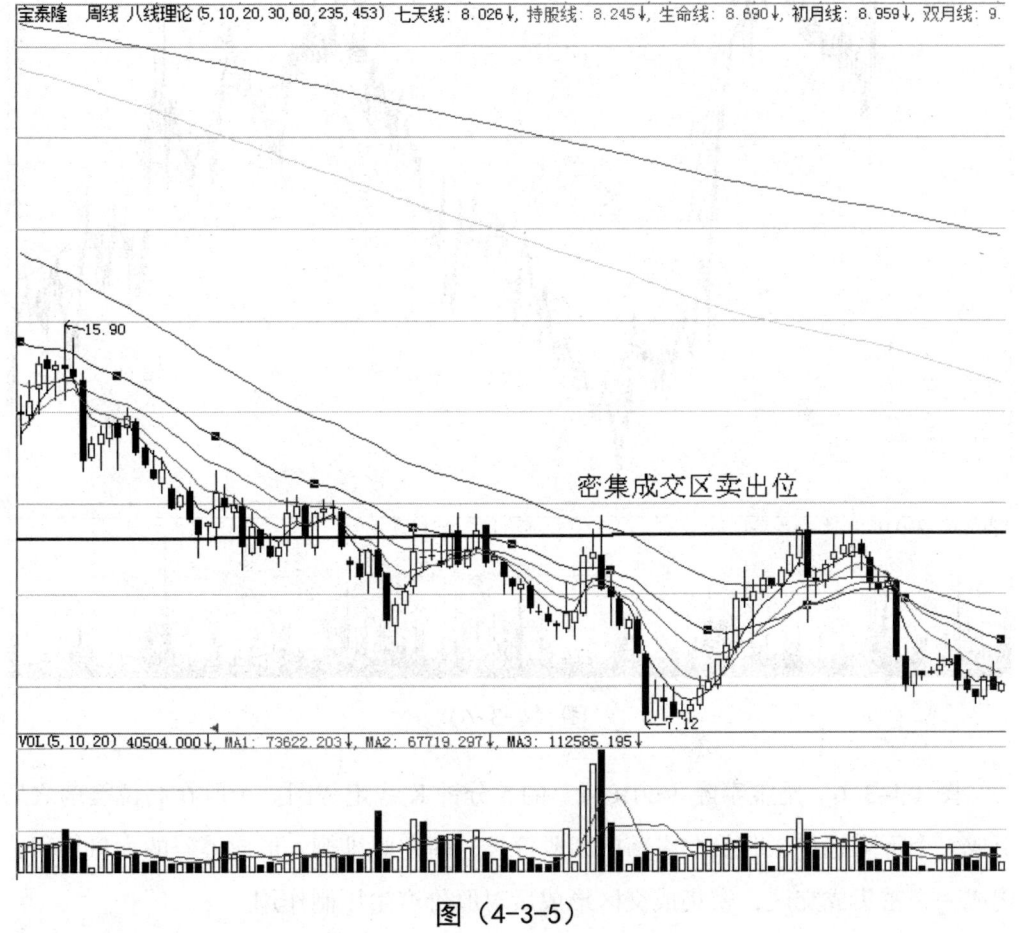

图（4-3-5）

图（4-3-5）是宝泰隆（601011）在2012年2月至2014年4月的K线走势图。股价在下跌的过程中，出现了放量下跌的情况。资金出逃明显，这就对后期股价的反弹造成了很大的压力。股价在后期的反弹中也只是简单地触碰了成交区，而无力站稳密集成交区。此后股价再次回落。这一案例中，密集成交区形成一个明显的压制，股价回落，投资者的卖点明确。

我们来看5分钟K线走势图。

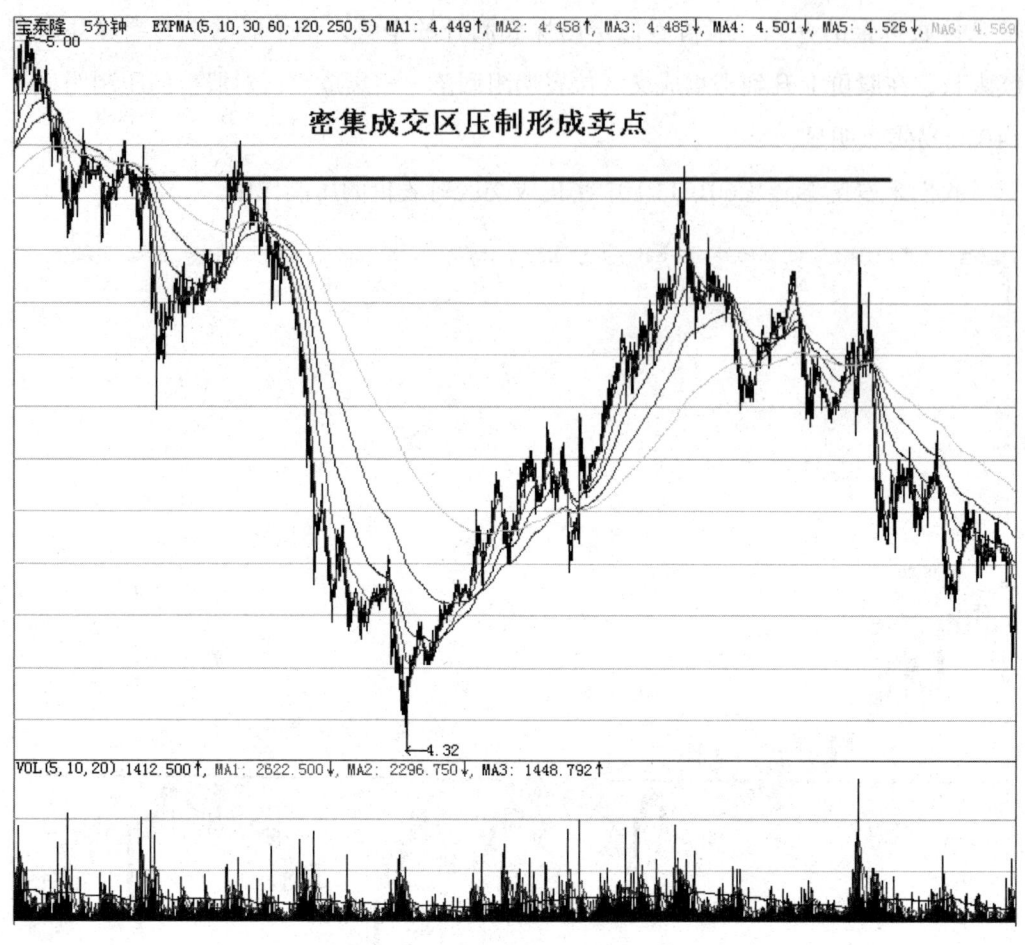

图（4-3-6）

图（4-3-6）是宝泰隆（601011）的 5 分钟 K 线走势图。个股在高位震荡之后形成一个下降趋势，股价在震荡中因股价长时间在此徘徊，形成筹码的大量堆积，构成一个密集成交区，密集成交区形成后对股价产生压制作用。

个股大幅回落后，走出探底回升的走势。股价在向上的运行中遇到密集成交区的压制，才出现震荡回落的走势。区间对股价的压制明显。投资者交易 T+0 的卖点明显。此后个股出现长期下行走势，投资者操作 T+0 风险大增，需对此有所认知，控制好风险。

在前文的高点与箱体中我们都介绍说压力线与支撑线之间的转化。同样这一转化发生在密集成交区上。密集成交区是由抛盘引起的，但当股价走到特定时期，市场上方出现的抛盘正是庄家梦寐以求的吸筹筹码时，这时攻守之势转化。抛盘的涌出正好满足了庄家的胃口。当庄家在此大快朵颐、酒足饭饱后，自然会有一波大行情。投资者操作T+0的买点出现。

下面我们通过案例来认识一下。

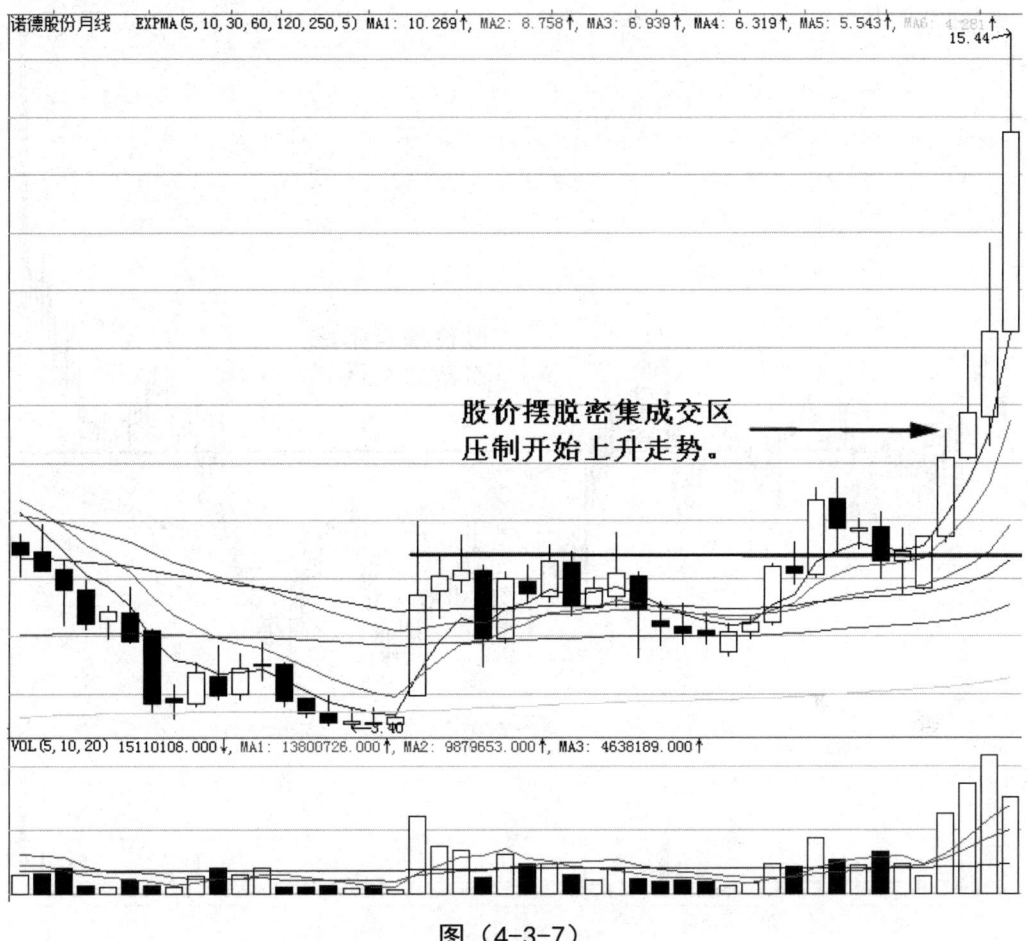

诺德股份月线　EXPMA(5,10,30,60,120,250,5) MA1: 10.269↑ MA2: 8.758↑ MA3: 6.939↑ MA4: 6.319↑ MA5: 5.543↑ MA6: 4.291↑

15.44

股价摆脱密集成交区
压制开始上升走势。

VOL(5,10,20) 15110108.000↓ MA1: 13800726.000↑ MA2: 9879653.000↑ MA3: 4638189.000↑

图（4-3-7）

图（4-3-7）是诺德股份（600110）在2010年9月至2015年6月的月K线走势图。股价在长期的下跌趋势中出现一个反弹行情，并在此形成筹码的堆积，这个从下面的量能上可直观地看到。但此次反弹并不是股价行情的反转，随后股价又出现了下行的走势。而到2014年9月时，股价上涨的"天时""地利"都已具备。股价就强势突破前期的密集成交区，在一个快速的回踩之后，迅速进入主升浪行情。当密集成交区形成的阻力位转化成推动器后，股价也就迎风而上了。此时积极买进的投资者自然也都挣得盆满钵满。

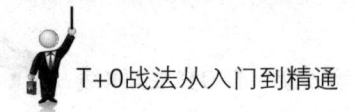

　　股价在突破密集成交区的压制后开始上升走势，投资者们交易 T+0 的基础条件充足。投资者可把握机会操作 T+0 获取收益。

　　我们来看 5 分钟 K 线走势图。

图（4-3-8）

　　图（4-3-8）是诺德股份（600110）的 5 分钟 K 线走势图。个股在前期的运行中，长时间处于一个区间震荡的走势中，个股筹码于此大量堆积，形成一个密集成交区。密集成交区形成后会对其后股价运行产生压制作用。

　　个股形成密集成交区之后，个股股价出现大幅的回落，期间虽有两次反弹，但都在触及密集成交区后回落。密集成交区对股价的运行压制明显，但随着个股在低位运行时间的拉长，获取的筹码逐渐增多，做多的力量也在慢慢壮大。股价再次上攻密集成交区。个股在上攻密集成交区时出现震荡的走势，用来消化浮筹。

股价回落也得到均线的支撑，个股表现强势，其后突破密集成交区的压制，开始新的上升走势。股价在摆脱压制后，投资者可加仓操作 T+0 交易。

下面我们再看一个案例。

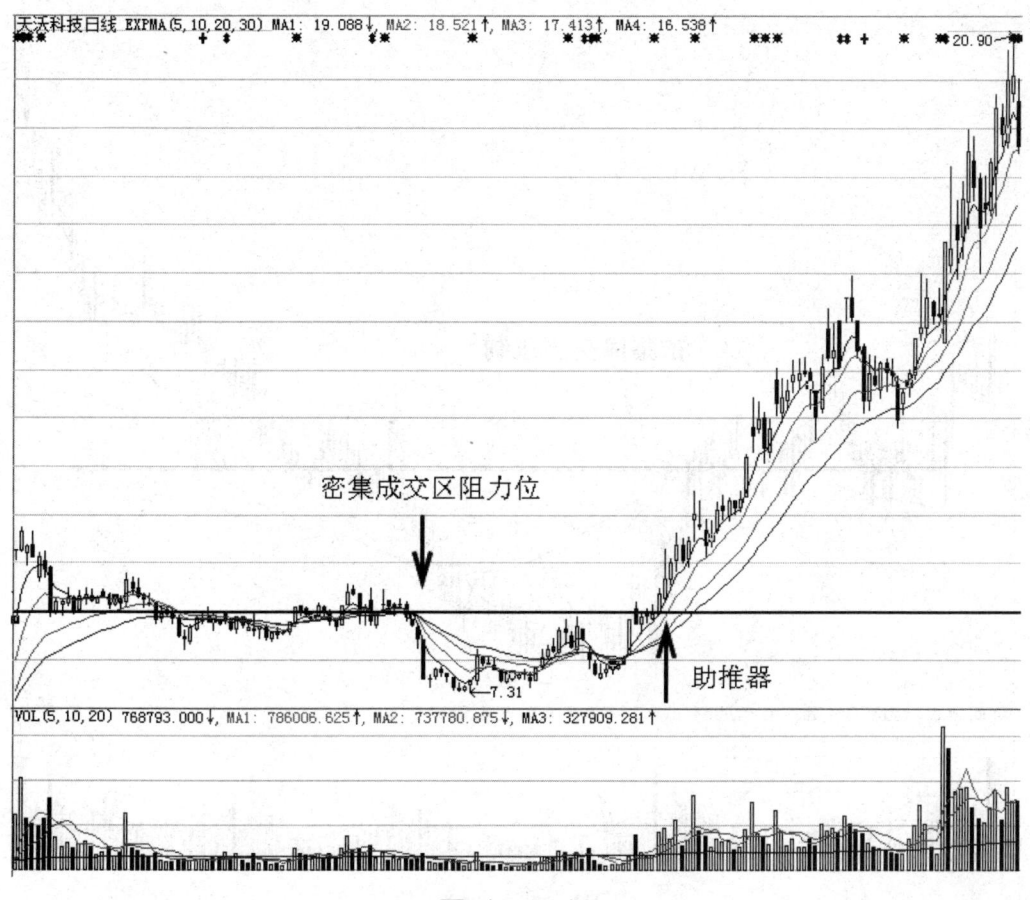

图（4-3-9）

图（4-3-9）是天沃科技（002546）在 2014 年 9 月至 2015 年 6 月的 K 线走势图。股价在 2014 年 9 月至 12 月的横盘中形成了大量的筹码累积，这对股价的后市上扬起着很大的压制作用。股价在横盘后的走势也就进一步下行了。在股价下行后，出现了两波向上拉高吸筹的走势。后期直接以一根大阳线逼近筹码的密集成交区，随后一天的放量阴线正是套牢盘筹码涌出所致，但股价并未向下，而是顽强攀升，说明庄家实力强大，丝毫不惧抛盘的影响，充分暴露了其强势吸筹的目的。股价有着强壮坐镇，强势收集筹码，股价此后的上涨也就是水到渠成，自然而然的事了。

把握住这一买进机会的 T+0 交易者，不管是底仓的获利，还是波动交易的获

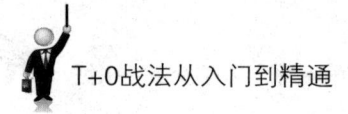

利都将相当丰厚。而密集成交区提供的买入机会也相当准确,值得投资者积极参与。

我们来看5分钟K线走势图。

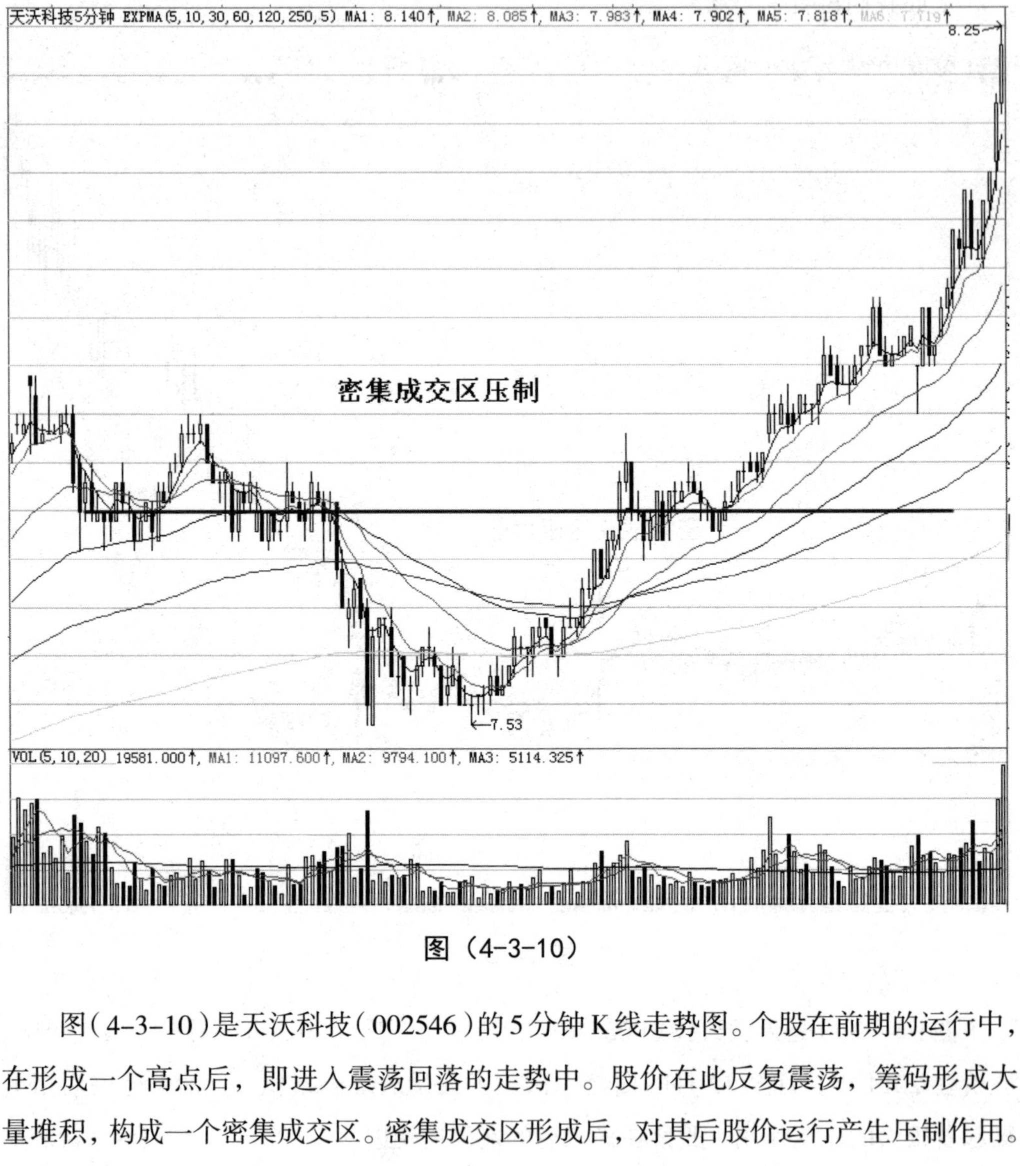

图(4-3-10)

图(4-3-10)是天沃科技(002546)的5分钟K线走势图。个股在前期的运行中,在形成一个高点后,即进入震荡回落的走势中。股价在此反复震荡,筹码形成大量堆积,构成一个密集成交区。密集成交区形成后,对其后股价运行产生压制作用。个股走势进入下行状态。

个股于底部盘整,并形成一个圆弧底的形态,股价走势有反转的趋势。在个股形成圆弧底并向上运行时。遇到前期的密集成交区的压制。股价出现震荡的走势。但股价的回落获得均线的支撑,个股再次上攻,突破密集成交区的压制,开始上升走势。在股价突破密集成交区后投资者的T+0交易买点再次来临。

下面我们来看融捷股份（002192）的走势。

图（4-3-11）

图（4-3-11）是融捷股份（002192）在 2014 年 8 月至 2015 年 4 月的 K 线走势图。股价在前期下跌过程中于 2014 年 11 月作出一个反弹，致使在此出现大量的套牢盘，股价也在此形成抛盘压制，一路向下。股价于 12 月份创出新低后，就逐步拉高吸筹，股价涨时放量吸筹明显。当股价在 2015 年 2 月 16 日以长阳的方式站稳密集成交区后，股价在此上下震荡吸筹，当庄家完成吸筹后，股价在一次深蹲之后，原地起跳快速拉升。

在吸筹阶段的巨量释放，带来的是后期股价多次的无量涨停，庄家对密集成交区的筹码收集非常明显。而后来股价的走势则是对投资者们积极买进突破密集成交区个股的最好回报。

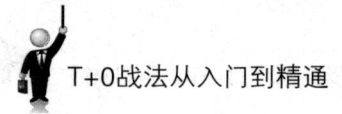

我们再看 5 分钟 K 线走势图。

融捷股份5分钟 EXPMA(5,10,30,60,120,250,5) MA1: 39.571↑ MA2: 39.259↑ MA3: 38.363↑ MA4: 37.648↑ MA5: 36.872↑

站稳密集成交区

40.44

33.50

VOL(5,10,20) 3656.000↑ MA1: 5458.200↓ MA2: 8924.600↓ MA3: 3182.183↑

图（4-3-12）

图（4-3-12）是融捷股份（002192）的 5 分钟 K 线走势图。个股在前期的运行中形成一个高点后，即进入震荡回落的走势中。股价在这一区间反复震荡，个股筹码形成大量堆积，构成一个密集成交区。密集成交区形成后，对股价运行产生压制，个股走势进入快速下行状态，跌幅迅速扩大。

个股在低位形成双底的形态，并通过长时间的震荡运行夯实个股的底部。在个股坐底成功后，股价开始走出上升趋势。而前期形成的密集成交区，就成为摆在股价运行上方的拦路虎。股价继续通过震荡摆脱抛盘的影响，个股的抛盘得到释放后股价站稳密集成交区，开始走出新的上升趋势。在股价突破密集成交区后，投资者可把握机会，操作 T+0 交易获取利润。

我们再看一个案例。

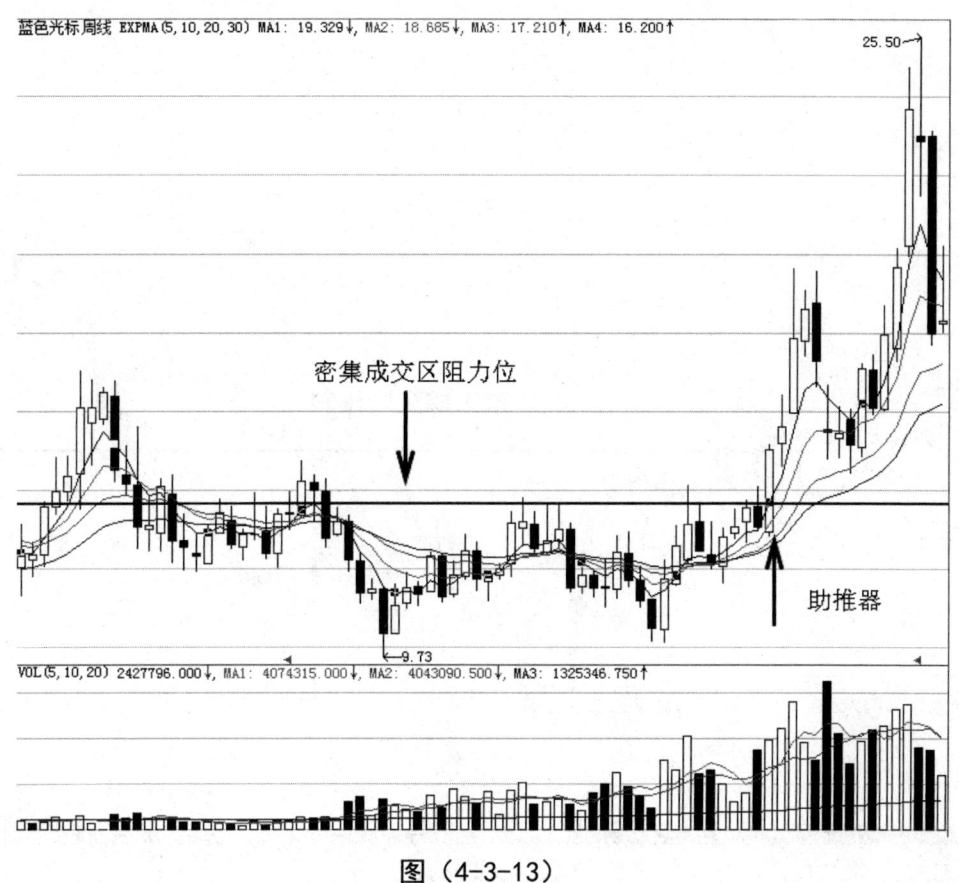

图（4-3-13）

图（4-3-13）是蓝色光标（300058）在2013年12月至2015年6月的K线走势图。股价在突破密集成交区时，阻力位转化为助推器，股价在此支撑下迅猛拉升。股价突破密集成交区后的T+0交易买点明显，投资者可把握机会获取收益。

在这个案例中，我们看到前期的两个反弹都是刚刚碰触密集成交区就迅速回调，这都是体现密集成交区对后市股价的压制。而这个时候投资者们可参考的就是我们前文的压力位卖出点位了。

我们来看5分钟K线走势图。

图（4-3-14）是蓝色光标（300058）的5分钟K线走势图。个股在前期的运行中形成一个高点后，即进入震荡回落的走势中。股价在反复震荡中形成大量堆积，构成一个密集成交区。密集成交区形成后，对股价运行产生压制，个股走势快速下行，跌幅放大。

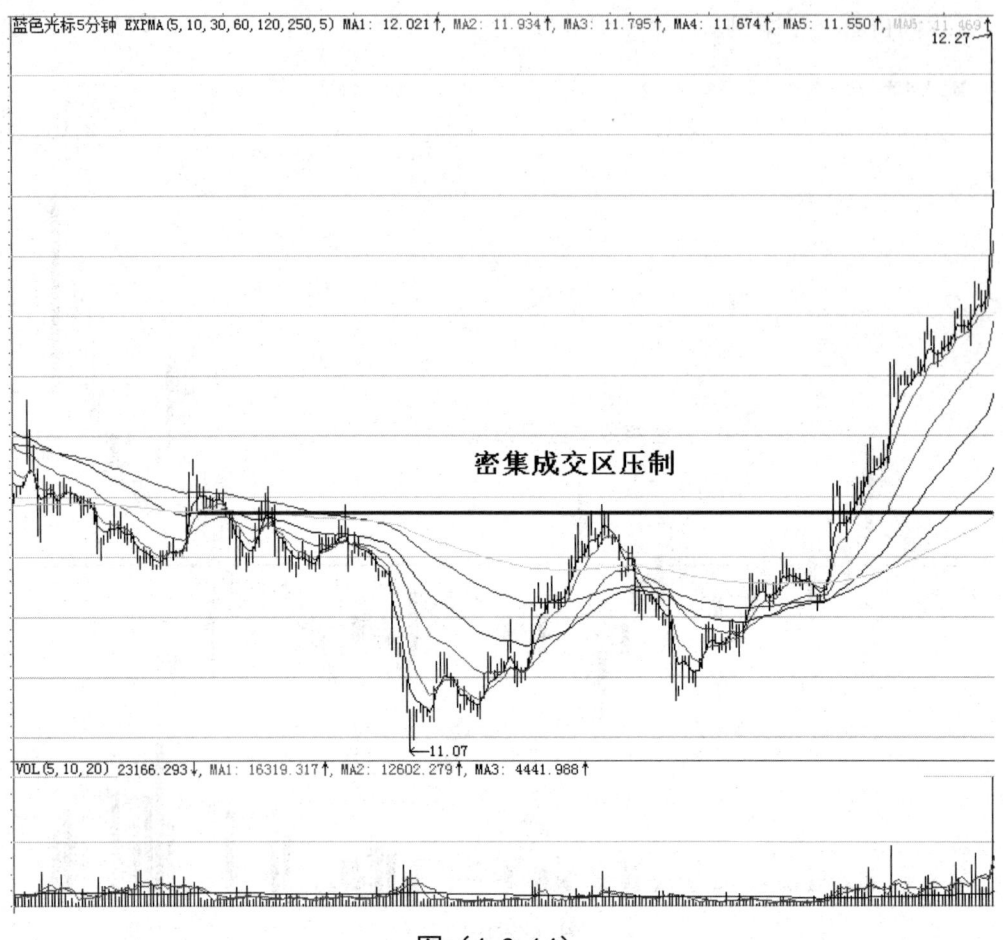

蓝色光标5分钟 EXPMA(5,10,30,60,120,250,5) MA1: 12.021↑ MA2: 11.934↑ MA3: 11.795↑ MA4: 11.674↑ MA5: 11.550↑ MA5: 11.469↓

12.27

密集成交区压制

←11.07

VOL(5,10,20) 23166.293↓ MA1: 16319.317↑ MA2: 12602.279↑ MA3: 4441.988↑

图（4-3-14）

个股在低位形成一个大双底的反转形态。股价在探底后走出回升走势，但遇到密集成交区压制，股价回落形成左底。个股在回落释放抛盘后，再次获得上升动力，形成双底的右底。股价通过两次坐底形成走势反转，其后个股走势突破密集成交区压制，开始上升走势。投资者可积极把握 T+0 交易机会。

这一案例尤具特殊性，在形成密集成交区的位置同时也是双底的颈线位置。投资者参考颈线的支撑与反转意义同样正确。对底部形态和顶部形态的判断，我们会在以后的章节中论述。

个股在运行之中，股价突破阻力位后往往会有一个回踩的过程，去确认阻力位的支撑意义。这对投资者来说也是最好的买进位置，投资者在此可多多参与，把握住盈利时机。

卖出与买进两个截然不同的操作方向，同时存在于一处，并非是此项买卖技法的矛盾。它反映的正是股市的复杂性，在特定条件下多空双方力量的转变。当多方力量占优时，积极做多。当空方力量占优时，积极做空。不是一成不变，而要顺势而为。

第四节　黄金分割点

根据股价的运行规律，个股的上涨行情可以划分为四个阶段：初升期、回调期、主升浪期和上涨末期。而主升浪行情是一轮行情中涨幅最大、上升持续时间最长的行情。主升浪处于波浪理论中的第 3 浪或第 5 浪，它是投资者主要的获利阶段，是投资者获利的"黄金阶段"，投资者万不可错过。

而投资者们确认"黄金阶段"离不开黄金分割点的支持。股价的回调需要黄金分割点的支撑，股价的上升黄金分割点则提供卖出判断依据。下面我们将结合黄金分割点来判断个股的"黄金阶段"，并获取收益。对个股的上升、回调都做到准确把握，投资者的 T+0 交易才能得心应手。

对于行情上升回调的把握，这就不得不提起波浪理论的一个神奇之处。即各浪的波幅空间也存在着某种关系。在波浪理论里，每一浪的时间与空间波动与前一浪构成费波纳奇数列。

3 浪为 1 浪的 1.618、2.618…；

2 浪回调为 1 浪 0.382、0.5、0.618；

4 浪回调为 3 浪的 0.382、0.5；

5 浪为 1~3 浪的 0.618、1、1.618…。

投资者在利用费波纳奇数列服务于各浪之间的关系时，需注意以下几点：

第一，0.618 即为黄金分割点，既可以帮我们实现很好的进场，又可以实现很好的出场。

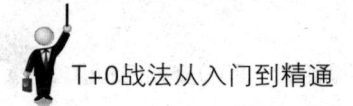

第二，1.618可以反过来确定3浪是否是真正的3浪。如果3浪连1浪的1.618都到不了，那它多半不是3浪。如果市场要出现延长浪，那么前面一浪的2.618倍位置上，是一个非常好的参考目标。

第三，在趋势初期，回撤幅度多为0.618，如果回撤以平台形进行，则多为0.5；在趋势中期，当趋势逐渐明显时，市场回撤0.618的概率开始下降，而是期待偏向于0.5的回调位。

第四，在1、3、5三个推动浪中，3浪永远不会是最短的浪，在实际走势中，3浪通常是最具爆发性的一浪，往往都是最长的一浪（即3浪出现延长），其长度通常是1浪升幅的1.618或2.618倍，同时伴随成交量的放大。

第五，2浪的低点不能低于1浪的起点，2浪的调整幅度通常是1浪升幅的0.382、0.5、0.618或0.809倍。

第六，4浪的底部不能低于1浪的顶部，4浪的调整幅度通常是3浪升幅的0.382、0.5或0.618倍。

在波浪理论中还有三个铁律需要投资者们注意：

1、3、5，三个波浪中，第3浪不可以是最短的一个波浪。

第4浪的底不可以低于第一浪的顶。

第2浪的回调低点不能低于第1浪的起点。

通过以上的几点，我们基本能够找出个浪之间的波幅关系。下面我们还是从案例中去验证我们的判断标准，并从具体案例中通过判断标准获取超额T+0利润。

一、上升浪卖点判断

我们首先看案例。

图（4-4-1）是海正药业（600267）在2014年4月—2015年6月的周K线图。这是我们之前使用过的一个案例，个股走出一波五浪的上升行情。我们现在看其中各浪的波幅关系。

1浪：股价从13元的位置上涨到18元的位置，股价上涨5元；

3浪：3浪的起点位置在16元左右，持续上涨到25元的位置，股价上涨9元。

3浪的上涨幅度为1浪的1.8倍，满足3浪涨幅是1浪涨幅的1.618倍的约束。

投资者们有了这样一个卖出点位的参考，当股价运行到这一位置时出现震荡下行的走势时，就可以及早发现，及时离场了。

图（4-4-1）

我们再看 5 浪的涨幅：

5 浪：股价从 20 元的位置上升到高点时的 27 元，股价上涨 7 元左右；

1 浪到 3 浪涨幅：股价从 13 元上涨到 25 元，股价上涨 12 元；

5 浪的涨幅：在 0.58 倍，近似与 0.618 倍的关系。

通过以上相信投资者一眼就能看出其中存在的关系。当投资者对各浪走势了如指掌时，T+0 交易的获利将只是水到渠成的事。

下面我们再看一个案例。

图（4-4-2）是浦东建设（600284）在 2014 年 6 月至 2015 年 6 月的周 K 线图。个股在区间内走出波浪式上升行情，1 浪、3 浪、5 浪走势都清晰可见。我们来看其中的波浪关系：

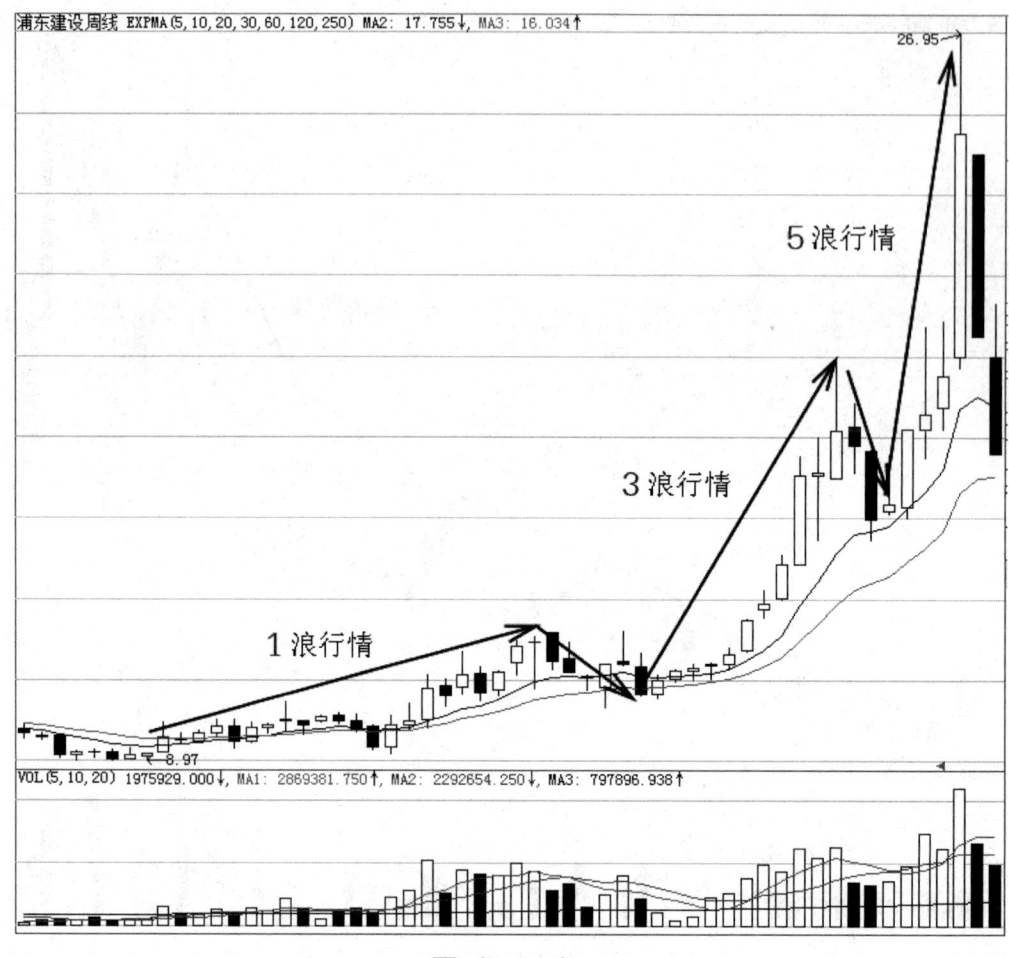

图（4-4-2）

1浪：股价从9元的位置上涨到12元的位置，股价上涨3元；

3浪：3浪的起点位置在10元左右，持续上涨到18元的位置，股价上涨8元。

3浪的上涨幅度为1浪的2.66倍，满足3浪涨幅是1浪涨幅的2.618倍的约束。

我们再看5浪的涨幅：

5浪：股价从14.5元的位置上升到高点时的26.9元，股价上涨12.4元左右；

1浪到3浪涨幅：股价从9元上涨到18元，股价上涨9元；

5浪相对1浪到3浪的涨幅在1.37倍，涨幅介于1倍到1.5倍之间。

波浪理论在各浪上的关系，让投资者们有了对股价升幅的判断。投资者们就可以在股价接近这一价位时，注意行情的延续性。但投资者们也要注意这只是一种预判，对于最终的行情走势，仍要结合更多的信号来判断。

我们再看一个案例。

图（4-4-3）

图（4-4-3）是大恒科技（600288）在 2013 年 12 月至 2015 年 4 月的周 K 线图。我们看这一个股中各浪之间的关系：

1 浪：股价从 6.4 元的位置上涨到 11.1 元的位置，股价上涨 4.7 元；

3 浪：3 浪的起点位置在 10.1 元左右，持续上涨到 38.6 元的位置，股价上涨 28.5 元。

3 浪的上涨幅度为 1 浪的 6.06 倍，远远高于 3 浪涨幅是 1 浪涨幅的 2.618 倍的约束。

我们再看 5 浪的涨幅：

5 浪：股价从 25.2 元的位置上升到高点时的 39.7 元，股价上涨 14.5 元左右；

1浪到3浪涨幅：股价从6.4元上涨到38.6元，股价上涨32.2元；

5浪相对1浪到3浪的涨幅在0.45倍，涨幅大于0.382倍标准。

我们来看一个案例。

图（4-4-4）

图（4-4-4）是宝钢股份（600019）在2013年11月至2015年6月的周K线图。个股在区间内走出波浪式的上升5浪行情，个股股价在5浪的推动下，慢慢走高，最终走出不错的上升幅度。买进的投资者将获利丰厚。

丰厚的回报需要及时锁定才能实现。之前我们给出一个卖点的信号。现在我们根据各个波浪间的关系，试图发现卖出的参考点位。我们可看：

1浪：股价从3.2元的位置上涨到4.5元的位置，股价上涨1.3元；

3浪：3浪的起点位置在4元左右，持续上涨到7.4元的位置，股价上涨3.4元。

3浪的上涨幅度恰好为1浪的2.615倍，3浪涨幅是1浪涨幅的2.618倍的约束精准。

我们再看5浪的涨幅：

5浪：股价从5.5元的位置上升到高点时的10.1元，股价上涨4.6元左右；

1浪到3浪涨幅为：股价从3.2元上涨到7.4元，股价上涨4.2元；

5浪相对1浪到3浪的涨幅在1.09倍，涨幅接近1倍的标准。1倍标准给出的约束同样明显。

我们再看一个案例。

图（4-4-5）

图（4-4-5）是象屿股份（600057）在2012年12月至2015年6月的周K线图。个股在区间中走出5浪上升的走势，我们看看个股中各浪的关系如何。

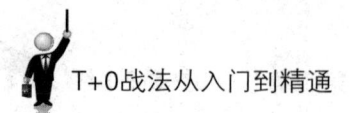

1浪：股价从3.4元的位置上涨到7.6元的位置，股价上涨4.2元；

3浪：3浪的起点位置在5.6元左右，持续上涨到12.8元的位置，股价上涨7.2元。

3浪的上涨幅度恰好为1浪的1.71倍，3浪涨幅是1浪涨幅的1.618倍的约束精准。

我们再看5浪的涨幅：

5浪：股价从8.9元的位置上升到高点时的22.7元，股价上涨13.8元左右；

1浪到3浪涨幅为：股价从3.4元上涨到12.8元，股价上涨8.4元。

5浪相对1浪到3浪的涨幅在1.642倍，涨幅接近1.618倍的标准。约束同样明显。

我们最后看中海发展（600026）的走势。

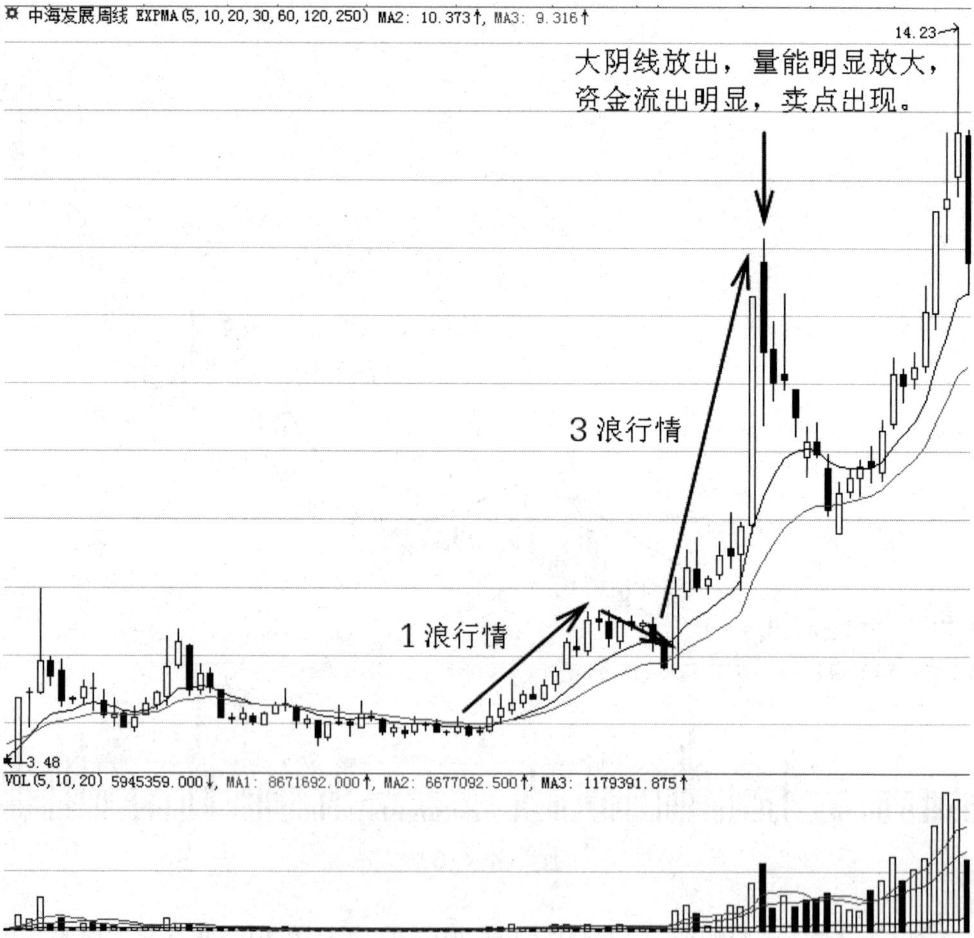

图（4-4-6）

图（4-4-6）是中海发展（600026）在 2013 年 8 月至 2015 年 6 月的周 K 线图。我们看这一案例中各浪之间的关系，发现其中的参考卖点。我们可看：

1 浪：股价从 3.9 元的位置上涨到 5.7 元的位置，股价上涨 1.8 元；

3 浪：3 浪的起点位置在 4.8 元左右，持续上涨到 11.1 元的位置，股价上涨 6.3 元。

3 浪的上涨幅度恰好为 1 浪的 3.5 倍，距离 3 浪涨幅是 1 浪涨幅的 3.618 倍的约束相近。

我们再看 5 浪的涨幅：

5 浪：股价从 6.8 元的位置上升到高点时的 14.2 元，股价上涨 7.4 元左右；

1 浪到 3 浪涨幅为：股价从 3.9 元上涨到 11.1 元，股价上涨 7.2 元。

5 浪相对 1 浪到 3 浪的涨幅在 1.02 倍，涨幅接近 1 倍的标准。1 倍涨幅约束同样明显。

我们给出这些案例，都是随机抽取的，也只是我们曾经使用过的案例。从以上的表现来看，理论的存在性具有相当的约束性。虽然其中并不是以一个固定的倍数关系呈现，但从以上表现来看各浪之间关系尤具确定性。也让我们认识到个股走势并非是毫无规律的，而是尤具必然的内在联系。投资者需要对其中的走势多加观察，分析其中的力度变化，进而发现这些若隐若现的联系，服务于自身的交易。

下面介绍几个主升浪行情确认标准：

第一，主升浪出现的阶段往往股价都有了一定的涨幅；大多在 50% 以上，个别股涨幅在 100% 以上才出现主升浪。

我们说主升浪出现在 3 浪和 5 浪环节，所以在此之前会有 1 浪和 2 浪。也就是庄家的吸筹、试盘和洗盘阶段。庄家只有在确认拉升的可行性之后才会迅速拉升，进入主升浪环节。

第二，股价主升浪突破位置：股价突破位置可参考我们前文的压力位，也就是庄家试盘的位置。股价此时脱离庄家筹码成本区。

第三，均线形态呈多头排列，呈现向上发散的形态。

第四，K 线形态会出现一长阳为标志的突破形态。此根长阳即主升浪行情的支柱初始。

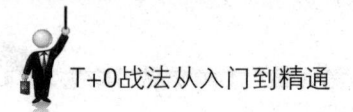
第五，成交量方面会呈现逐步放大的走势。

当然，在此之前投资者们也可以根据一些计"量"的办法，计算庄家的持仓量。因为，量才是推动股价的最终动力。

二、调整浪买点的判断

对调整浪的支撑判断，我们根据波浪理论给出三个划分点位。第一，0.382；第二，0.5；第三，0.618。第一个和第三个是黄金分割点的点位。第二个是中位数。我们以这三者作为标准，一般而言接近0.5倍可看作中度调整，后市行情一般看好。接近或小于0.382是弱势调整，调整力度很弱，后市行情非常看好。而第三个0.618则是强势回调，力度很强，后市行情相对不看好，短线投资者只可注意一些短线反弹的机会。这样不仅投资者可以通过这些回调的点位发现支撑的位置，也能通过回调的具体点位，对个股的后市有一个简单的认识，帮助我们更好地在高点卖出。

下面我们来看一些案例，通过调整浪的波幅看后市走势。

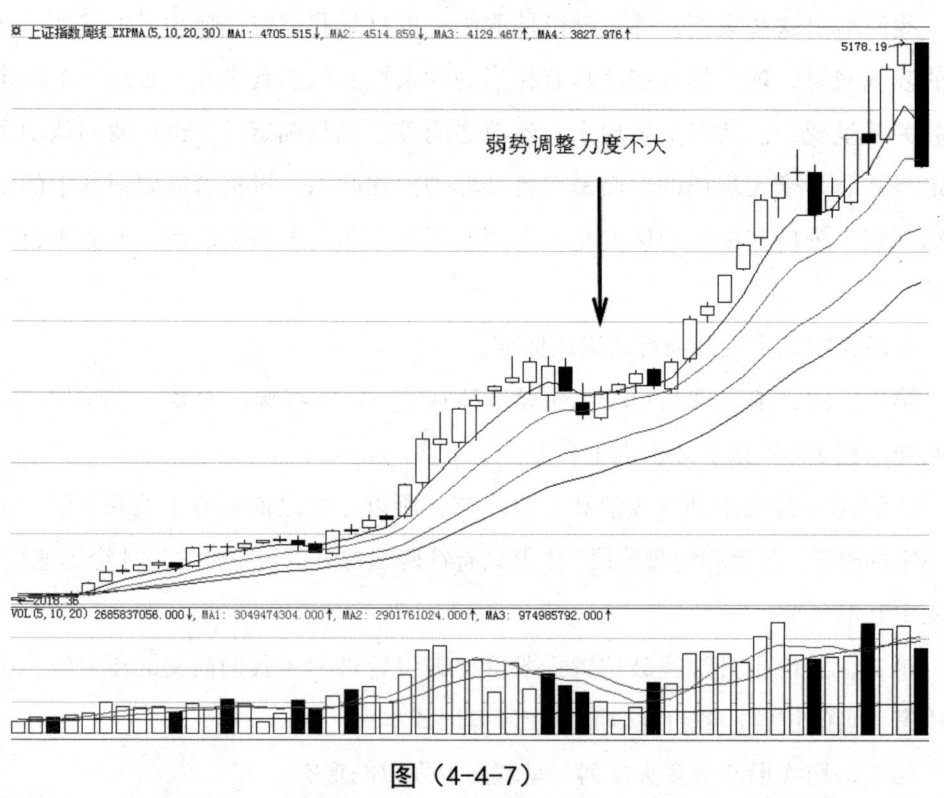

图（4-4-7）

图（4-4-7）是上证指数（000001）在2014年6月至2015年6月的周K线走势图。指数在上涨过程中遇到前期高点3400点的历史性压制，出现一段回调的走势。

我们来看回调幅度：

指数回调：指数从 3400 点回调到 3049.11 点，回调 351 点；

指数升幅：我们把指数 2000 点设为本轮行情之始，指数上涨到 3400 点，指数上涨共 1400 点；

回调幅度：回调幅度在 0.25，这一比例远不及 0.382 的弱势回调。指数后市行情看好。此后的行情也证实了这一点。

当投资者们更具回调的幅度判断出指数的后市，就可以结合我们前文的升幅判断，作出买卖决策。T+0 交易空间易于把握。

我们再看一个案例。

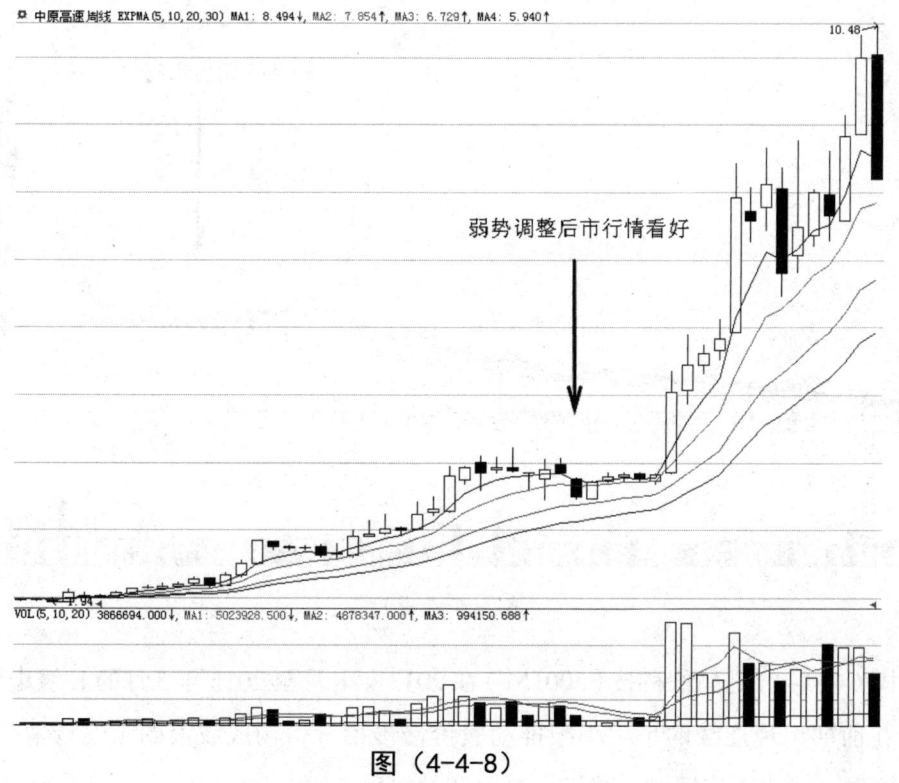

图（4-4-8）

图（4-4-8）是中原高速（600020）在 2014 年 6 月至 2015 年 6 月的 K 线走势图。股价在牛市第一阶段行情中出现上升，于第二阶段出现回调的走势。我们再看回调的幅度有多大。

股价上涨：个股上涨起点不足 2 元，涨到回调时的高点位是 4.23 元，股价上涨 2.2 元。

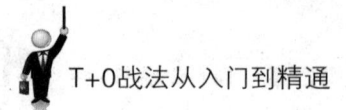

股价回调：股价从 4.2 元的位置开始回调，回调的低点在 3.46 元。股价回调 0.7 元。

股价回调幅度：股价回调 0.318，不足 0.382 的弱势回调，此后行情看涨。

我们再看一个案例。

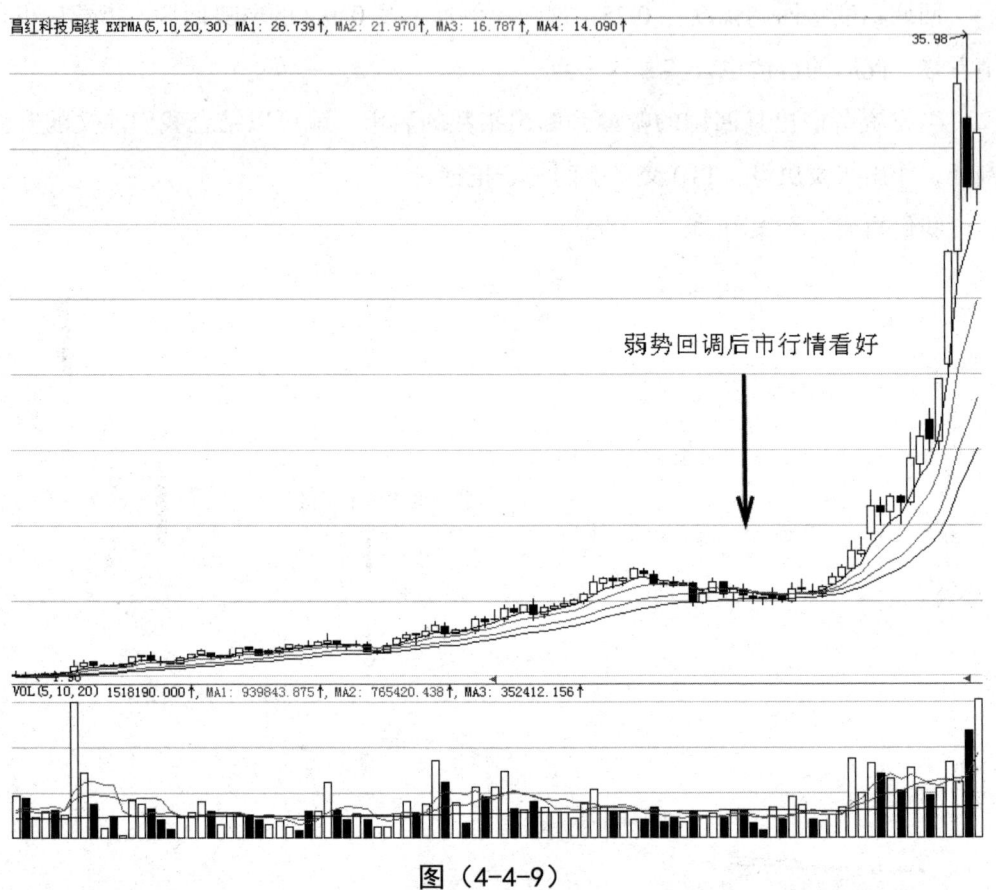

图（4-4-9）

图（4-4-9）是昌红科技（300151）在 2013 年 8 月至 2015 年 5 月的 K 线走势图。股价在前期出现连续的小阴小阳推动股价慢慢抬升，构成波浪的 1 浪行情。随后股价回调，形成 2 浪回调。我们再看回调的幅度：

股价上涨：股价自不足 2 元开始慢慢起步，到达 7.7 元的高点出现回调，股价上涨 5.7 元。

股价回调：个股在 7.7 元以后慢慢回调，一直回调到低点 5.6 元。股价回调 2.1 元。

回调幅度：个股的回调幅度为 0.36，不足 0.382 的弱势回调，个股后市行情看涨。

弱势回调只是短期盈利带来的抛压对股价走势的影响，并不是主力资金的出货。而这对股价的影响相对有限，此时兑现盈利，反而会为后来股价的继续上涨扫清障碍。当股价再次起步时就是波段投资者积极跟进之时。

下面我们来看中度回调。

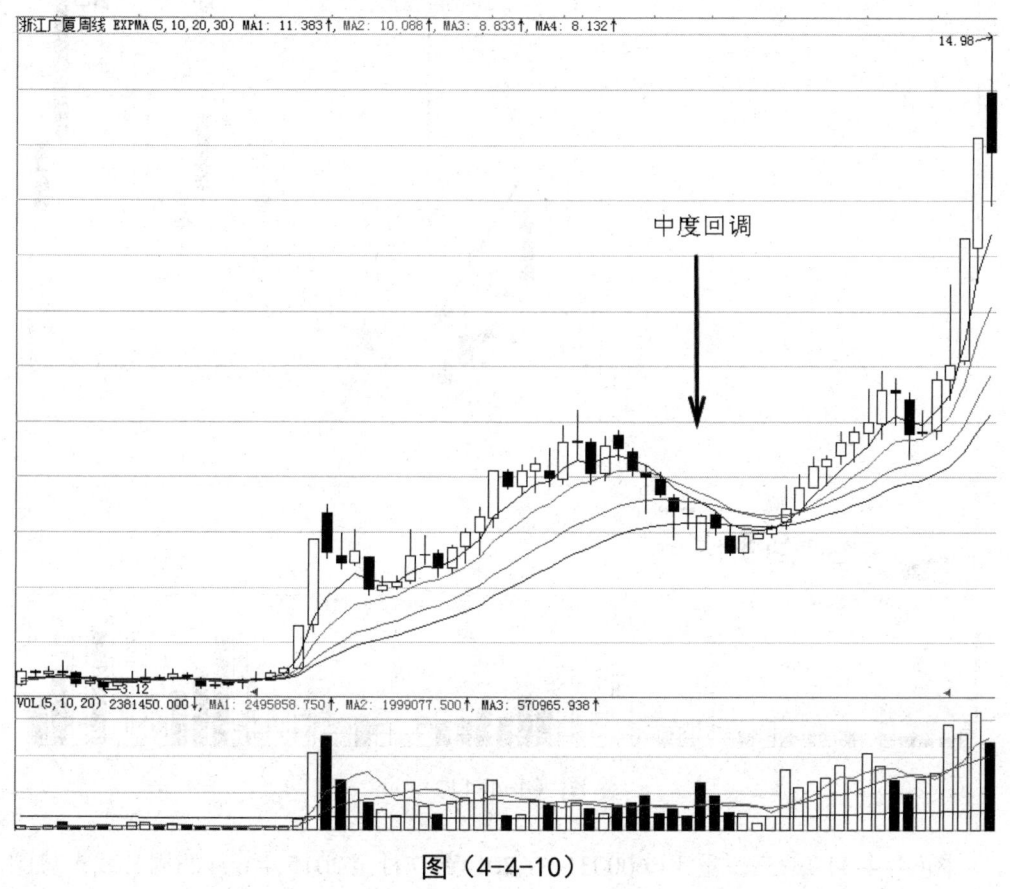

图（4-4-10）

图（4-4-10）是浙江广厦（600052）在 2014 年 1 月至 2015 年 6 月的 K 线走势图。股价在上涨中出现一个不小的回调，我们看个股的回调幅度：

股价上涨：个股自 3.1 元的位置起涨，一直上涨到 8.1 元，股价上涨 5 元。

股价回调：股价自 8.1 元左右出现回调，股价回调至 5.58 元止跌，回调了 2.6 元。

回调幅度：股价的回调幅度在 0.52，接近 0.5 倍的中度回调，此后股价仍相对看好，继续上行。

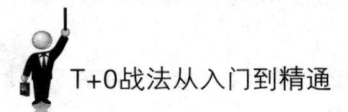

从个股的后市中我们也能看到，股价在上升的过程中又一次作出洗盘的动作，来完成收集筹码和减少抛压的作用，股价后来才迎来新的升势。

下面我们再看一个案例。

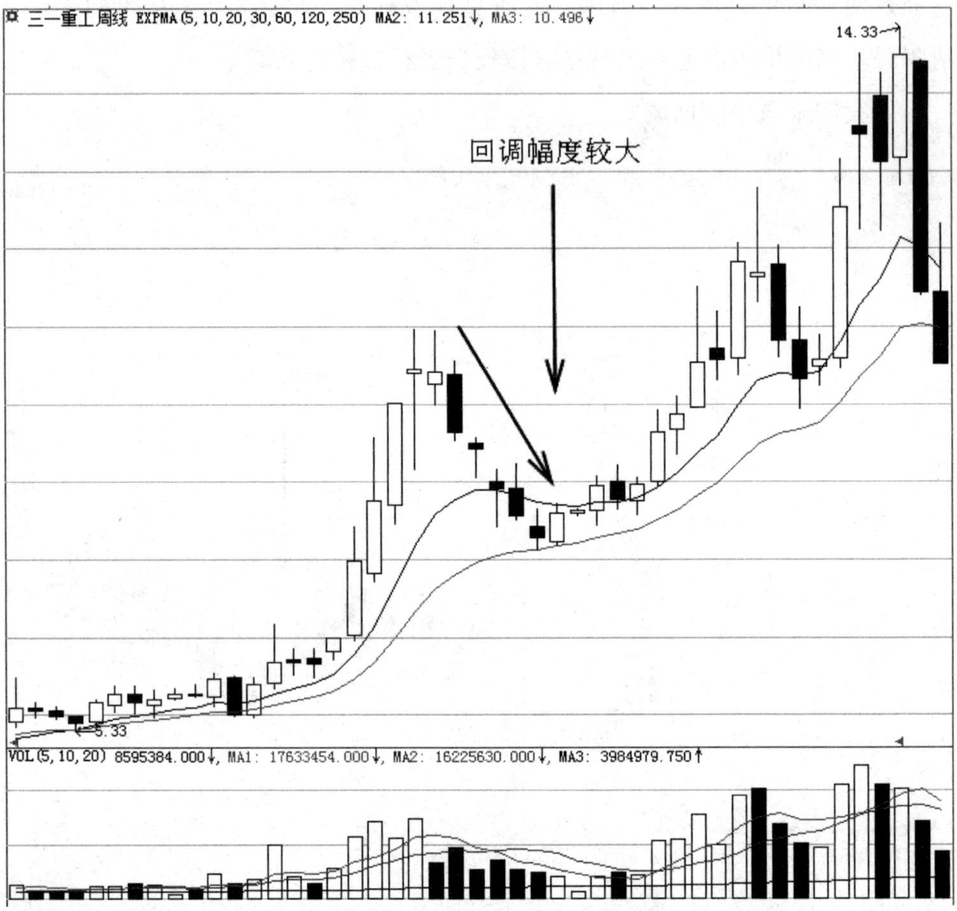

图（4-4-11）

图（4-4-11）是三一重工（600031）在2014年7月至2015年6月的周K线走势图。股价在一段上升之后出现一段回调走势，我们来看回调的幅度：

股价上涨：股价自低点时的5.3元出现上涨，一直上涨到10.47元的位置。股价上涨5.1元。

股价回调：个股从10.4元逐步回调，一直到最低点的7.6元。股价回调2.8元。

回调幅度：个股回调幅度为0.54左右，接近0.5的中度回调幅度。股价此后的上涨也是连番挫折。股价于此次的回调早已告诉我们一切。

下面我们再看一个案例。

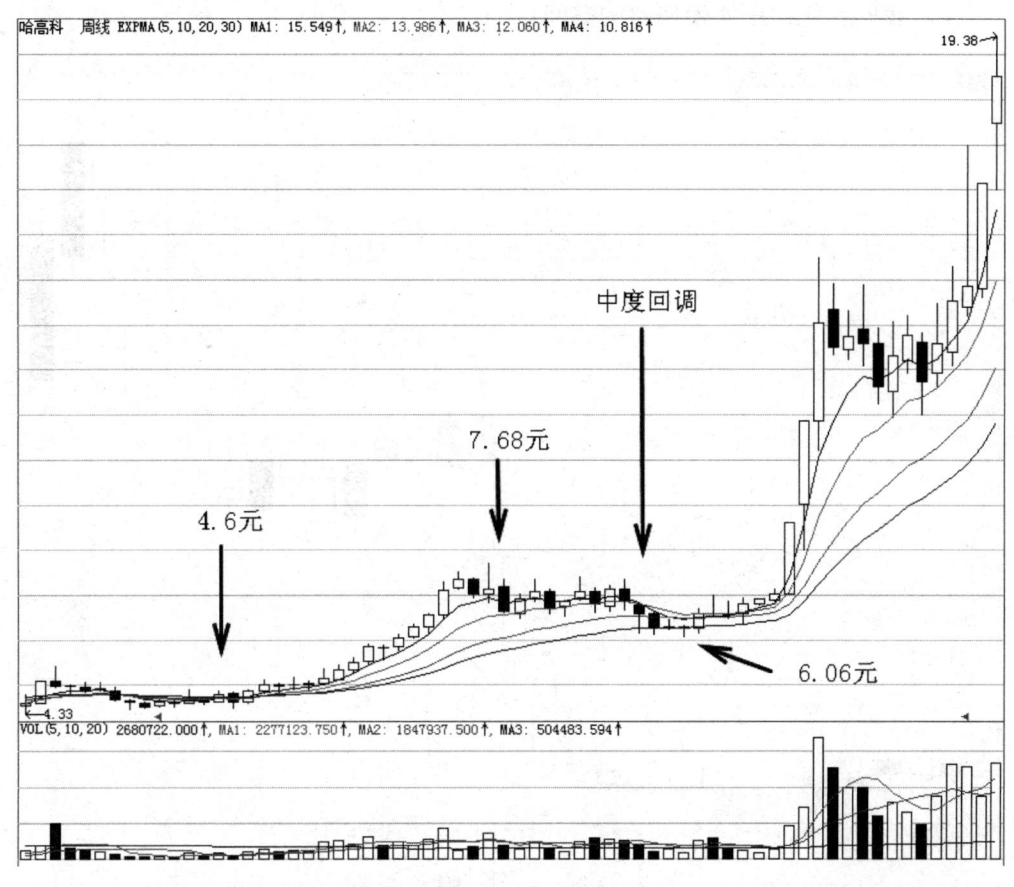

图（4-4-12）

图（4-4-12）是哈高科（600095）在2014年3月至2015年6月的周K线走势图。股价在运行中出现一个上升波浪，1浪之后也面临2浪的回调，我们看个股的2浪回调幅度：

股价上涨：股价自低位的4.6元左右的位置上一直涨到7.68元，出现1浪的高点。股价上涨3元。

股价回调：股价从1浪高点7.6元开始回调，一直到6.06元止跌回升。股价回调1.6元。

回调幅度：个股此次回调幅度在0.53。接近0.5倍的中度回调。此后股价看涨。

个股在2浪中的长期横盘走势也为后市的上涨积蓄能量，空间与时间的双效作用让股价快速上升。当然之后又出现了一次回调洗盘，这又为股价的再次上涨

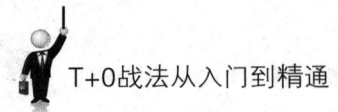

补充了动力。这是个股的4浪调整，4浪调整幅度不大，5浪行情仍可期待。

在此我们补充一个4浪调整的空间：

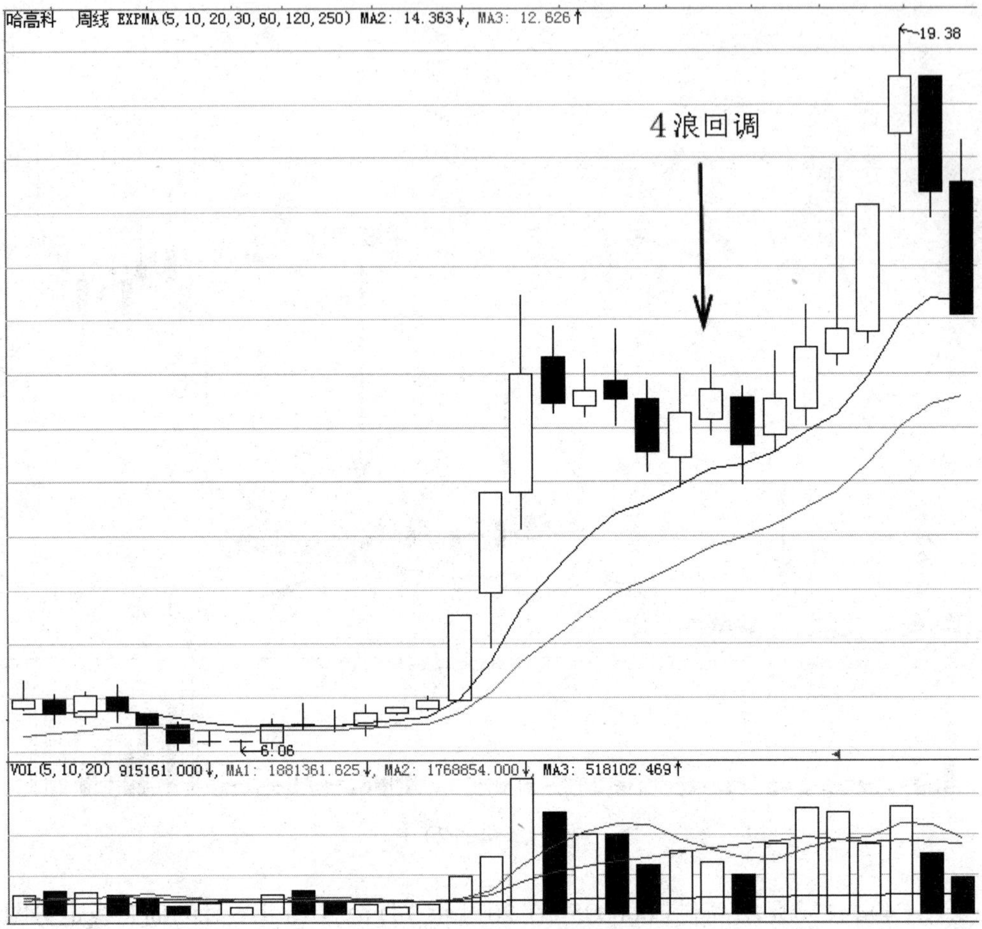

图（4-4-13）

图（4-4-13）是哈高科（600095）在2014年11月至2015年6月的周K线走势图。个股在2浪调整之后走出一个3浪的升势，个股在3浪的升势之后再次进入4浪的调整。我们看4浪的调整幅度及对5浪行情的支撑。

股价上涨：3浪行情自低位的6元左右的位置上一直涨到14.4元，出现3浪的高点。股价上涨8.4元。

股价回调：4浪回调股价从3浪高点14.4元开始回调，一直到10.9元止跌回升。股价回调3.5元。

回调幅度：个股此次回调幅度在0.41，处于0.382倍至0.5倍之间，个股的回调相对较弱，支持5浪继续看涨。

主力对筹码的控制力往往就决定以后股价的升幅，控制力越大掌控的筹码越多，此后股价上涨幅度越大；反之亦然。当股价在上涨中出现了中度回调甚至更深度回调，就暴露了主力对筹码掌控不牢的事实，严重影响以后股价的上涨空间。投资者们需要注意。

我们再看几个深度回调的案例。

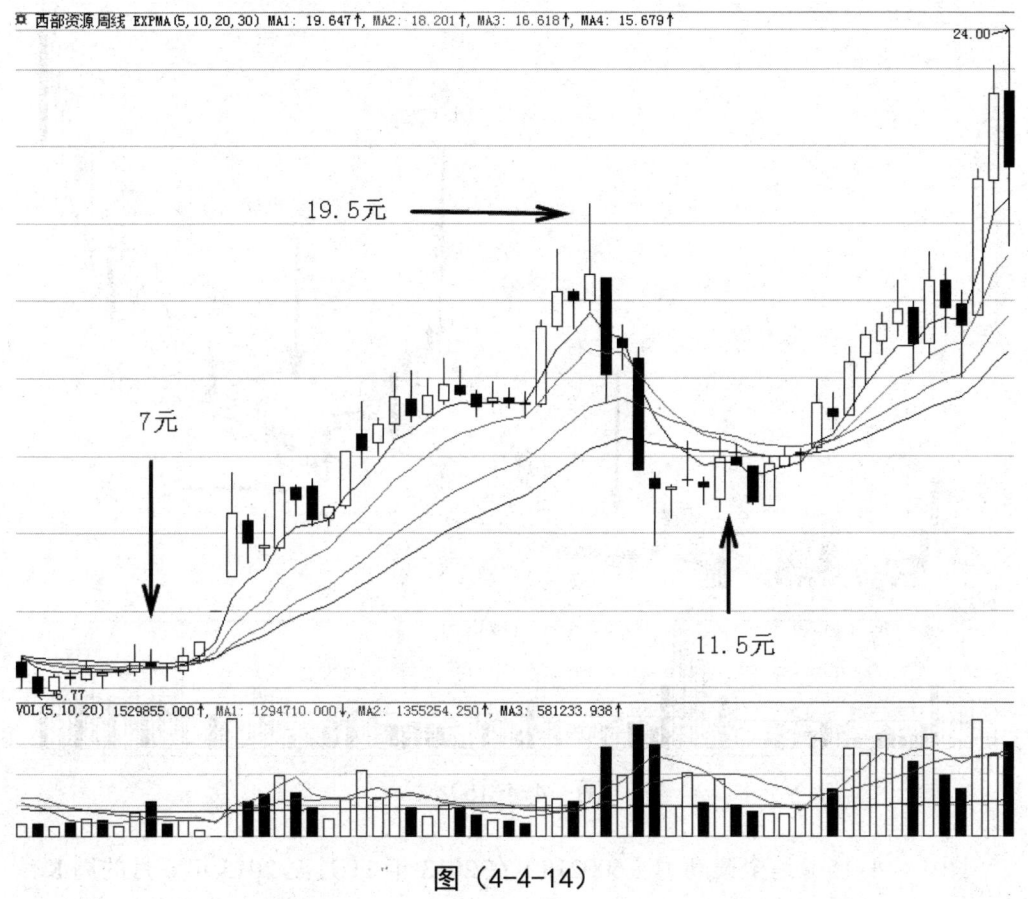

图（4-4-14）

图（4-4-14）是西部资源（600139）在2013年11月至2015年5月的周K线走势图。股价在上涨一段时间后出现一个深度回调的走势，我们看个股的回调幅度：

个股上涨：个股从低点的7元位置，上涨到波浪高点的19.5元位置。个股上涨12.5元。

个股回调：个股在回调开始后股价从19.5元的位置下滑到11.5元的位置。个股回调8元。

回调幅度：个股此轮回调幅度达 0.64 倍，大于 0.618 的深度回调。

个股的深度回调，意味着个股走势的相对疲软，个股股价此后虽有上涨但也难掩颓势。投资者需对此保持警惕。当投资者明白个股的上升行情有限时，即使操作 T+0 交易时也要注意仓位的把握，避免底仓出现重大亏损。

我们再看一个案例。

图（4-4-15）

图（4-4-15）是全柴动力（600218）在 2013 年 11 月至 2015 年 6 月的周 K 线走势图。股价又出现一个深度回调的走势，我们看个股回调幅度。

个股上涨：个股从低点的 9 元位置，上涨到波浪高点的 14.6 元位置。个股上涨 5.6 元。

个股回调：个股在回调开始后股价从 14.6 元的位置下滑到 10.7 元的位置。个股回调 3.9 元。

回调幅度：个股此轮回调幅度达 0.69 倍，大于 0.618 的深度回调。个股此后的上涨仍需通过重新洗盘才能获取上升动力。

股价的深度调整是由买盘不足，抛盘太盛造成的，这也造成股价后市的力度不足。以上的两个案例的回调还依然保持在 0.6 的水平上，当股价更为弱势，抛盘再大一点就是一个完完全全的熊市了。所以说对深度回调个股的后市行情，投资者必须保持警惕。

第五节　调整形态

股票大幅上扬都是从底部开始的，筑底的目的是清洗或吸收筹码，只有当市场上对该股的抛盘达到了极弱的程度，而又有新生力量介入的时候，底部才有可能形成。底部形成会有一个筑底过程，这样的底部形成过程就会在形态上表现出一定的特性，这也就形成了"筑底形态"，投资者可据此操作 T+0 交易。

同样当这一形态发生在顶部时，就会形成一个"筑顶形态"，其后股价运行方向下行。投资者在操作 T+0 时要注意操作风险的存在。

一、头肩底形态

头肩底形态是典型的反转形态，其形成过程：在长期下跌过程中，因跌深获得短暂支撑而反弹，形成左肩；在左肩开始反弹至颈线时，出现新的下跌，形成新的低点即头部；以后，阴尽而阳生，从头部开始股价逐渐回暖，直到涨至颈线位再次受阻形成右肩；随着右肩的形成，头肩底雏形初步确立。

完整的头肩底形态包含"左肩—头部—右肩—突破—回抽"五个步骤。突破颈线时需伴随着较大的成交量；在突破之后往往会有回抽颈线的过程，颈线压力随即变成支撑，回抽就是为了测试颈线的支撑力度。回抽的过程形成头肩底的最佳买入点。整个形态完成的时间至少要四周以上，完成后的涨幅至少维持 3 浪以上的上涨。

下面我们通过案例来解释头肩底形态后个股走势。

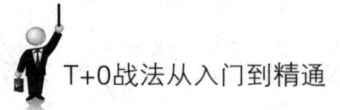

如图（4-5-1）所示。

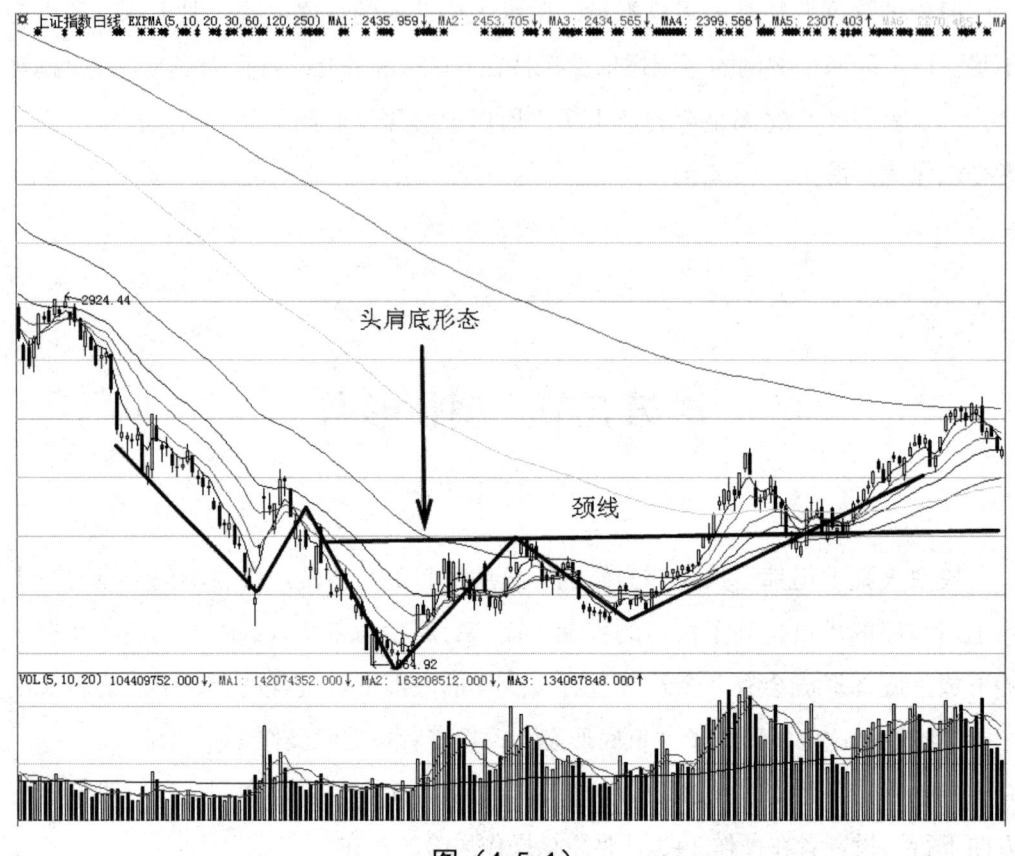

图（4-5-1）

图（4-5-1）是上证指数在 2008 年 7 月至 2009 年 4 月的 K 线走势图。指数在下跌的过程中逐步有资金慢慢介入，指数走出反弹走势，形成左肩。但反弹持续时间有限，指数继续下跌。在指数下探到低点时，出现底部的放量吸筹，资金进入明显，指数开始又一波的反弹，这时走势形成左底部。反弹持续到上次反弹的点位，出现再次的回调。这次回调点位未到前一个低点，即出现资金的进入，指数开始新的上升行情。这时形态上形成右肩。至此头肩底形态完成，指数的走势也就此反转。

指数的头肩底形态成立后，将出现上升走势，投资者操作 T+0 的交易基础良好。投资者可把握机会积极买进。

在此再补充一点，头肩底形态形成的颈线会对股价的后期走势起到支撑作用，投资者可在股价回调，并得到支撑确认后买进，获取投资利润。

我们看指数的后期走势。

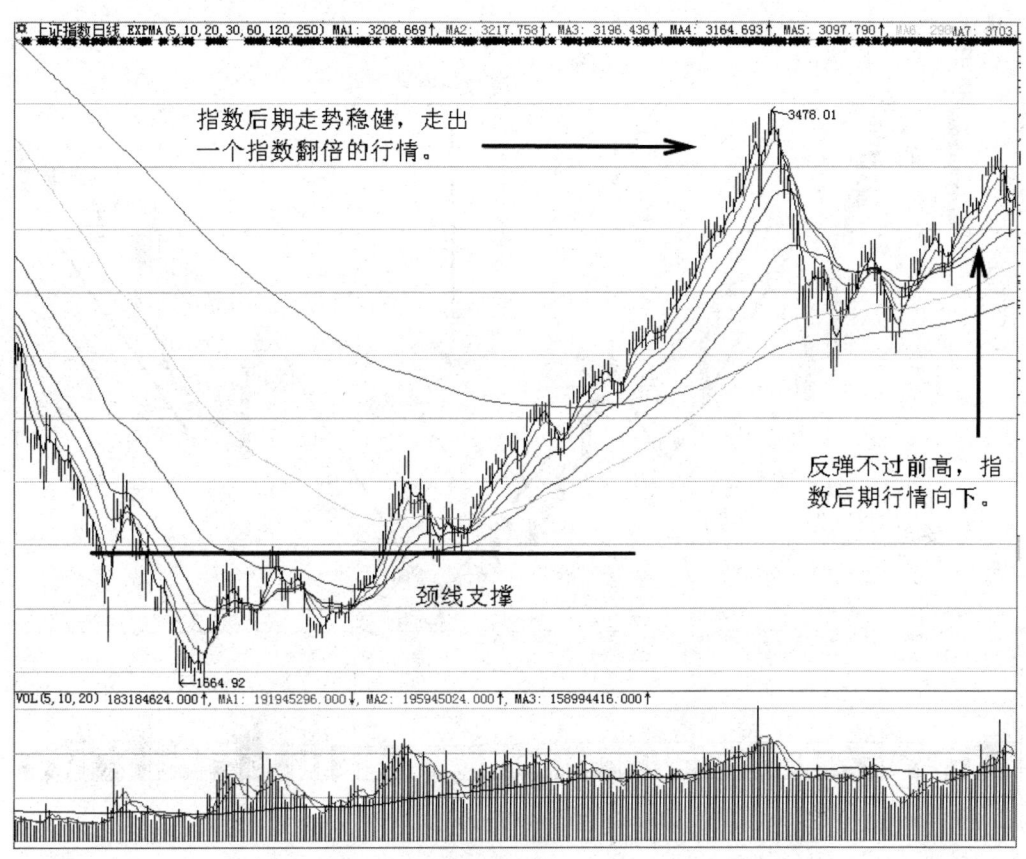

图（4-5-2）

图（4-5-2）是上证指数在2008年7月至2009年11月的K线走势图。指数在走出头肩底形态后，出现一波不错的行情，指数在短时间内翻倍。相对应的一定是个股的竞相走牛。当然在指数出现巨大升幅后，投资者们要清醒地认识到风险的加剧。当指数在高点出现回调，不能再创新高后，就要意识到指数上升的乏力，行情随时有反转的可能。注意及时卖出止盈，留存收益。

指数的长期向上运行打开个股的上升空间，投资者操作个股T+0的空间也相对广阔。买进的投资者将获利不错，T+0交易投资者则获利倍增。对于行情高点的出现，投资者可从黄金分割点的理论高度，注意个股的回调点位。

我们来看一个案例。

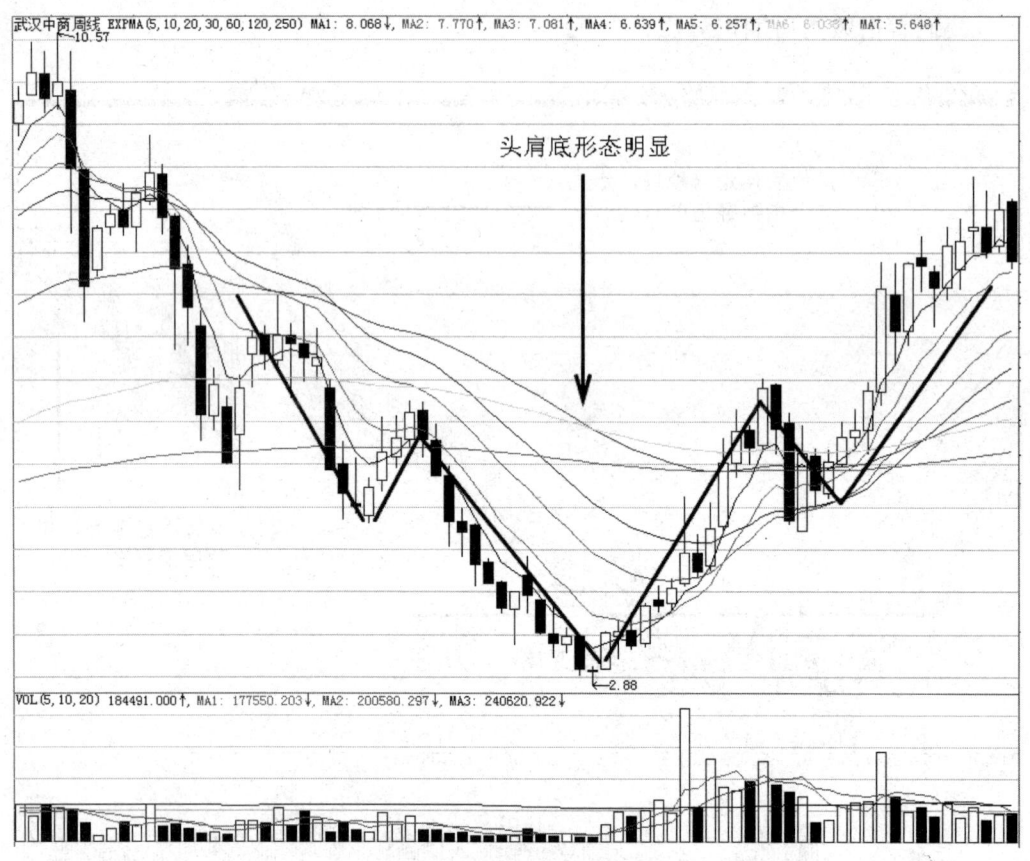

图（4-5-3）

图（4-5-3）是武汉中商（000785）在2007年12月至2009年6月的周K线走势图。个股在2007年12月走出一个高点，此后进入长时间的回调。在回调的过程中不时有资金在逐步介入，形成头肩底的左肩和顶点，此后股价出现放量走高的走势，在回调中资金持续介入，形成右肩。这时整个头肩底形态完成，个股的资金吸筹，与力量对比也出现不同。股价此后迎来新的上升空间。

个股在头肩底形成后，个股股价走出底部区域开始上升走势。投资者可把握机会买进个股操作T+0交易，获取收益。

我们再看个股的后期走势。

图（4-5-4）是武汉中商（000785）在2008年6月至2010年5月的周K线走势图。个股在形成头肩底形态反转后，个股出现不错的升幅，股价从颈线位置的6元左右一直走高到12元以上的位置。股价走出翻倍行情。

个股的股价增值即翻倍不止，投资者在此之上的T+0交易，则可继续放大收益。

这一个股给投资者带来的收益相当丰厚。

在行情翻倍的走势下投资者们也要看到个股在高点位置的匍匐不前，个股上升力度和势头都不复存在，投资者这时要注意风险的出现，及时兑现盈利。个股的高位滞涨走势，是个股将要见顶的重要形态之一，投资者要注意其中的风险。

图（4-5-4）

我们再看一个案例。

图（4-5-5）是三花股份（002050）在2008年7月至2009年3月的K线走势图。个股在下跌中形成一个头肩底形态，此后股价走势反转，开启一轮上升行情。投资者在个股走势站稳颈线后可积极买进，获取投资收益。

头肩底形态走出后股价走势反转，对一般投资者来说最好的介入时机就是在右肩形成后，其时获取的收益虽相对较少，但只有到这时个股的行情走势才最终确立。操作的可靠性最高。T+0交易者可以在此介入操作T+0交易。

我们来看个股的后期走势。

图（4-5-5）

图（4-5-6）

图（4-5-6）是三花股份（002050）在2008年5月至2011年3月的K线走势图。个股在形成头肩底形态后，股价运行方向反转，股价向上。个股在向上的运行中形成一个较大的V形反转，个股在此影响下更上一层楼。

个股在小的头肩底形态成立后，开始形成上升走势。而个股的上升走势又形成更大的V底，个股将迎来更大的上升行情。投资者的T+0交易获得意外之喜。

头肩底形态是一种单底的反转形态，我们再看另一种常见的形态，"双底"反转形态。

二、双底反转形态

"双底"形态，因它形状像英文字母W，故又称W底，多数发生在股价波段跌势的末期。其特征如下：

在它形成第一个底部后的反弹，幅度一般在10%左右。

第二个底点一般比第一个底点高，但也有可能比第一个低点更低。

对主力资金而言，探底必须要彻底，必须要跌到令一般投资者害怕，不敢持股的程度。这样才能达到低位建仓的目的。

第一个低点与第二个低点之间，时间跨度应不少于1个月。

如果筑底时间太短，其触底回升的信号就不太可靠，反弹上去了要随时注意它什么时候回落，因为主力常用这种手法来诱骗投资者。对此大家要引起警觉。

突破之后常常有回抽，在颈线附近自然止跌回升，从而确认往上突破有效。

双底形态的判断是否形成，交易量非常关键。右底上升之后，需要交易量配合放大才可以突破颈线。

下面我们来看双底形态在交易中的意义。

图（4-5-7）是西昌电力（600505）在2014年12月至2015年4月的K线走势图。个股在回调的过程中形成一个完整的双底反转形态。我们看到在形成双底的过程中，资金的介入显而易见。当个股在形成右底后，放量突破颈线，形态完成。后期行情看好。一般投资者可在个股突破颈线位置回抽确认时买进。此后的利润空间相当可观。

在个股的运行图中，我们标示了颈线的位置。投资者可在股价站稳颈线后操作T+0交易获取收益。股价的上涨带来投资收益的倍增。

我们再看个股的后期走势。

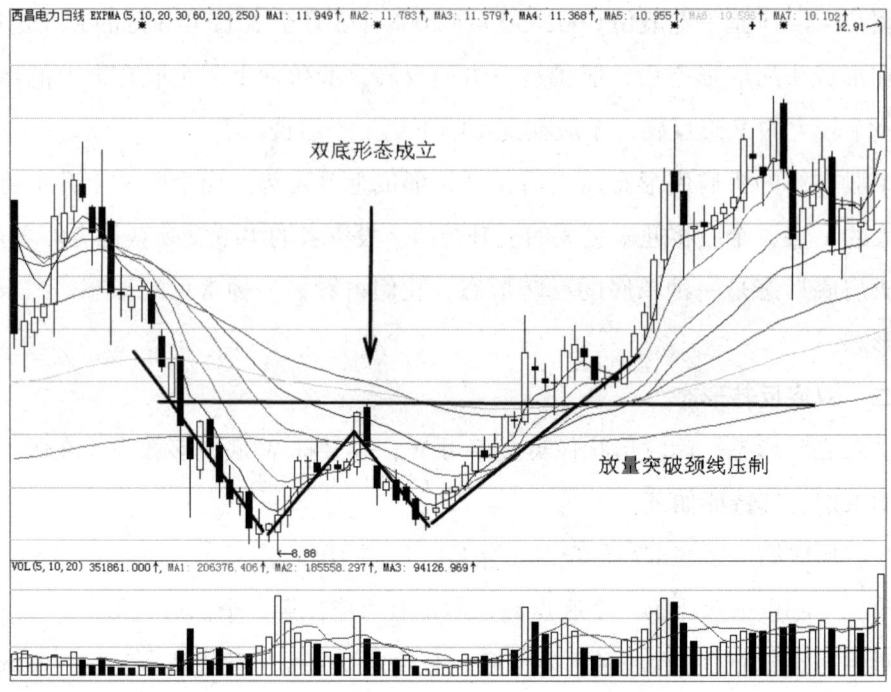

图（4-5-7）

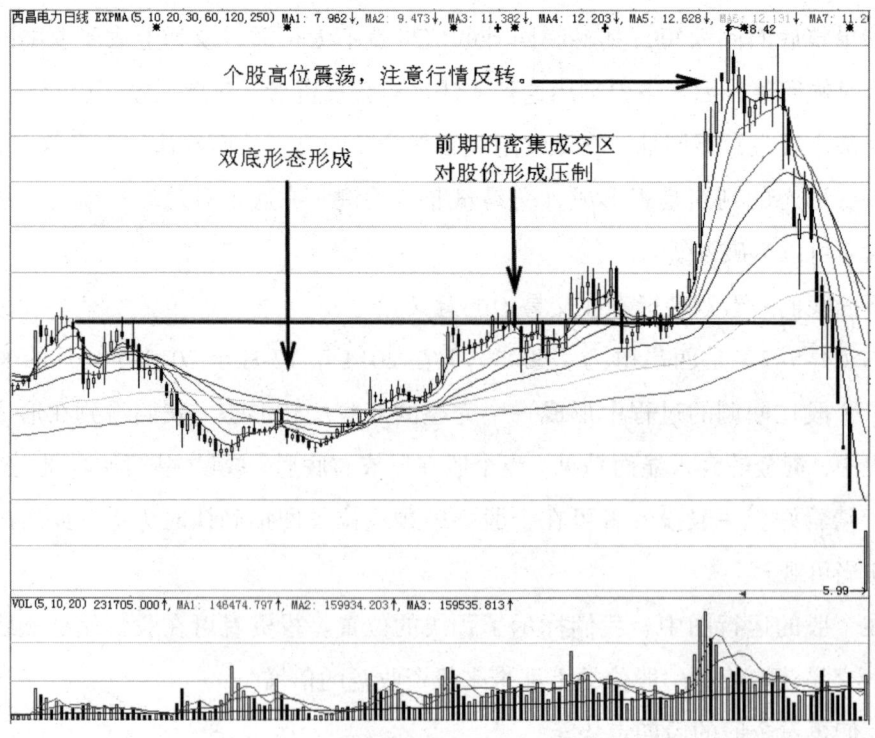

图（4-5-8）

图（4-5-8）是西昌电力（600505）在2014年11月至2015年7月的K线走势图。这是西昌电力在这一区间的完全走势图，我们看到个股在形成双底形态后出现一波上升空间。但此后股价的运行出现波折，对应的原因，我们看到是前期高点形成的压制造成的，等到个股突破这一压制后，又是一波大的上涨行情。

股价走势形成双底形态后，个股走势走出上升走势。但个股在上升的过程中又遇到前期高点的制约。这又回到我们前文的内容中，对个股遇到的压制，投资者要注意利润的保存。而当个股在随后的运行中站稳并突破高点的压制后，则要把握股价的继续上升利润，让T+0交易获利最大。

我们再看一个案例。

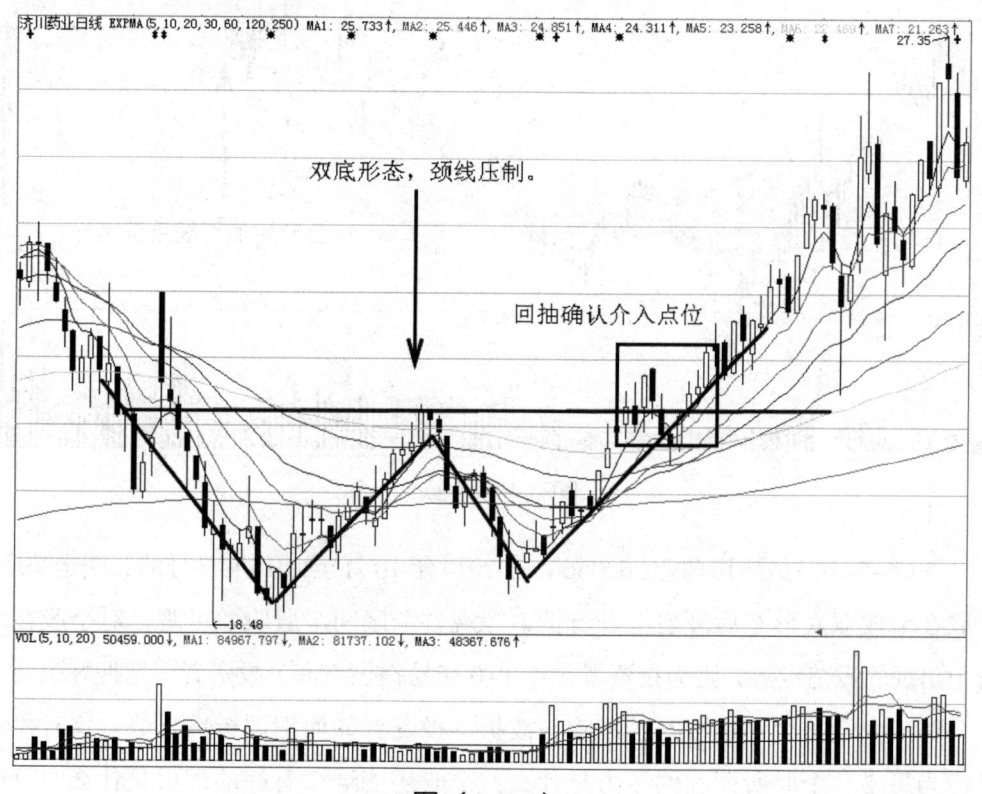

图（4-5-9）

图（4-5-9）是济川药业（600566）在2014年10月至2015年4月的K线走势图。个股在回调筑底阶段形成一个双底形态，预示股价的走势即将反转。个股在形成右肩后放量突破颈线，并回抽确认，回抽确认可作为投资者的最优买点。这时投资者及时买进可获取不错的投资收益。

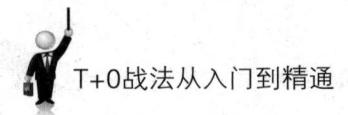

　　双底反转形态预示着股价后期看好，但任何一只股票在长期上升中都不是一帆风顺的。我们来看这支个股在长期上涨趋势中出现的波折。

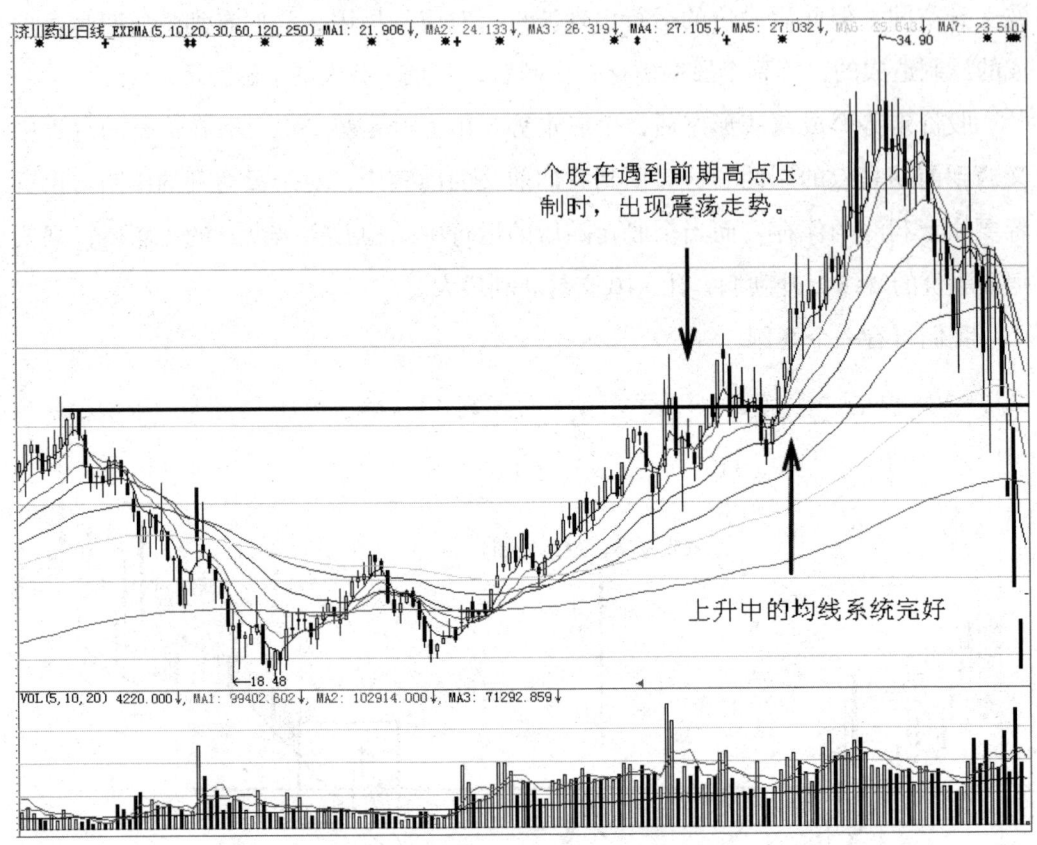

　　　　　　　　　　　　　　图（4-5-10）

　　图（4-5-10）是济川药业（600566）在2014年10月至2015年7月的K线走势图。个股在形成双底形态后开启上升行情，综观整个区间个股收益可观，对个股在运行中出现的震荡走势，则为投资者操作T+0交易提供空间，投资者可把握好机会。

　　对于个股在途中运行时的风险与波折，投资者如何把握行情走势？这时投资者应当思考：个股所面临的压力是什么？个股还能继续看好的理由是什么？分析个股连贯性运动的利空各是什么？当个股用时间来化解一些不利的方面，此后的行情仍将是继续看好。

　　我们再看下一个案例。

　　图（4-5-11）是浪潮信息（000977）在2011年10月至2013年10月的周K线走势图。个股在前期下跌中，构成双底反转的形态。此后股价快速上涨。图中

个股突破颈线位置是一般投资者最优的进入时机，形态已成，个股拉升在即。投
资者短时间获取较大收益不在话下。

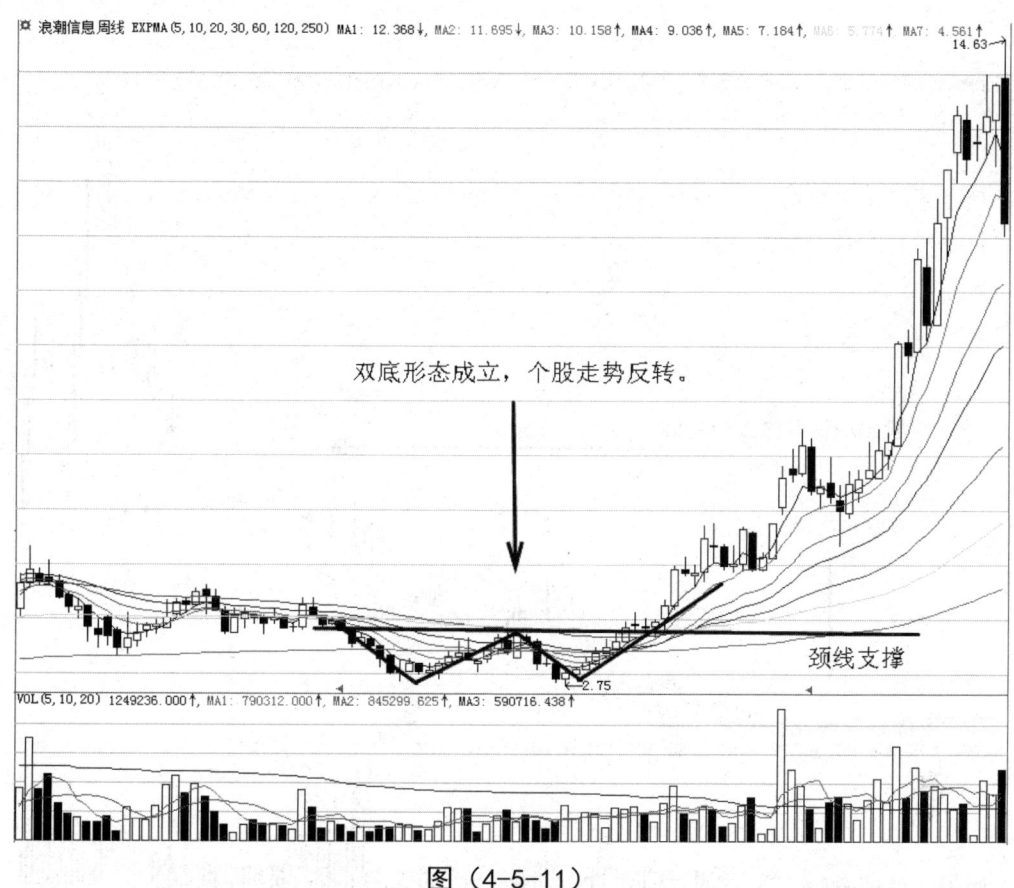

图（4-5-11）

投资者可在个股突破颈线之后买进操作 T+0 交易，对于上升中的波动，可利
用 T+0 交易来避免。但对于个股的行情仍要有自己的认识，在股价运行到高位时，
注意风险的放大。

我们来看个股的后期走势。

图（4-5-11）是浪潮信息（000977）在 2012 年 4 月至 2015 年 8 月的周 K 线走势
图。个股在形成双底形态后，进入一个长期的上升行情中，对这样的长牛股只要
投资者把握机会都能获取不错的收益。投资者对双底形态后的走势，可参考均线
的走势，均线多头发散可持续持股，获取收益。

均线的多头排列时我们判断个股中线行情的重要依据。当均线多头发散时，
投资者可积极买进操作 T+0 交易。而当个股走到高点时投资者们就要注意，股价

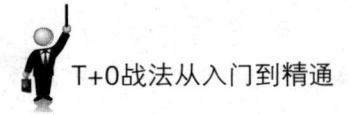

在此种走势下已难以为继，纵有一点的上升空间，对应的风险却是巨大的。风险与收益不呈正比，这时投资者就要注意，个股走势的方向选择了规避风险，截留盈利。

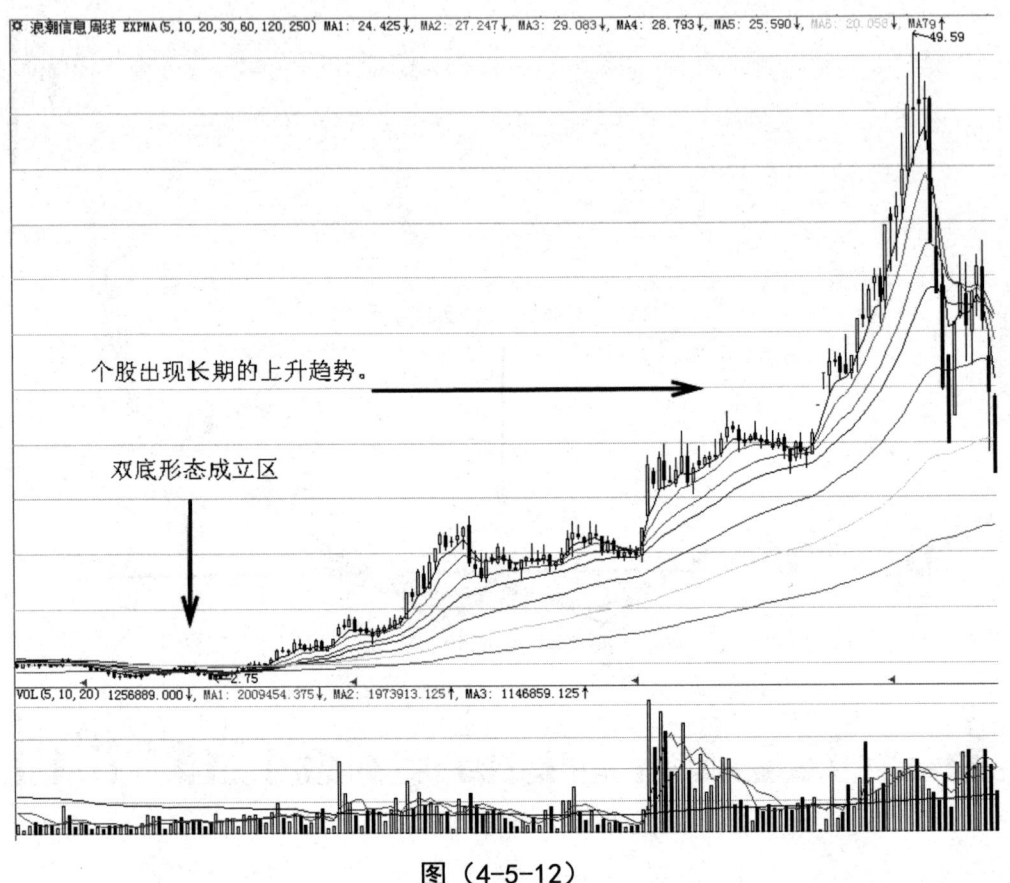

图（4-5-12）

我们以上简短说明一下"双底"形态在实战中的应用，下面我们再看另一种底部形态。"圆弧底"形态。

三、圆弧底形态

"圆弧底"形态看起来像一个圆形的底部。就如一个延长的 U 形。该形态包含了 1~2 周的整合期，是股价从趋于下降转为上升趋势的标志。

在圆弧底形态中，由于多空双方皆不愿意积极参与，价格显得异常沉闷，这段时间也显得漫长，在形态内成交量极小。圆弧底形态通常是大资金吸货区域，由于其炒作周期长，故在完成圆弧底形态后，其涨升的幅度也是惊人的。

个股在完成圆弧底形态后，在向上挺升初期，会吸引大量散户买盘，给大资金的后期拉抬增加负担，故大资金会让价格再度盘整，而形成平台整理，清扫出局一批浮动筹码与短线客，然后再大幅拉抬价格。投资者如在圆弧底形态内买进，则要注意大资金在启动平台上的震仓。

"圆弧底"形态是易于确认和非常坚实与可靠的底部反转形态，一旦个股左半部完成后股价出现小幅爬升，成交量温和放大形成右半部圆形时便是中长期操作中分批买入的良好时机，股价放量向上突破时是非常明确的买入信号，其突破后的上涨往往是快速而有力的。

圆弧底形态形成后，会形成一个最低上涨幅度。其测算方法是：从突破点算起，股价上涨幅度至少等于圆弧的半径。

我们通过案例来说明。

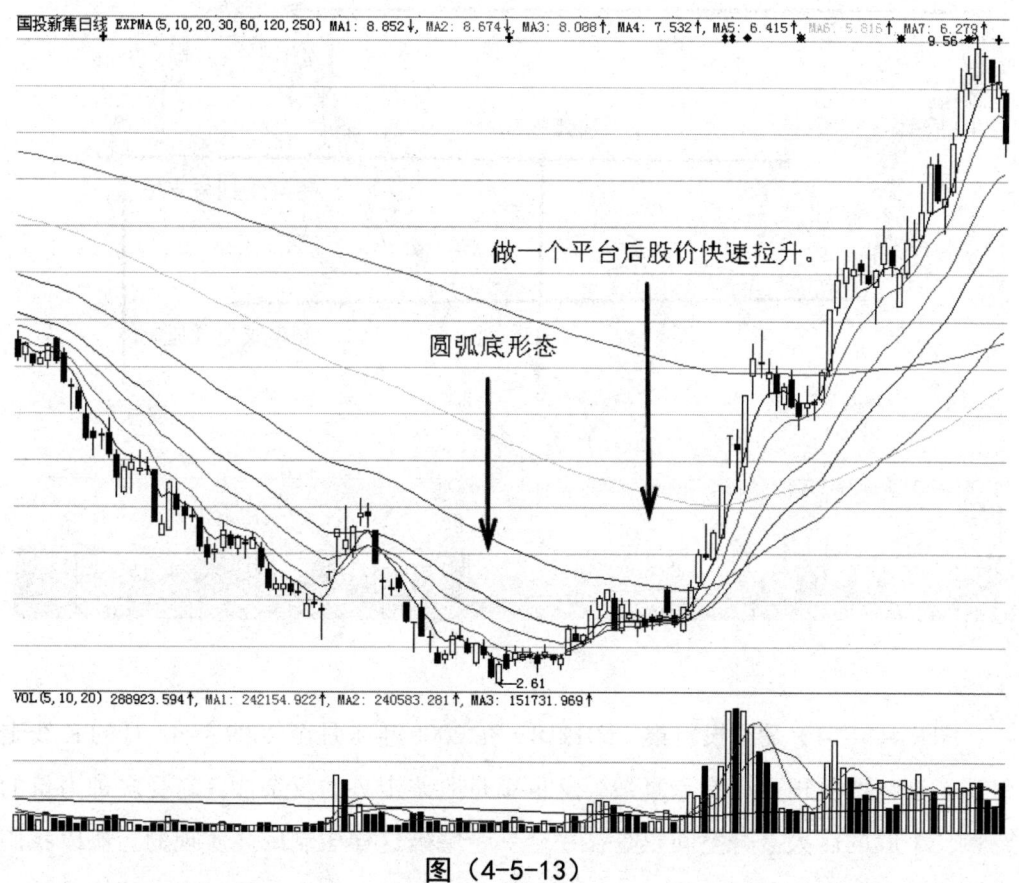

图（4-5-13）

图（4-5-13）是国投新集（601918）在2008年7月至2009年4月的K线走势图。个股在下跌筑底过程中形成一个圆弧底形态，走势随后出现一段时间的平台调整，

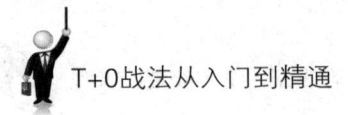

此后股价放量拉升，短时间股价数倍上涨。对T+0交易者来说，平台调整后的放量拉升是最好的介入时机。

个股在圆弧底右侧形成的平台成为投资者介入的最好机会，投资者可积极买进。个股于圆弧底阶段吸筹，于平台期整理消化筹码，个股的随后拉升顺理成章，投资者对个股的运行也当清楚。

我们来看个股的后期走势。

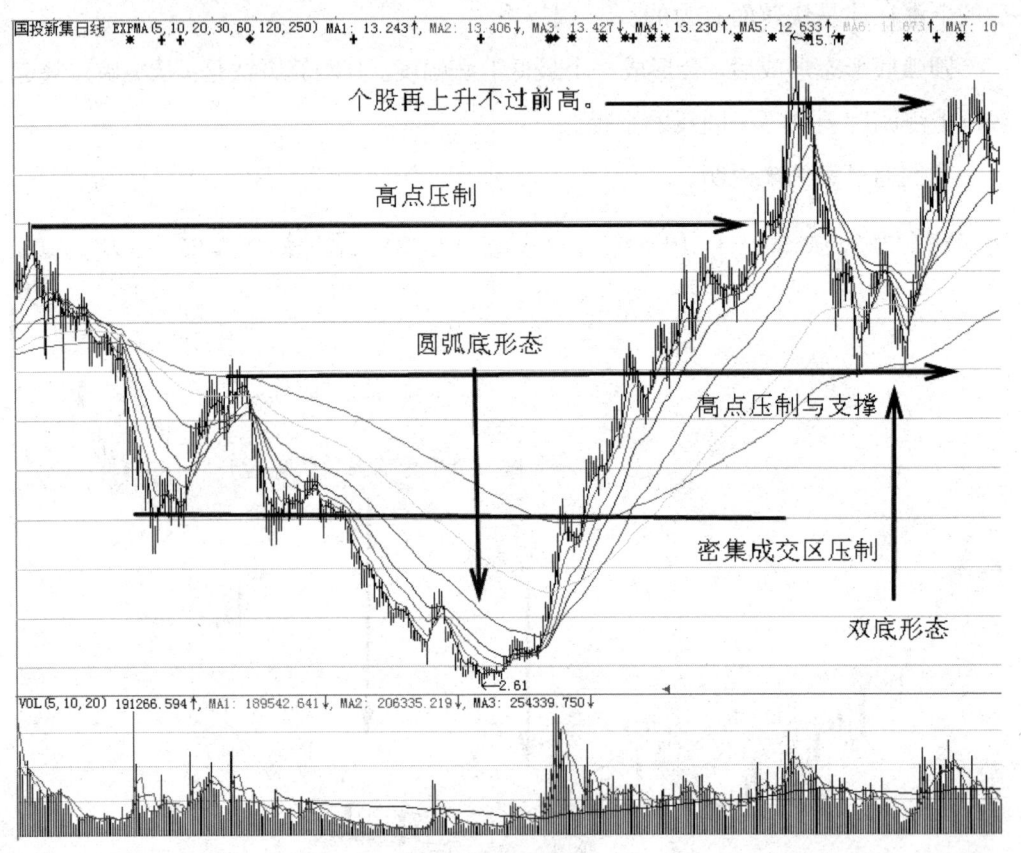

图（4-5-14）

图（4-5-14）是国投新集（601918）在2008年1月至2009年11月的K线走势图。这幅图就稍显得有点复杂，这也正是股票走势的复杂性。它受多种力量的约束，个股的巨大上升空间正是在一个一个突破这样压制后才实现的。所以我们希望投资者在运用各项技术时，能从整体上去把握，多方面的因素共同构成的一个个股的走牛。

而对T+0交易者来说，要能及时分清股价所处的阶段，并根据不同阶段、对应的不同技术位作出合理判断。而这一案例则是以上我们多种技术位的综合运用，希望投资者们注意。

我们再看一个"圆弧底"反转形态案例。

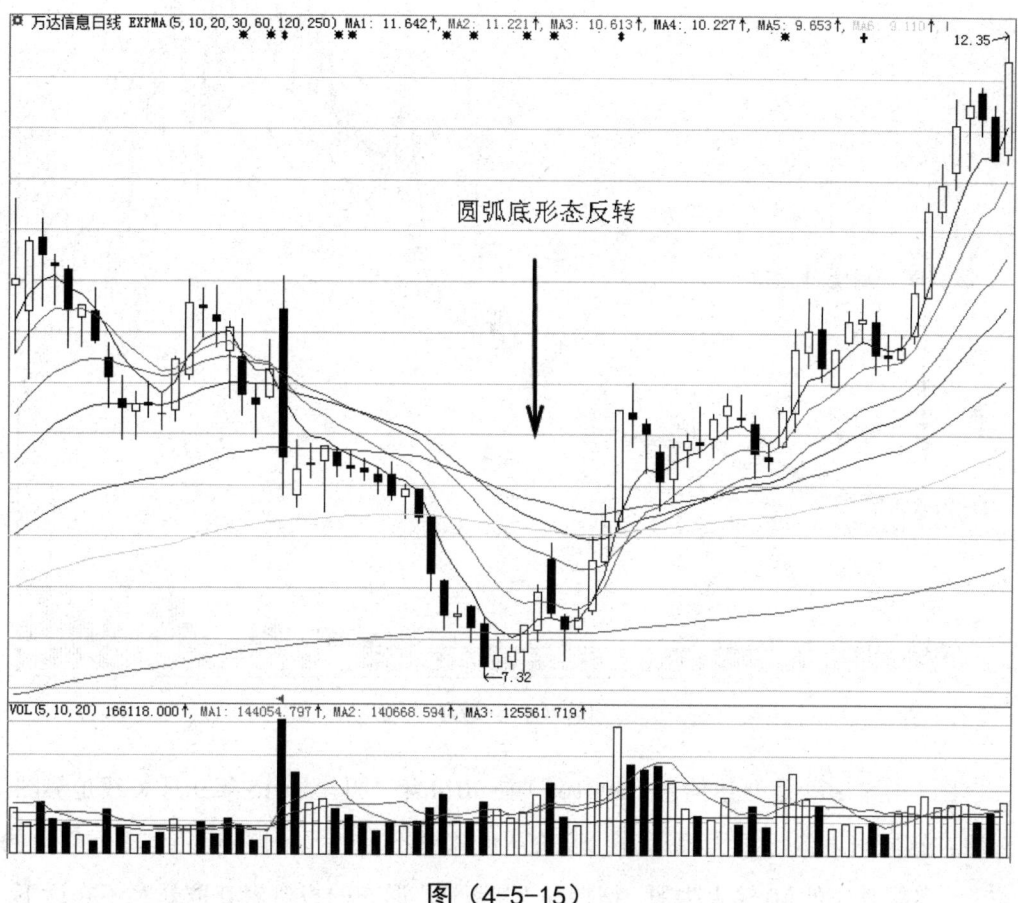

图（4-5-15）

图（4-5-15）是万达信息（300168）在2014年3月至2014年9月K线走势图。在圆弧底的右侧出现底部放量，股价突破颈线的压制，回调得到确认。图中有两个回调，后一个是前期密集成交区形成的洗盘，这时的洗盘会在后期的涨幅上有所反应，后期的涨幅会相当可观。

在图中给出了两个买点，两个买点都是在验证支撑有效的情况下给出的。有些激进的投资也可以在圆弧底右侧放量拉升的时候买入。

我们来看个股的后期走势。

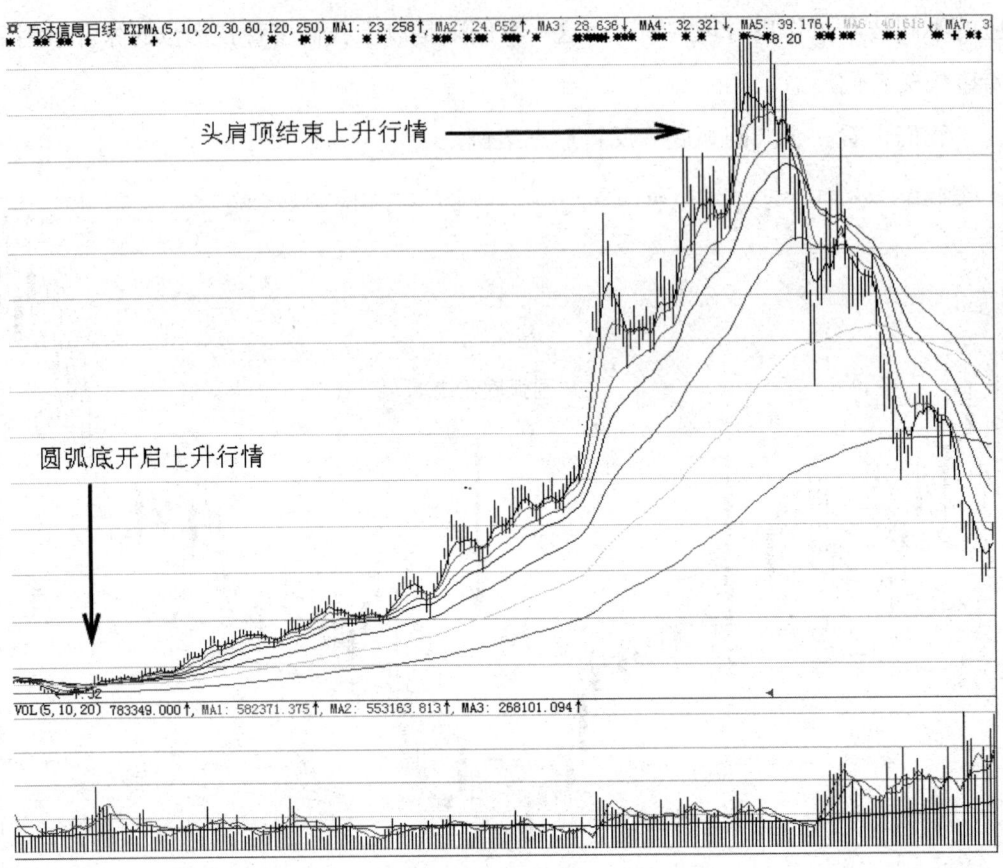

图（4-5-16）

图（4-5-16）是万达信息（300168）在2014年7月至2015年9月K线走势图。个股在这段时间内出现大幅飙升，股价从低点时不足8元一路走高到78元以上的位置，名副其实的10倍大牛股。把握住"圆弧底"形态的投资者获取暴利不在话下。

个股以"圆弧顶"形态开启一轮行情，又以头肩顶形态结束行情，这就是股市中"势"的变化。当一种形态出现在底部时，他告诉投资者的是买进信号，当一种形态出现在顶部时，则是卖出信号。对应的圆弧在顶部和底部均会出现，其他形态同样如此，虽形态相似，却意义不同。

我们再看一个案例。

图（4-5-17）是泰亚股份（002517）在2013年10月至2015年4月的周K线走势图。个股在挖坑筑底中形成一个标准的圆弧底，随后股价放量突破颈线压制，站稳颈线之上。个股在颈线之上出现一段时间的震荡吸筹走势，在一次洗盘之后个股走上了上升趋势。

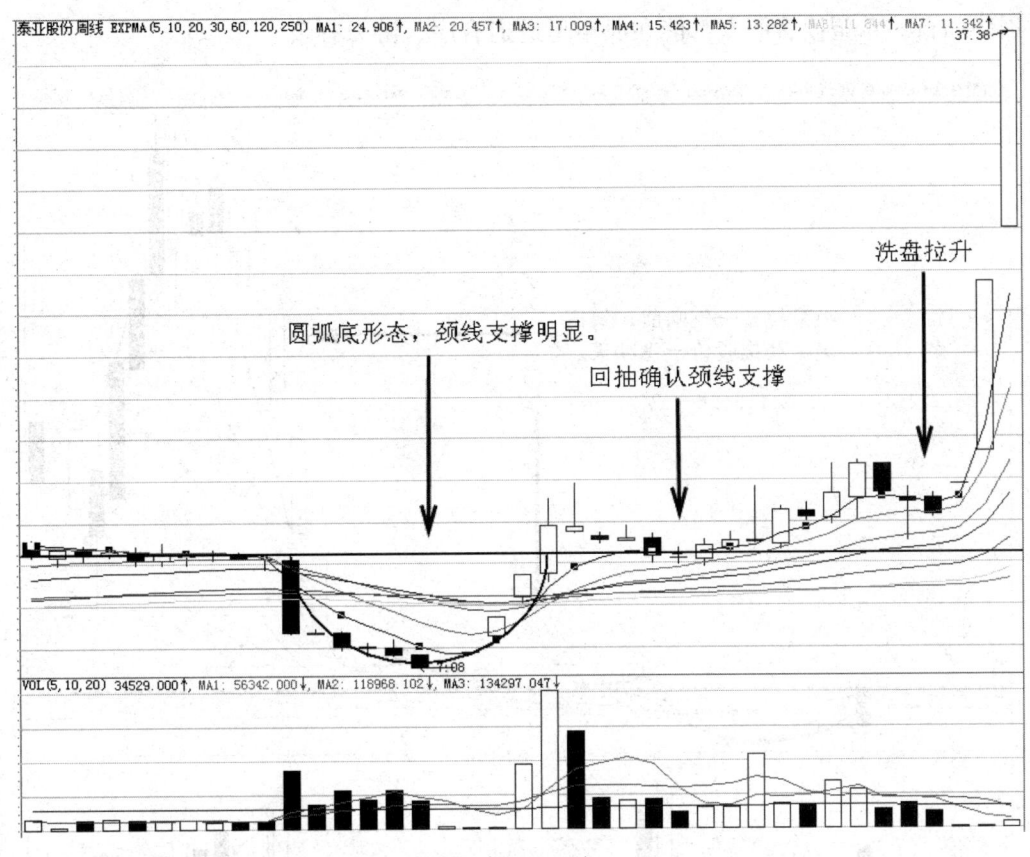

图（4-5-17）

颈线的压制是由筹码堆积形成，在此案例中表现得尤为突出，但当个股站稳颈线之后，之前抛出的筹码被新的资金吸筹，成为助推个股再上升的最大动力。T+0交易者可在这一阶段积极买进，获取收益。

我们来看个股的后期走势。

图（4-5-18）是泰亚股份（002517）在2013年10月至2015年7月的周K线走势图。个股在颈线位置持续吸筹，为股价的后期拉升积蓄能量，当完成吸筹后，在一个下蹲洗盘后，股价快速拉升，数倍的大牛股走势随之展开。

个股在拉升初期的无量拉升，是筹码高度集中的表现，这可以为投资者判断后市，提供一点支撑。投资者也可在此时择机介入。当然风险伴随收益，个股的收益放大时，风险也在随之放大。个股的回调就在上方的不远处，这需要投资者时刻谨记。

昨天的顶今日的底，时也。刚刚无底深渊，现时千年大底，势也。因时而定，

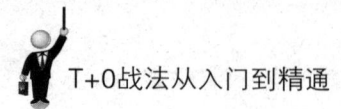

因势而行。希望读者朋友都能在股市里进退有序、游刃有余。

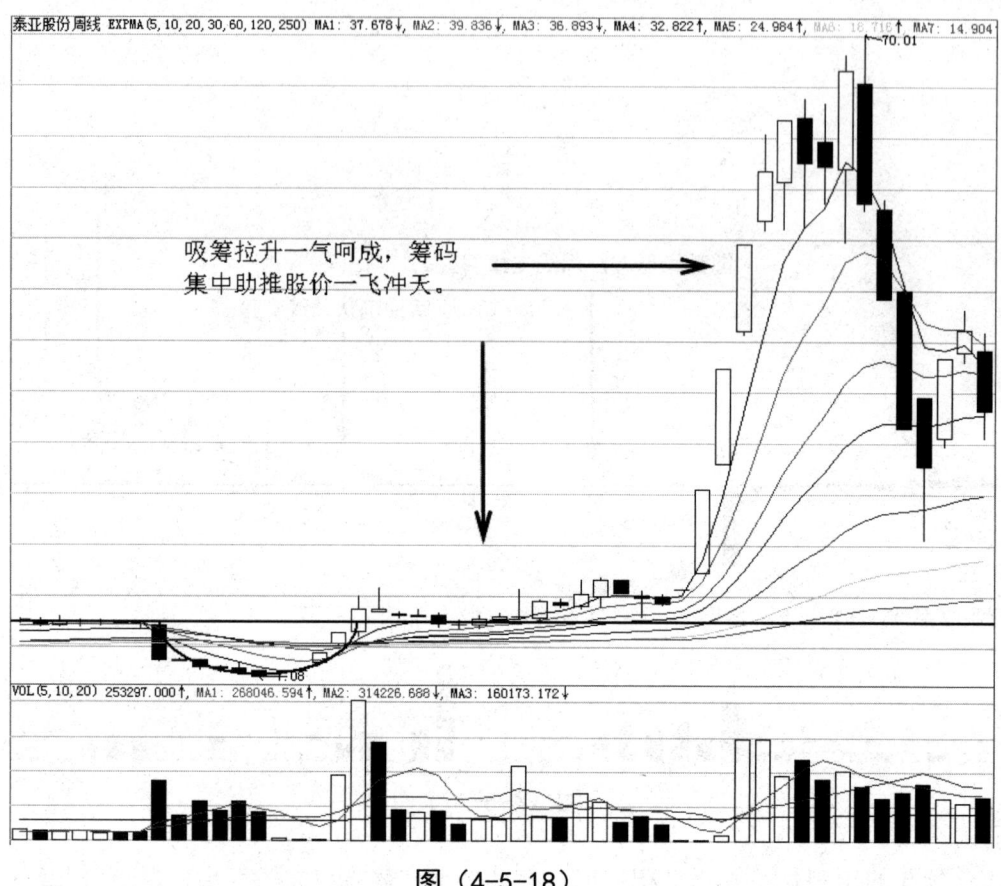

图（4-5-18）

第五章

趋势 T+0 操作

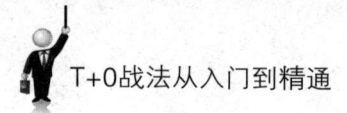

第一节　多头趋势 T+0 操作

　　T+0 操作的基本价格趋势，应该是股价震荡回升的多头行情。如果价格并未处于上升阶段，投资者即便采取有效的 T+0 短线操作策略，也很难持续获得投资回报。而股票价格处于波动上涨过程中，投资者可以在事先持股的前提下，在价格高位卖出股票。这样一来，短线获得利润就非常容易。在股票价格冲高回落的过程中，在价格深度探底的时候买入价格低廉的筹码，为今后的获利提供条件。

　　股价的运行趋势对 T+0 的交易方式至关重要。如果价格并未运行在多头趋势，那么投资者采取 T+0 的操作方式风险就会很高，投资者将不得不在价格回落的过程中高买低卖。股票价格震荡下挫，而抄底以后价格反弹空间却在持续下跌，这并不利于投资者获得利润。对于打算在 T+0 操作中获利的投资者来讲，将不得不选取尽可能好的多头趋势以及波动强度较大、上涨趋势明确的个股来操作。

　　在多头趋势中采取 T+0 的交易形式，投资者更容易踏空，而不是买在高位。因此，关注股票价格的波动并尽可能地选择多头趋势中运行的股票来操作，会更容易获得利润。

　　下面我们来看案例，分析其中的 T+0 交易。

　　图（5-1-1）是青岛金王（002094）在 2014 年 10 月至 2015 年 2 月 K 线走势图。个股在前期的下降趋势中，股价处于持续下跌的走势中。投资者操作个股交易获利的难度非常大。但随着股价的逐步探底，个股走出探底回升的走势。个股股价慢慢站稳均线，并沿均线持续上扬。个股的中线行情好转，多头有趋势确立。

　　在个股站稳均线之后，投资者就要注意个股走势的向好变化，并随之作出转变。投资者就可以表现得更为积极主动，获取更大的收益。而操作 T+0 交易时也可同样放大仓位获取更大收益。

　　我们再看个股随后的运行走势。

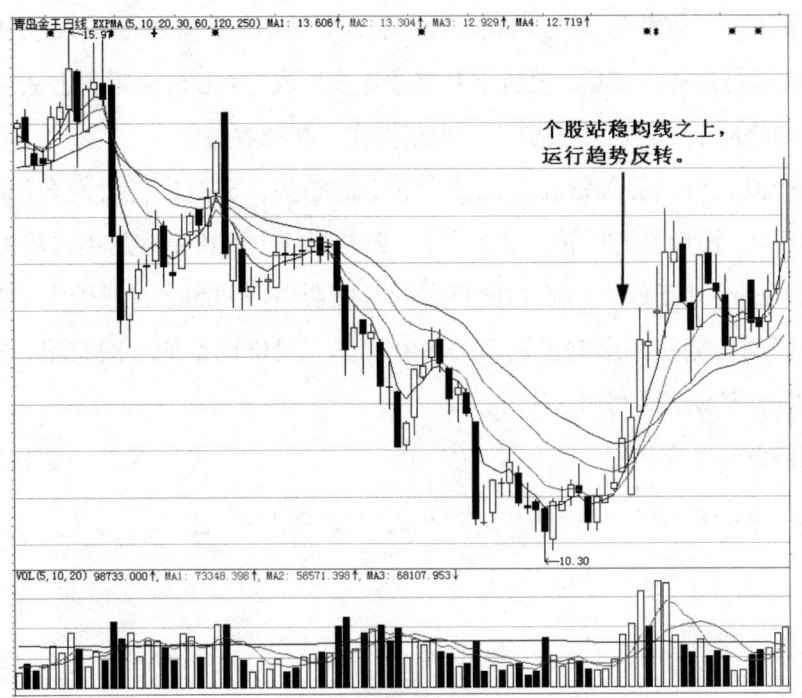

图（5-1-1）

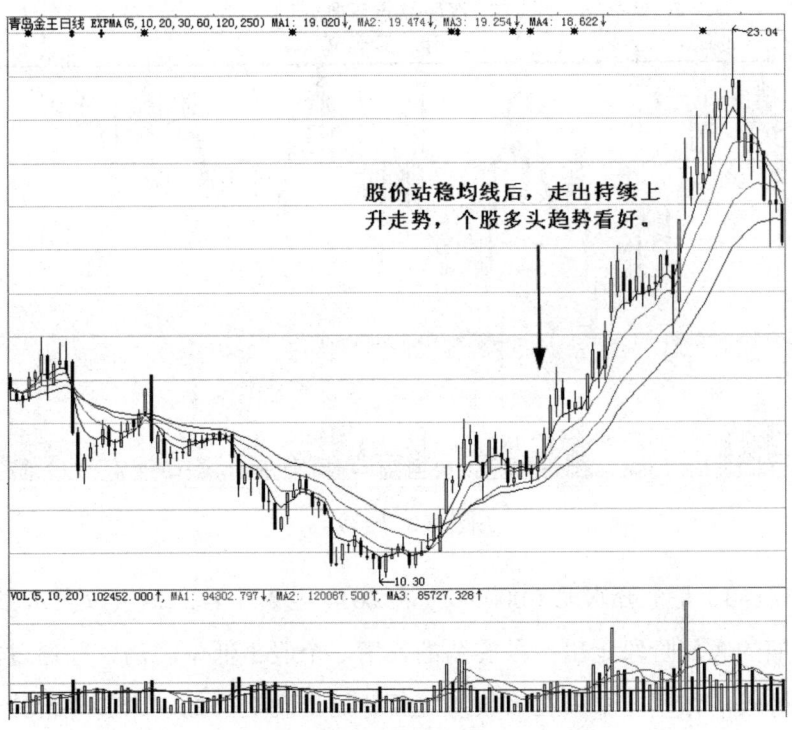

图（5-1-2）

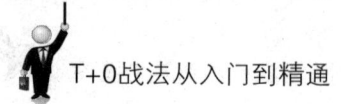

T+0战法从入门到精通

　　图（5-1-2）是青岛金王（002094）在2014年10月至2015年6月K线走势图。个股在运行趋势反转后，股价上升趋势逐步形成。个股价格累积上涨空间很大。在这样大趋势向上的过程中投资者可大胆操作，获取收益。

　　判断个股运行趋势关键在量能放大和上涨趋势，成交量持续回升，支撑股价不断创出新高。而价格的反转一旦形成，上升趋势线上股价不容易出现较大的回调。只要成交量始终处于放大状态，投资者就有机会赢得利润。在股价大趋势向上的情况下，回调走势并不影响投资者的T+0操作。股价调整的空间有限，投资者在T+0操作中很容易获得利润。

　　我们再看一个案例。

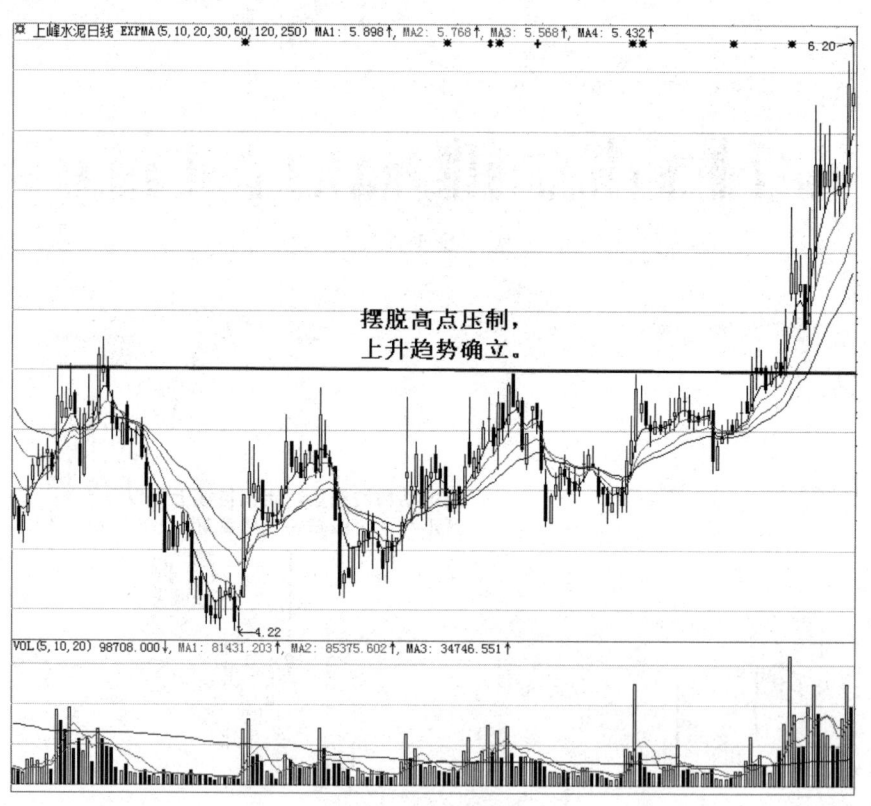

图（5-1-3）

　　图（5-1-3）是上峰水泥（000672）在2014年2月至2014年7月K线走势图。个股在前期的底部阶段走出一段震荡的行情。个股于低位震荡，并通过震荡达到慢慢吸收筹码的作用。个股在吸收筹码后开始出现上升的动力。股价持续上升，上攻高点的压力线。高点的压制也最终在股价的上攻中被击穿。个股开始走出上

升走势。对这一点的判断投资者可参考我们前文的高点形成的压力线。个股此后中线行情好转，多头有趋势确立。

在个股突破高点的压制，并形成上升趋势后，投资者可积极把握机会，操作T+0交易获取收益。

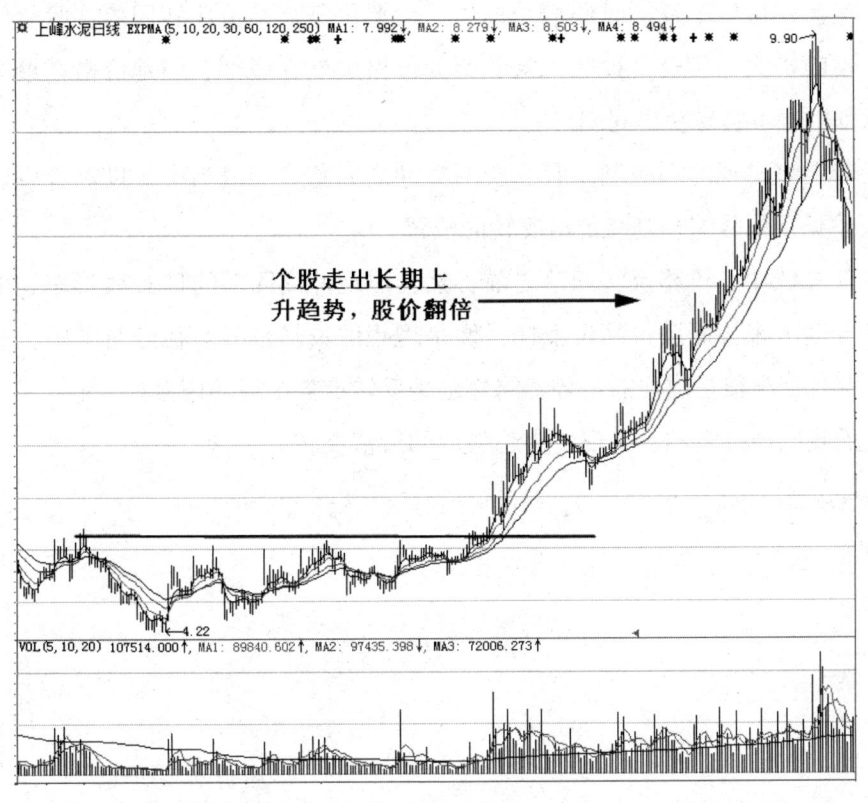

个股走出长期上升趋势，股价翻倍

图（5-1-4）

图（5-1-4）是上峰水泥（000672）在2014年2月至2015年5月K线走势图。个股在运行趋势反转后，股价上升趋势确立。个股价格出现数倍的上涨，涨幅巨大。在这样大趋势向上的过程中投资者可大胆操作，获取收益。

个股的上升趋势确立后，投资者可介入操作T+0交易。对T+0交易买卖点位的判断，则可参考分时的走势和我们前文的日K线走势。

在此补充一点，成交量稳定放大，显然支撑价格回升走势。股价上涨趋势明确，即便短线价格调整，也很少出现跳空的情况。既然不存在跳空缺口，价格的双向波动就有助于投资者短线T+0操作的实施。价格存在双向波动，当股价出现上涨空间的时候，投资者可以选择止盈卖出股票；而股价回落之时，又能够重仓买入

股票，这就完成了 T+0 的操作。

股票价格的波动趋势对投资者非常重要，而价格的反转走势同样对投资者影响很大。在 T+0 的交易过程中，股票价格冲高回落的走势将限制投资者短线操作水平，最终影响到资金的安全。在股价短线出现反转走势以后，若没来得及调整操作，就会在价格下跌的时候遭受损失。股票价格从高位反转回落，股价的下跌空间会不断扩大，投资者抄底买入股票的价格虽然在底部，但是价格在继续创新低的过程中也不容易获得利润。

反转走势出现的那一刻，股价会明显冲高回落。实战当中，投资者可以根据日 K 线中见顶信号综合判断价格反转的位置。

在日 K 线中，价格反转回落之前必然会出现冲高回落的日 K 线形态。成交量从天量萎缩下来，而股价高位下挫，便是理想的反转信号。在分时图中，股价高位杀跌并且套牢很多散户的走势，同样也是反转走势出现的信号。

下面我们通过案例，发现多头趋势后的行情反转。

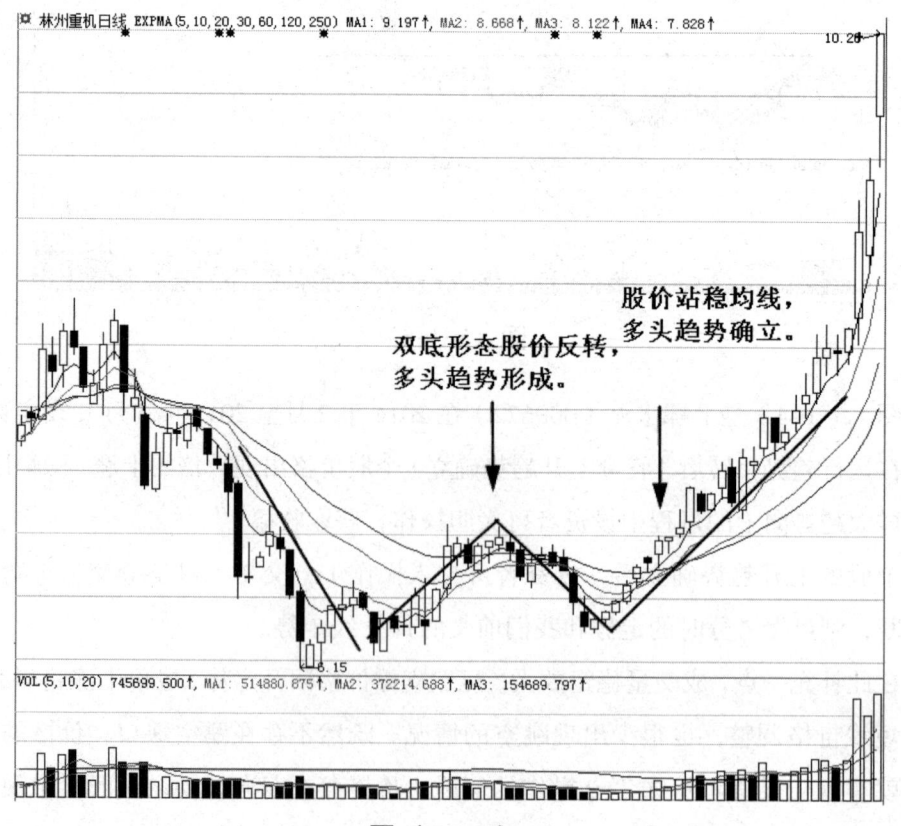

图（5-1-5）

图（5-1-5）是林州重机（002535）在2014年12月至2015年3月K线走势图。个股在低位运行时，形成一个双底的反转走势。这一反转形态的出现预示着个股运行即将摆脱下降趋势从而迎来上升趋势。个股行情看好。个股于双底形态成立后，开始出现上升趋势，股价并站稳在均线之上，均线系统的运行也呈多头发散的走势。个股多头趋势明显。

个股的上升趋势确立后，投资者可介入操作T+0交易获取收益。在投资者不断获取收益的时候，风险也慢慢增大。我们看个股在高位的运行。

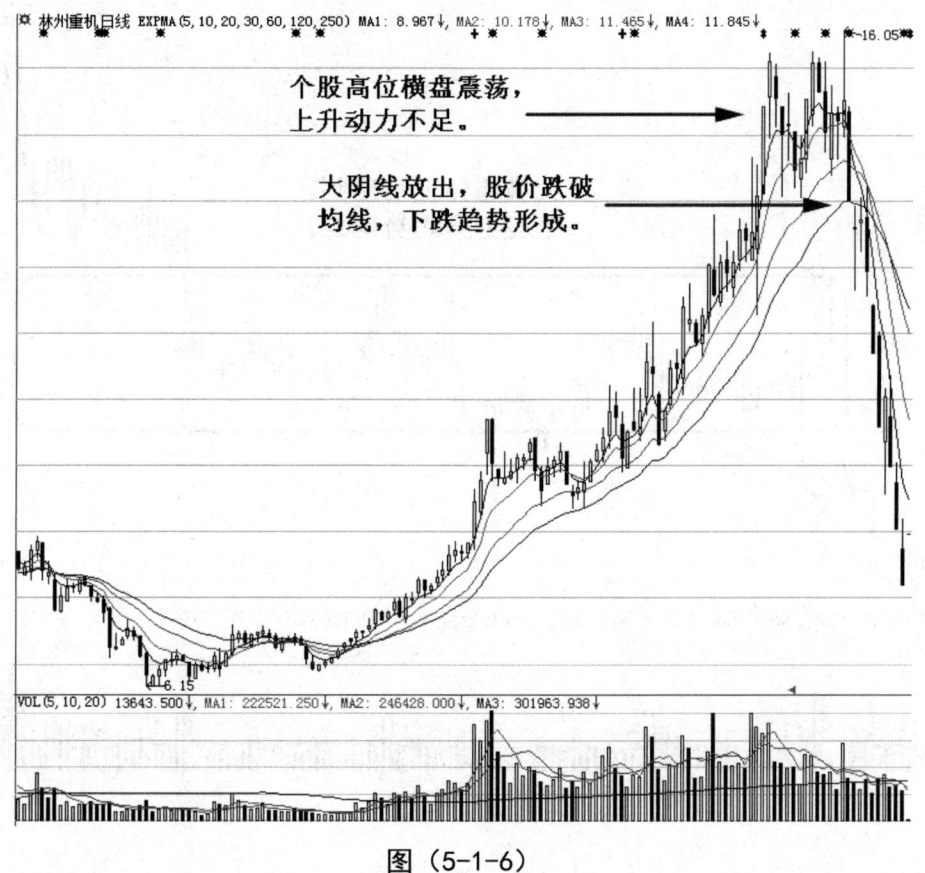

图（5-1-6）

图（5-1-6）是林州重机（002535）在2014年12月至2015年7月K线走势图。个股在上升行情的后期，个股走势出现转弱的迹象，个股于高位形成盘整的走势。股价的上升势头逐渐减缓。随着个股上升势头的减缓，买盘资金出现减缓，并且卖出资金出现流出。个股的横盘支撑形态难以维持，并于K线上放出大阴线。个股开始大幅回落。个股的运行趋势转向空头。

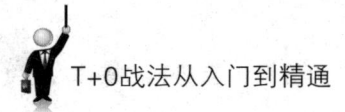

　　个股的横盘意味着走势的弱化，而股价跌破均线则是下跌趋势的成立。股价在跌破均线后大幅回落。投资者的投资风险大幅增加，这时投资者操作 T+0 交易就要慎之又慎。

　　我们再看一个案例。

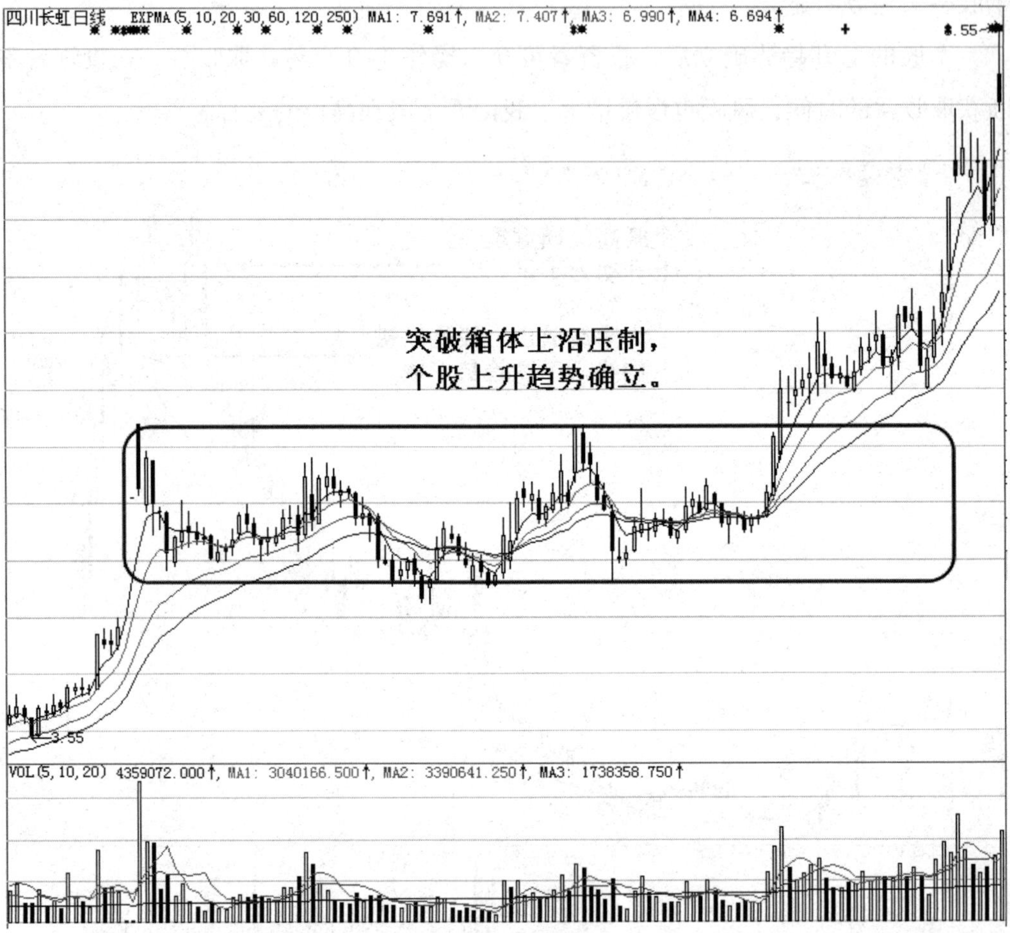

突破箱体上沿压制，
个股上升趋势确立。

图（5-1-7）

　　图（5-1-7）是四川长虹（600839）在 2014 年 9 月至 2015 年 5 月 K 线走势图。个股在一段上升行情后，出现一波调整的走势。股价沿均线系统上下震荡，并形成一个箱体震荡的走势。股价下跌至箱体下沿时获得支撑，股价回升。当股价上升到箱体上沿时则受到压制股价回落。

　　个股在这一区间内长时间运行。随着时间的推移，做空筹码得到释放，做多筹码得到累积。做多的力量慢慢地强于做空的力量。个股再次上攻箱体上沿，并成功站稳箱体上沿。个股的上升空间打开，多头趋势确立。在个股的上升趋势确立后，投资者可介入操作 T+0 交易获取收益。

我们来看个股的后期走势。

大阴线放出，
股价大幅回落。

图（5-1-8）

图（5-1-8）是四川长虹（600839）在 2014 年 9 月至 2015 年 7 月 K 线走势图。个股在高位出现一波快速拉升的走势，个股于此段是安静内出现大幅的上涨。但个股回落的隐患也就此埋下。股价在短期内的大幅上涨，透支了个股的上升空间与上升的动力。个股于此后的回调就难以避免。随后股价出现的大阴线并跌破均线的走势，就是回落走势的开始。投资者要保持警惕。

股价在大阴线跌破均线后，出现大幅回落。投资者的投资风险大幅增加，这时投资者操作 T+0 交易就要慎之又慎。

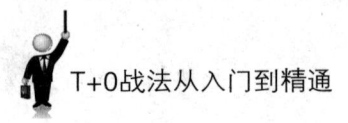

第二节　空头趋势 T+0 操作

在股价震荡下跌的过程中,投资者日内的T+0交易方式应该在动态中减仓操作,这样做的目的是减小因为大量资金持仓遭受损失的风险。不管怎样操作,在股价下跌过程中,持股总会遇到风险。股价可以在盘中冲高,但结果却是以下跌收盘。如果股价冲高的高度总不及下跌的深度,那么投资者必然会出现损失。高抛低吸的 T+0 操作要想获得收益,选择的股价也应该相对强势一些,弱势中震荡下挫的情况,无助投资者获利。

T+0 的操作方式中,资金本来是一进一出,半仓资金在不断循环进出。但是股价如果处于下跌趋势中,投资者在半仓买卖的过程中,也应该考虑适当减少持股资金,避免损失。

应该在何时减小持股资金?最好的机会是在股价反弹结束时,这时股价处于相对高位,可以考虑减仓操作。原因很简单,股价结束反弹走势后,连续下跌情况又会出现。虽然价格会在分时图中出现反弹情况,但是股价反弹力度可能远不及开盘价格的跳空下跌幅度。这样一来,无论投资者如何在分时图中抄底和逃顶,都不会轻松地实现盈利。在下跌走势中逐步地减少仓位才是投资者的首选,甚至于放弃 T+0 交易的空仓。

下面我们通过一些案例说明。

图（5-2-1）是赞宇科技（002637）在 2014 年 9 月至 2014 年 11 月 K 线走势图。个股在前一阶段走出一个上升行情,股价出现不错的涨幅。在这一阶段买进操作 T+0 交易的投资者将获利不错。但随着股价的上升,个股的回调压力增加,股价于高位出现回落的走势。虽在随后出现一波反弹的走势,但随之出现一根大阴线回收,个股上升势头结束,开始下跌走势。

个股在高位走出的形态是一个双顶的形态。这一形态与双底形态向对,出现在顶部时预示着股价将步入回落态势。投资者对此需要有清醒的认识。

图（5-2-1）

图（5-2-2）

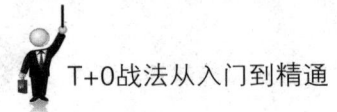

图（5-2-2）是赞宇科技（002637）在 2014 年 9 月至 2014 年 11 月 K 线走势图。个股在双顶形态成立后，出现大幅的股价回落。股价从高位时的 10 元以上价位一直回落到不足 8 元的位置。投资者若是在这样的走势下全仓交易将面临巨大的损失。即使投资者采取半仓操作 T+0 将面临不小的损失。而这一部分的损失将耗费投资者大量的 T+0 波动利润。

我们再看一个案例。

完整 5 浪行情结束 →

图（5-2-3）

图（5-2-3）是超图软件（300036）在 2014 年 7 月至 2015 年 5 月 K 线走势图。个股在前一阶段走出一个完整的 5 浪上升行情，股价在 1 浪、3 浪、5 浪行情中都出现不错的涨幅。而股价也在这样的上升中出现数倍的上涨。买进的投资者将获取巨额的投资收益。在这一阶段操作 T+0 交易的投资者也将获利不错。

这一案例在高位提供的买点支撑则是黄金分割点。投资者若是能把握个股的 5 浪上升行情，就能明白股价在高位时所处的 5 浪行情。而对应的 5 浪后就会出现 A 浪的回调浪。投资者就要注意风险的控制，留住收益。

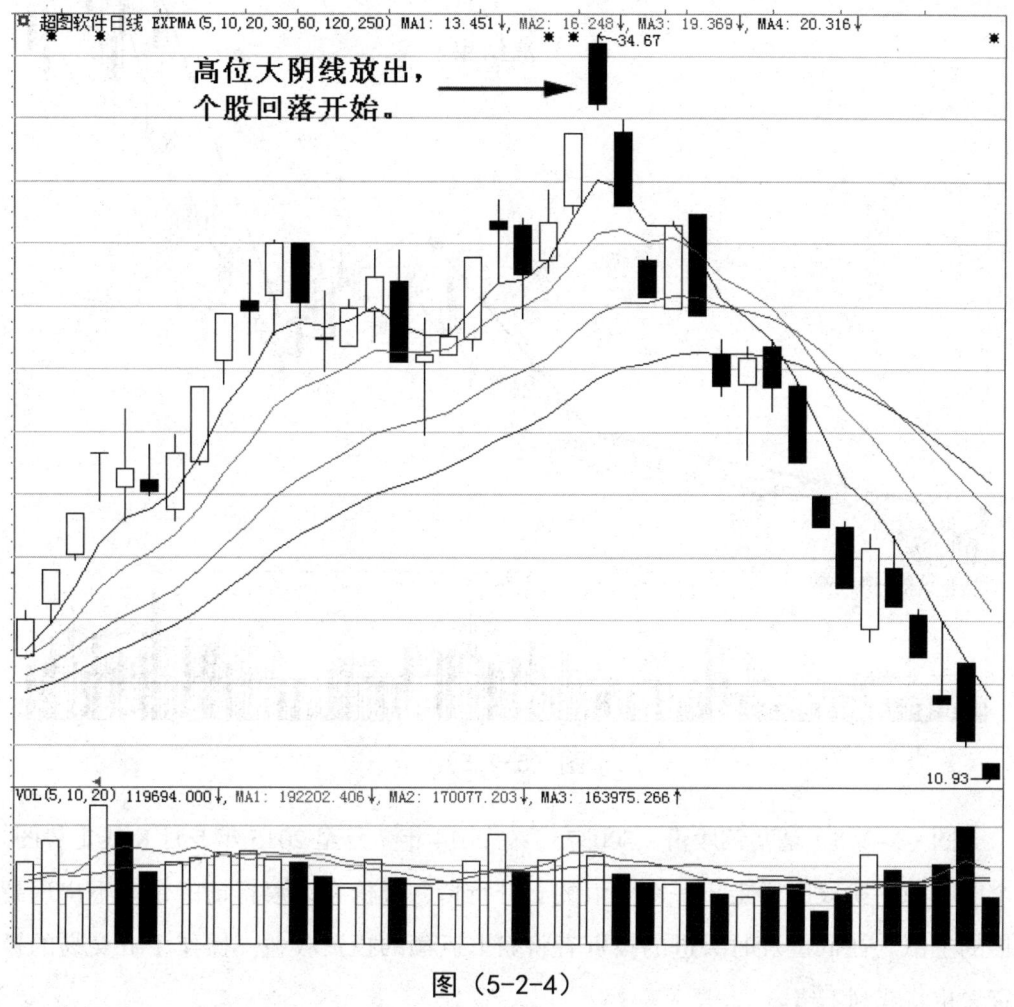

图（5-2-4）

图（5-2-4）是超图软件（300036）在 2015 年 4 月至 2015 年 8 月 K 线走势图。个股在 5 浪行情走完后，出现大幅的股价回落。股价从高位时的 34 元以上价位一直回落到 10 元附近的位置，股价跌幅高达 70 个点。而在这一段行情中还留有全仓的投资者，其利润亏损将难以估量。而即使半仓操作 T+0 的投资者也将面临不小的损失，最终得不偿失。

我们再看一个案例。

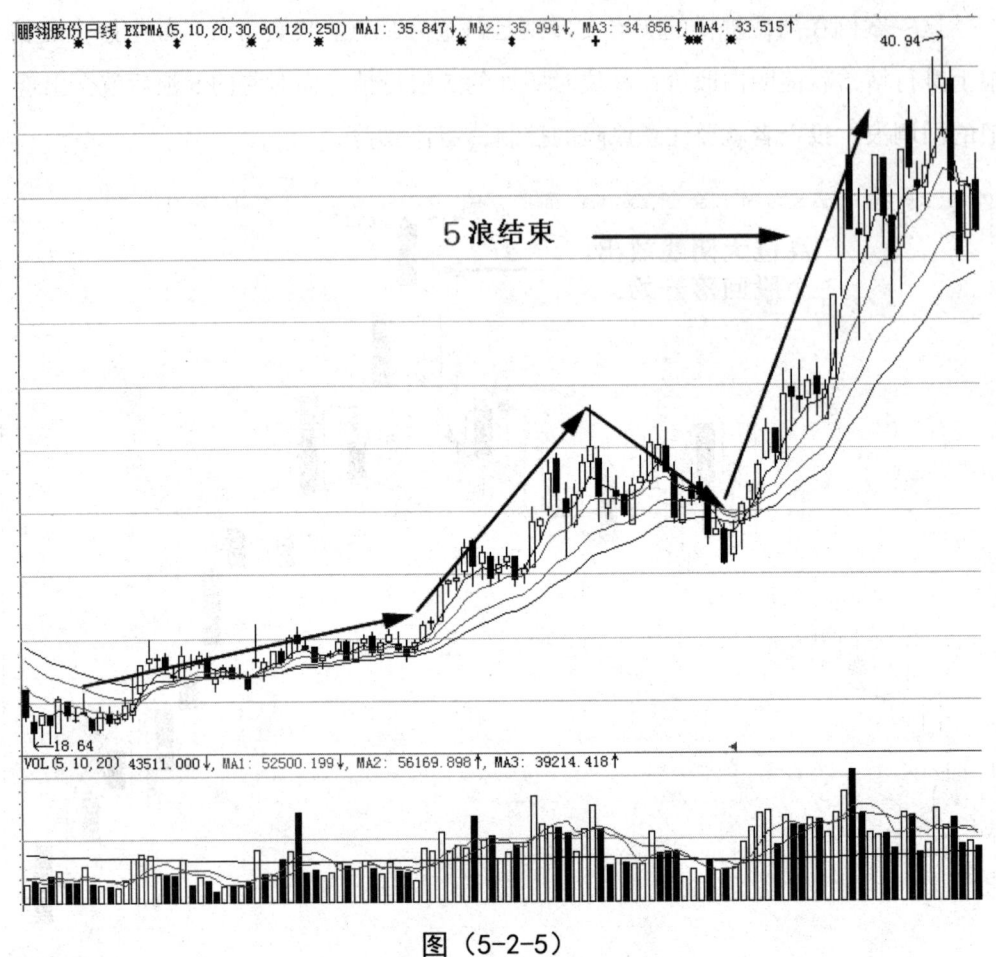

图（5-2-5）

　　图（5-2-5）是鹏翎股份（300375）在2014年7月至2015年5月K线走势图。个股在前一阶段同样走出一个5浪的上升行情，股价在5浪行情的带动下出现翻倍的上涨。在低位及时买进的投资者将获取巨额的投资收益。操作T+0交易的投资者也将获利不错。

　　个股在5浪上升后，同样面临A浪的回调浪。投资者仍要注意风险的控制，留住收益。我们来看个股回调空间。

　　图（5-2-6）是鹏翎股份（300375）在2015年4月至2015年8月K线走势图。个股在5浪行情走完后，出现相当幅度的股价回落。股价从高位时的40元以上价位一直回落到12元附近的位置，股价跌幅同样达到70个点。不管是全仓的投资者还是半仓操作T+0的投资者都将面临巨额的底仓损失。而其中的T+0交易空间获利未必能弥补这一损失。需要投资者们注意。

连续大阴线放出击穿均线支撑，股价开始长期回落。

图（5-2-6）

在空头趋势中作T+0的操作，控制风险的关键在于持仓资金应该有所减小。如果持仓资金在获利的过程中不断降低，那么投资者即便没能够获得短线交易的利润，损失也不会太大。在股价反弹阶段，投资者应该做好充分的止盈准备。如果股价明显进入下跌趋势，投资者在没有出现损失之前，应该尽可能地考虑减仓持股。股价在分时图中的反弹高度可能非常有限，投资者做空获利短时间就能完成。在股价下跌的过程中，价格处于高位运行的时间很短，如果投资者持股价格并不具备优势，那么可快速止盈获得一些利润。

股价处于下跌趋势，投资者要想买涨获利难度很大。在股价震荡下挫的过程中，更重要的是卖在高位而不是买在低点。股价下跌过程中，真正的短线低点很难判断，价格反弹的高位却容易形成。股价在下跌过程中反弹幅度有限，这个时候会买的倒不如那些会卖的投资者更能获得利润。

T+0的操作中，投资者可以在价格反弹的高位半仓止盈，在价格回落的低点少半仓买入股票，这样持股总额会出现减小，持仓风险会明显降低。在股价下跌阶段，即便没有获得比较好的回报，降低在股价下跌阶段遭受的损失，也就在无形中提高了投资者的资金效率。

下面我们通过案例简单认识空头趋势中的反弹操作。

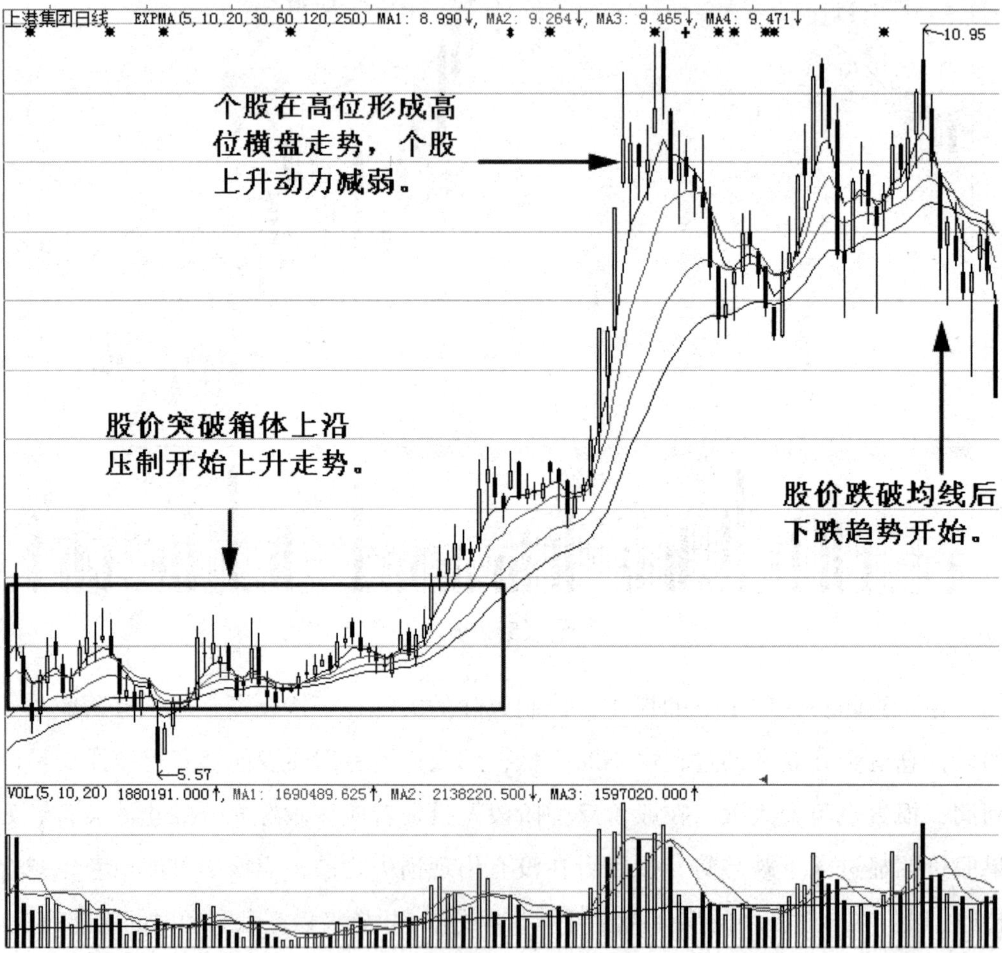

图（5-2-7）

图（5-2-7）是上港集团（600018）在2014年7月至2015年5月K线走势图。个股在前一阶段走出一个箱体突破的走势，个股在突破箱体上沿的压制后，走出一段不错的上升行情。股价在这波上升行情中走出翻倍的涨幅。依据箱体上沿支撑转换买进的投资者将获取巨额的投资收益，操作T+0交易的投资者也将获利丰厚。

在个股运行到高位后，随着股价的上涨，抛盘也会随之放大，制约股价的继续上涨。个股于高位形成横盘震荡的走势。资金在区间内进一步出逃。资金的流出致使股价疲软，进一步带动资金离场，股价也出现回落，并跌破均线支撑。个股的下跌趋势形成。在跌势形成后，一般投资者也要注意及时离场，避免损失扩大。

我们再看个股在下跌中的交易机会。

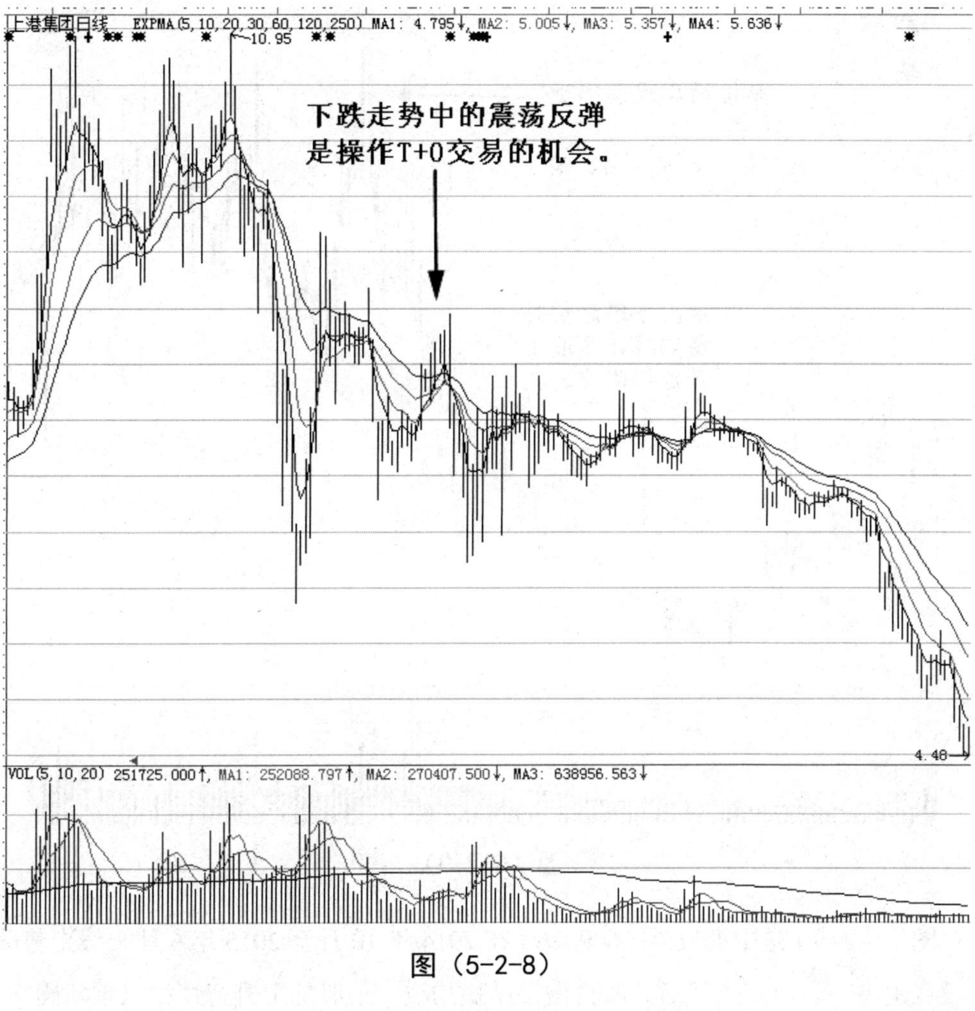

下跌走势中的震荡反弹
是操作T+0交易的机会。

图（5-2-8）

图（5-2-8）是上港集团（600018）在2015年4月至2015年8月K线走势图。个股在高位横盘出货之后，出现大幅度的股价回落。股价从高位时的10元以上价位一直回落到不足5元的价位，股价跌幅同样达到50个点。没有及时离场的投资者将面临巨额的投资亏损。

我们研究个股的下跌走势，在一路的单边下跌走势中，存在的交易机会较少。即使投资者半仓操作 T+0 交易也未必能获取收益。在这一走势中可能的交易获利机会就在下跌走势中的反弹阶段。在这一阶段个股有相对短时间的上升走势。投资者可作适当的高抛低吸，获取 T+0 交易收益。但投资者在交易时也必须时刻注意这是下跌走势中的反弹，走势有随时夭折的可能，不可因小而失大。

我们再看一个案例。

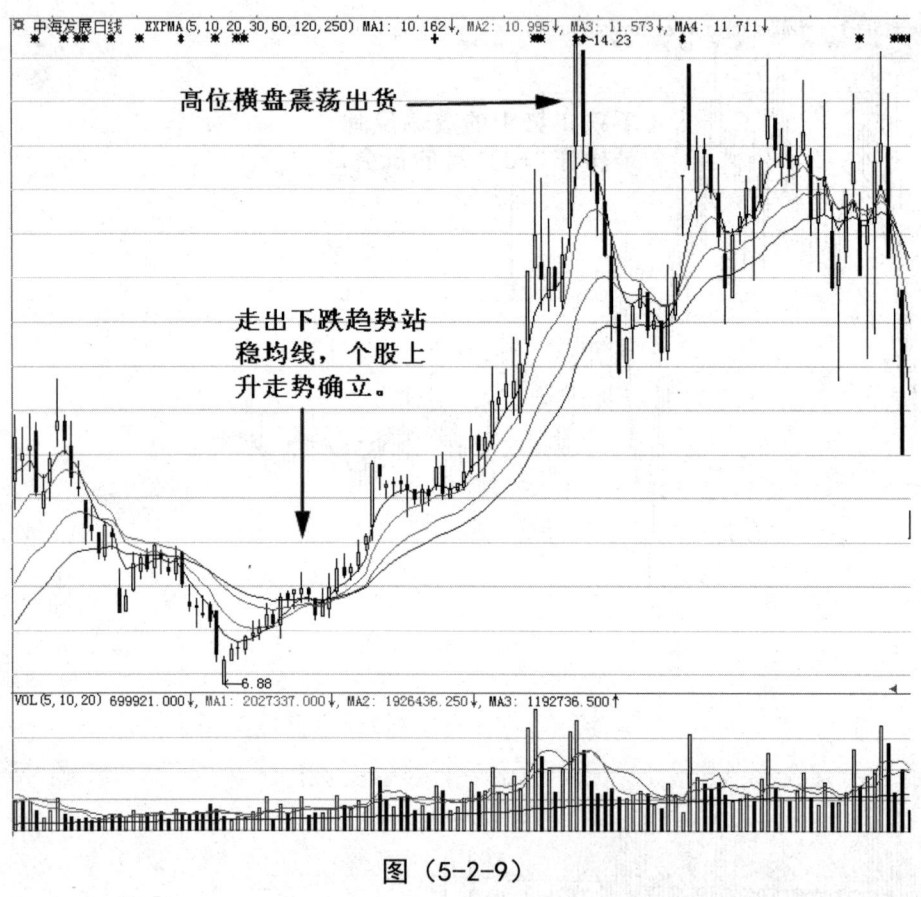

图（5-2-9）

图（5-2-9）是中海发展（600026）在 2014 年 10 月至 2015 年 6 月 K 线走势图。个股在走出一段回落走势后，股价慢慢站稳均线。个股的上升行情得以重新确立。个股在此后迎来新的上升行情，股价也在这波上升行情中走出翻倍的涨幅。在股价站稳均线时，及时买进的投资者将获取巨额的投资收益。中线趋势向好，投资者操作 T+0 交易也将获利丰厚。

低位吸筹高位出货，个股在运行到高位后，又面临出货的抛压。股价处于持

续的震荡中。大资金的出货也在其中逐步进行。随着抛压的放大，股价出现深度
回落，并跌破均线。个股的下跌趋势形成。在跌势形成后，投资者要注意及时离场，
避免损失。

我们来看个股后期走势。

图（5-2-10）

图（5-2-10）是中海发展（600026）在2015年3月至2016年1月K线走势图。
个股在高位横盘出货之后，出现大幅度的股价回落。股价从高位时的14元以上价
位一直回落到5元左右的价位，股价跌幅高达到60个点。没有及时离场的投资者
将面临巨额的投资亏损。

在一路的单边下跌走势中，投资者可把握的交易机会就是下跌走势中的反弹
阶段。投资者在这一阶段即可选择高抛，控制持股的风险，也可少量的T+0交易，
获取收益。当然仍要提醒投资者，这是下跌走势中的反弹，行情的继续下跌随时
可能到来。

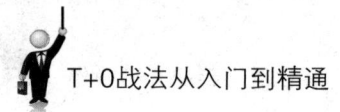

第三节　横盘走势 T+0 操作

越是最简单的横向调整形态，投资者短线操作越容易获得利润。特别要说的是矩形的调整形态，最适合投资者 T+0 的短线操作。在矩形调整形态中，股价波动范围比较固定，投资者选择价格低点和高位更容易实现。

矩形调整的上限和下限不容易被突破，是投资者 T+0 操作的重要止盈和建仓位置。当价格短线冲高至矩形上限时，投资者可以在这个时候做空获利，减小高位持股风险。当股价冲高回落，并且接近价格下限时，应该动用场外半仓资金买进股票。

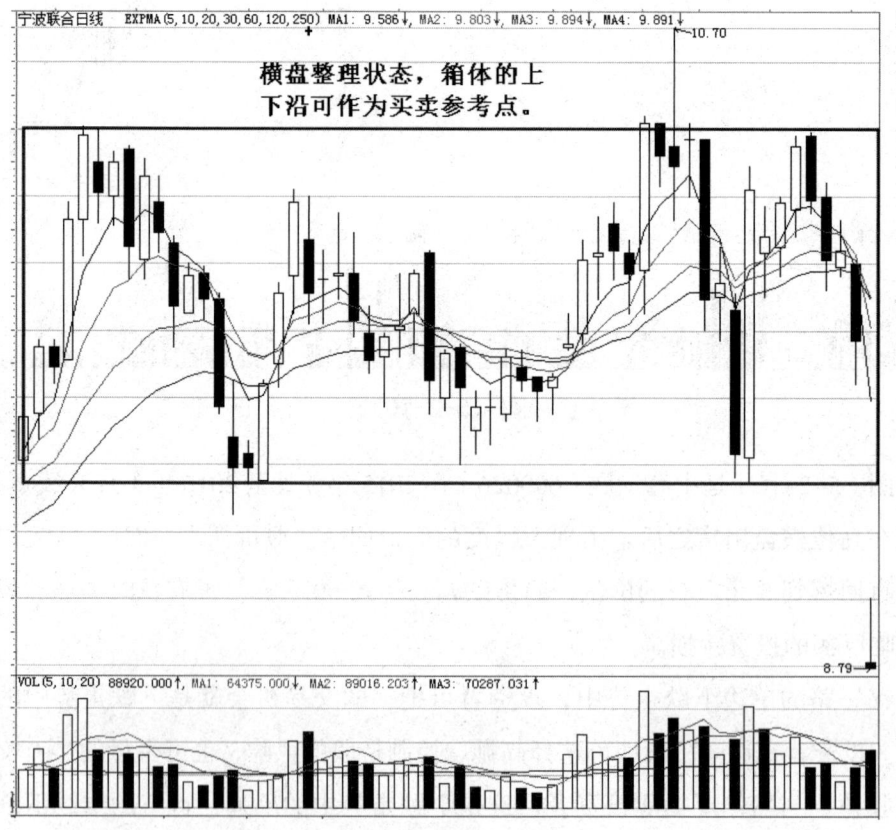

图（5-3-1）

图（5-3-1）是宁波联合（600051）在 2014 年 10 月至 2014 年 12 月 K 线走势图。个股在这一区间中走出横盘的走势，并形成明显的箱体形态。在个股的运行形成箱体形态后，个股在其中的运行就会收到箱体上沿的压制和箱体下沿的支撑。而 T+0 交易者也就可以利用这一点高卖低买获取波动收益。

我们再看一个案例。

图（5-3-2）

图（5-3-2）是浙江红日（600113）在 2014 年 1 月至 2014 年 4 月 K 线走势图。个股在这一区间中也走出横盘的箱体震荡形态。个股股价在箱体内运行。当个股的股价上行至箱体上沿时，就会遇到上沿的压制而回调。而当股价回落到箱体下沿时，则会收到下沿的支撑，出现股价的反弹。个股就在这一区间内上下运行。T+0 交易者也就可以利用这一点高卖低买获取波动收益。

股价在横向整理的过程中，投资者采取 T+0 的操作策略，盈利的关键在于股

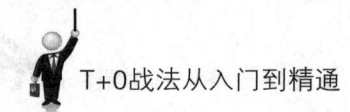

价具备较大的波动率。既然价格运行方向不明朗，那么短线震荡的空间越大，投资者在分时图中的高抛低吸 T+0 操作更容易获得利润。横向运行期间，股价的波动强度决定了投资者的获利潜力。

横向整理的走势并不是一成不变的，而是在动态调整中最终形成突破信号。在股价突破调整形态的时候，关注突破方向非常重要。在股价突破调整形态之前，短线的 T+0 操作没有问题，投资者将会持续获利。但如果股价选择突破，就要注意突破方向的不同。股价向上突破，投资者持股获利空间将会打开。但如果股价下挫跌破调整形态，则会形成新的下跌趋势。那么操作 T+0 将会面临非常大的风险。

我们来看案例。

图中标注：宁波联合日线 EXPMA(5,10,20,30,60,120,250) MA1: 9.144↓, MA2: 9.523↓, MA3: 9.738↓, MA4: 9.786↓ ~10.70

跌停板的方式跌破支撑 →

8.12→

VOL(5,10,20) 138506.000↑, MA1: 79582.000↑, MA2: 92403.703↑, MA3: 71204.852↑

图（5-3-3）

图（5-3-3）是宁波联合（600051）在2014年10月至2014年12月K线走势图。这是上文我们应用的一个案例。我们现在看个股的走势。个股在箱体形态运行后期，连番两次上攻欲突破上轨的压制，但都无功而返。个股的这两次上攻大大地消耗了个股的上升动力。个股在回头的过程中出现跌停板的走势。并深度跌破下轨支撑。个股投资风险非常高。

对于这样的走势个股投资者要结合个股所处于的位置，相对高位还是相对低位，以及当时市场的整个行情来判断。但投资若是不能明确判断时，可等行情确认后买进获利。行情的确认包括上轨的支撑或下轨的支撑，遇到压制则要暂时回避，以防风险爆发。

我们再看一个案例。

图（5-3-4）

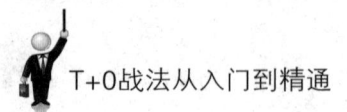

图（5-3-4）是浙江红日（600113）在2014年1月至2014年5月K线走势图。个股在这一区间中走出箱体震荡形态后，个股股价在箱体内运行。个股在箱体形态运行的后期，同样出现上攻的走势。但最终的结果也是同样的上攻失败。个股出现快速下跌的走势。

投资者在股价上行至箱体上沿时，就要明白股价面临的上沿的压制。这时可先做离场的准备，规避风险。这样就可以避开个股的回调风险。而对于个股站稳上沿后，则可择机再进入获取收益。

以上的两个案例同属箱体震荡后，股价最终回落的走势。其中存在巨大的操作风险。投资者操作T+0也会面临巨大的损失。当然箱体突破的走势不会只有一面，也存在股价向上突破的走势。这时投资者又能获取巨额的投资回报。

下面我们通过案例，简单地说明。

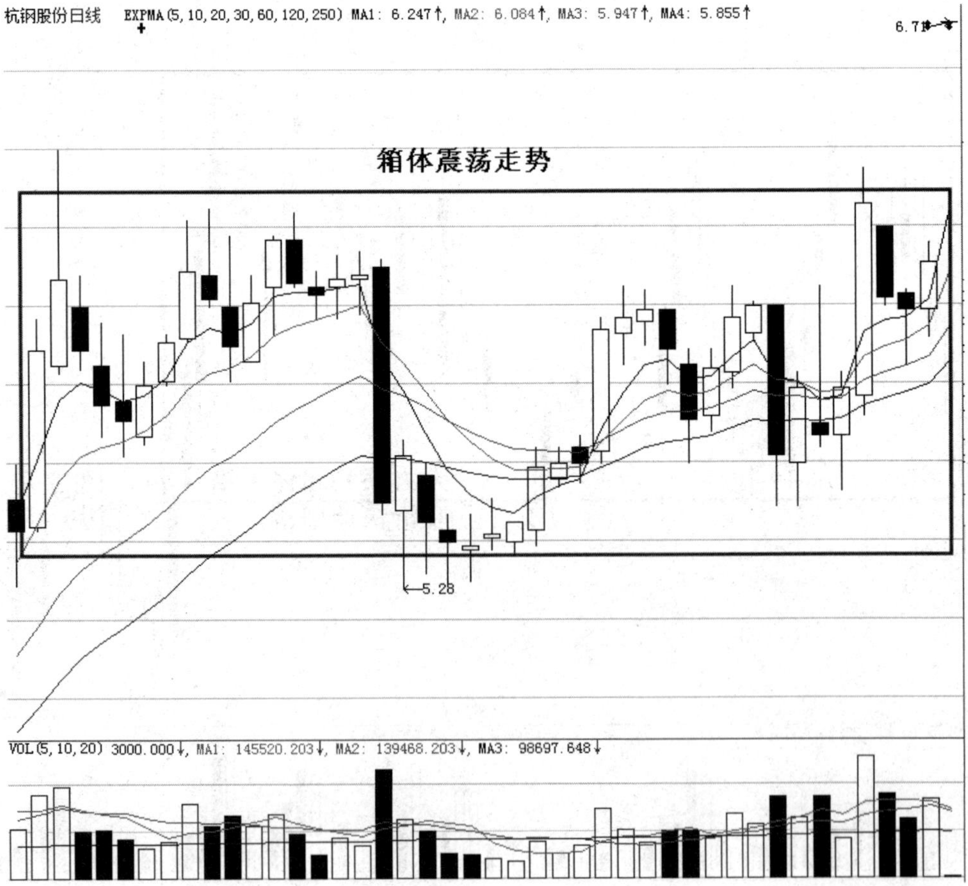

杭钢股份日线　EXPMA(5,10,20,30,60,120,250) MA1: 6.247↑, MA2: 6.084↑, MA3: 5.947↑, MA4: 5.855↑

6.71

箱体震荡走势

←5.28

VOL(5,10,20) 3000.000↓, MA1: 145520.203↓, MA2: 139468.203↓, MA3: 98697.648↓

图（5-3-5）

图（5-3-5）是杭钢股份（600126）在2014年10月至2014年12月K线走势图。个股在上升趋势中，出现盘整的走势。股价这一区间中走出横盘的箱体震荡形态。个股在同一价位附近连续不断地运行，从而产生箱体的上轨与下轨。此后个股在形成的箱体内运行。

当股价上行至箱体上沿时，就会遇到上沿的压制而回调。而当股价回落到箱体下沿时，则会收到下沿的支撑，出现股价的反弹。T+0交易者和短线投资者可利用这一点高卖低买获取波动收益。

图（5-3-6）

图（5-3-6）是杭钢股份（600126）在2014年10月至2014年12月K线走势图。个股在这一区间中走出箱体震荡形态后，个股股价在箱体内运行。这一运行过程也是个股消化抛盘吸收筹码的过程。个股通过打压股价再缓慢回升的过程达到筹

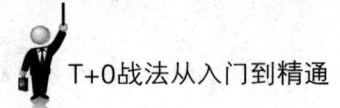
码换手的目的。在新的介入者获取大量的筹码后，个股慢慢站稳箱体上沿，开始新的上升走势。

　　这一走势中个股突破是以涨停的方式实现的，但在个股运行前我们从均线上判断，也能发现个股的运行方向。投资者也可以参考买进。当然机会无处不在，当投资者掌握了买卖的方法与时机后，自然有无数的机会获取利润。而一切都在于识破个股的运行。

第六章

经典 T+0 案例

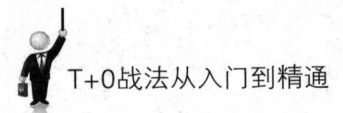

第一节 波导股份（600130）

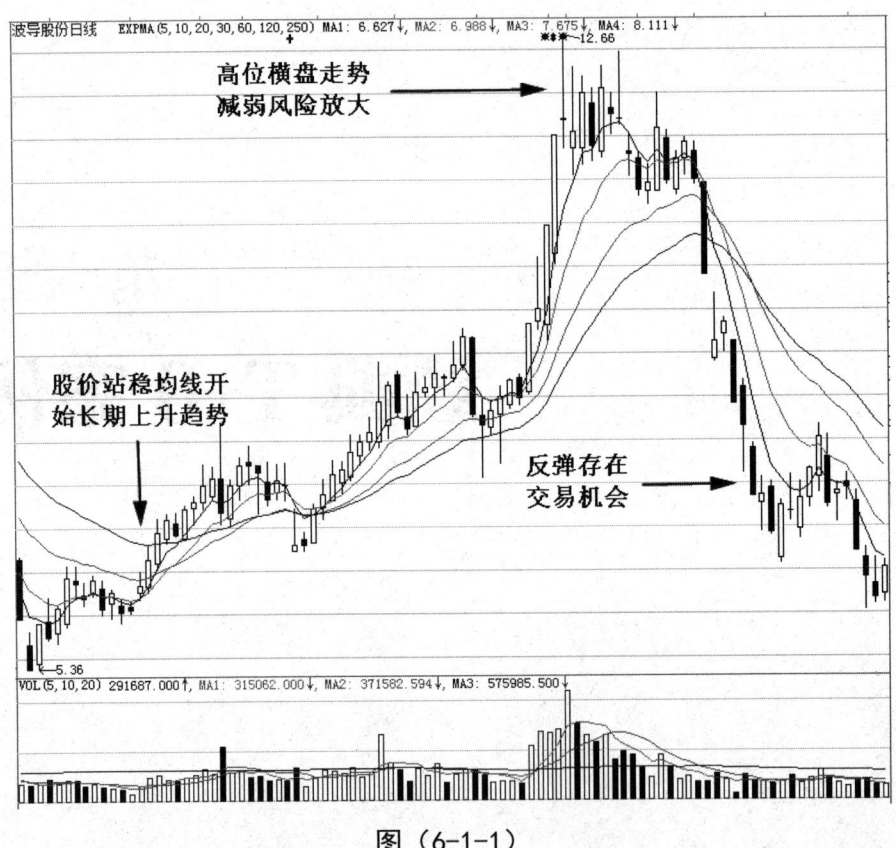

高位横盘走势
减弱风险放大

股价站稳均线开
始长期上升趋势

反弹存在
交易机会

图（6-1-1）

图（6-1-1）是波导股份（600130）在2015年9月至2015年12月K线走势图。个股在区间内走出一个完整的周期循环，股价从低位慢慢抬升，到股价开始走出上升行情，到个股出现高位的横盘，再到股价行情转势大跌以及其中存在反弹机会。这样的循环方式存在于每一个股的运行中，也许会有微弱的差别但最后都是大同小异。

我们看个股的上升下降走势，个股在前期的下跌中消耗做空的动能，个股下跌动力不足。随着股价跌幅的放大，抄底资金介入。个股出现反弹的走势，并慢慢地站稳均线。站稳均线个股中线向好，交易机会出现。

个股的行情转好，带动新的资金进入，股价出现上升趋势。个股上升趋势确立，资金进一步进入，股价进一步上涨。直到前期介入资金大举获利并准备离场。

获利资金的暗暗离场，致使个股走势放缓，股价于高位出现盘整，盘整的个股走势带来更多的抛盘。股价难以支撑，行情转坏股价进一步下跌。个股走出快速下跌的走势。

个股的快速下跌带来做空力量的快速释放，并且大资金的投资者难以在短时间内完成筹码出货。在股价出现大幅下跌后，买盘开始介入。个股出现反弹走势。但这一走势只是大资金的出货所用，并非行情的反转。

大资金在低位吸筹、拉高出货，反弹行情也就此终结，股价重新回落。因大资金进一步卖出筹码，买盘资金较少。股价刚刚回落，基本面缺乏支撑，个股进入长期下行通道，震荡市出现。

以上即是个股运行的基本流程及行程原因。

我们来看这些原因中的 T+0 机会。

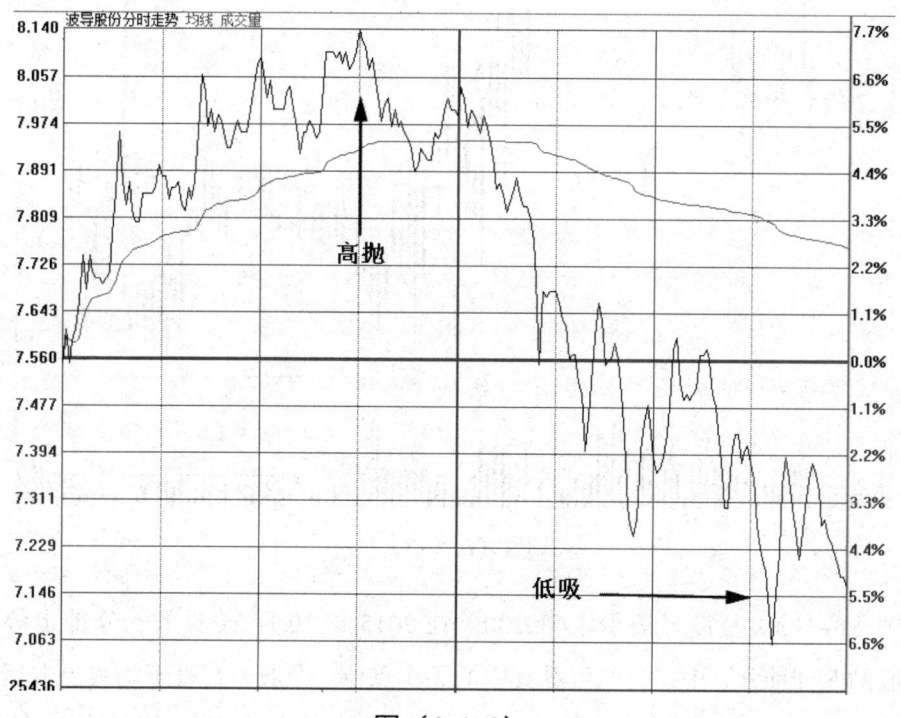

图（6-1-2）

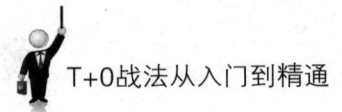

图（6-1-2）是波导股份（600130）在2015年10月21日的分时走势图。个股在当日的分时中走出高开低走的走势，个股在早盘平开，随后开始上升走势。在上升的过程中股价出现持续的震荡，个股走势不太稳健。随着股价的继续向上，买盘大量涌出。股价回落并在短时间出现大幅下跌。个股股价在出现回调后，出现低位震荡走势。个股的冲高回落走势形成。

个股走出高开低走的走势。当天个股波动不小，投资者可把握住机会获取收益。投资者可利用T+0交易在股价早盘卖出，并在股价回落后尾盘买进，获取其中的波动差异。

我们来看5分钟走势。

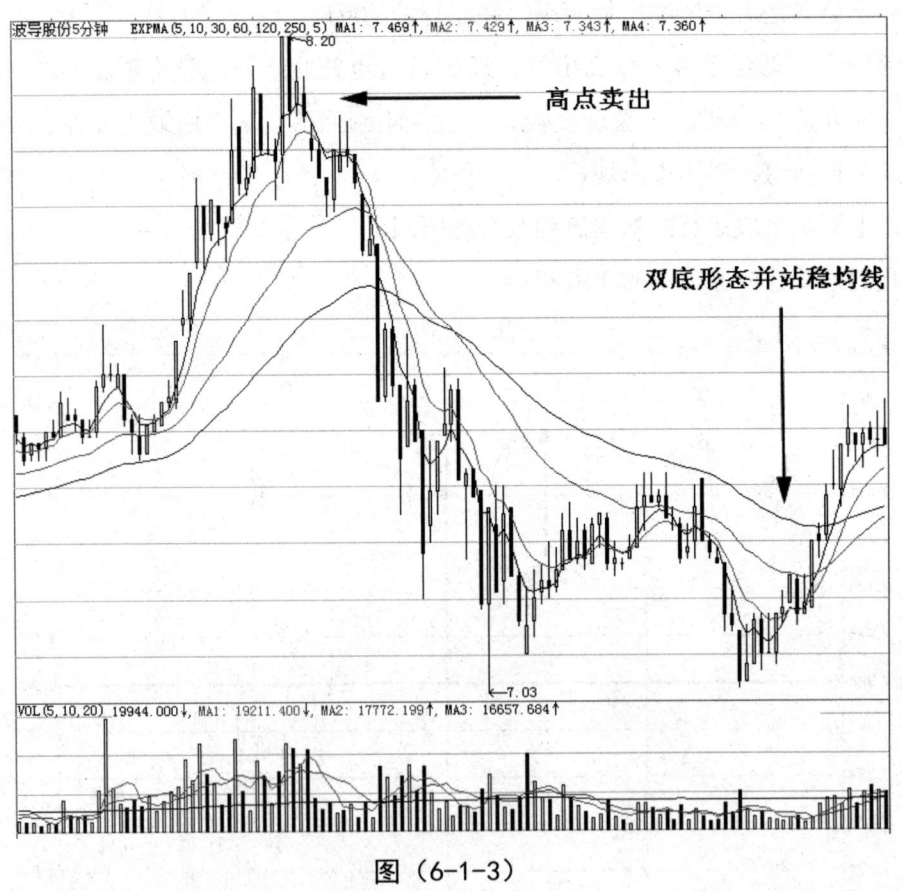

图（6-1-3）

图（6-1-3）是波导股份（600130）在2015年10月21日的5分钟走势图。从个股的5分钟分时中，我们可看其中的买卖点位。个股开盘处于均线上方运行，个股表现相对强势。但随着股价的上升速度加快，个股走到行情的末端，个股在高位放出大阴线，投资者可及早卖出获利了结。个股随后走出大跌走势，个股走出下跌走势，股价长期处于均线下方运行。个股在回调到低位后，开始获得支撑。个股在底部震荡形成双底，买进形态良好。个股随后站稳均线，走出上升走势。短线的 T+0 交易投资者可据此高抛低吸获取收益。

我们再看个股在高位的分时走势。

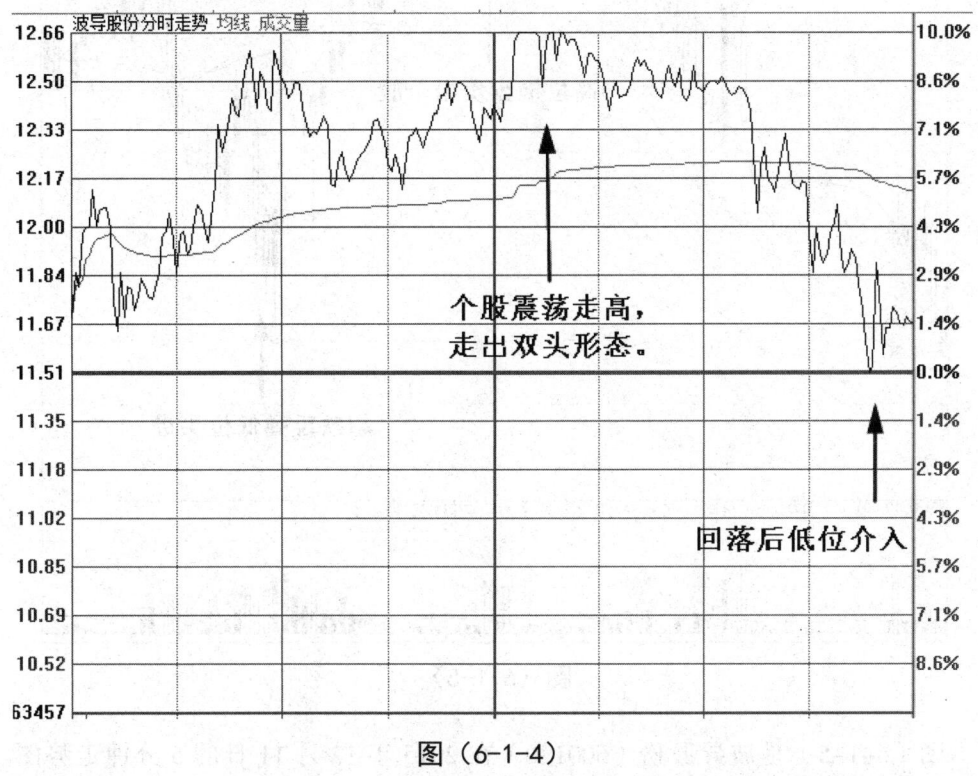

图（6-1-4）

图（6-1-4）是波导股份（600130）在 2015 年 12 月 11 日的分时走势图。个股在当日的分时中走出高开低走的走势，个股在早盘略微高开，并出现震荡上升的走势。个股处在上升的过程，形成双头的顶部形态，股价有反转的趋势。短线T+0 投资者可卖出个股，留住收益。个股在之后的行情中走出持续回落的走势，并在短时间出现大幅下跌。个股股价在出现回调后，出现低位震荡走势。个股的冲高回落走势形成。

个股走出高开低走的走势。当天个股波动不小，投资者可把握住机会获取收益。投资者可利用 T+0 交易在股价早盘卖出，并在股价回落后尾盘买进，获取其中的波动差异。

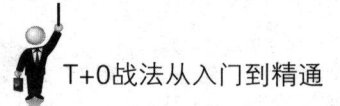

我们来看 5 分钟走势。

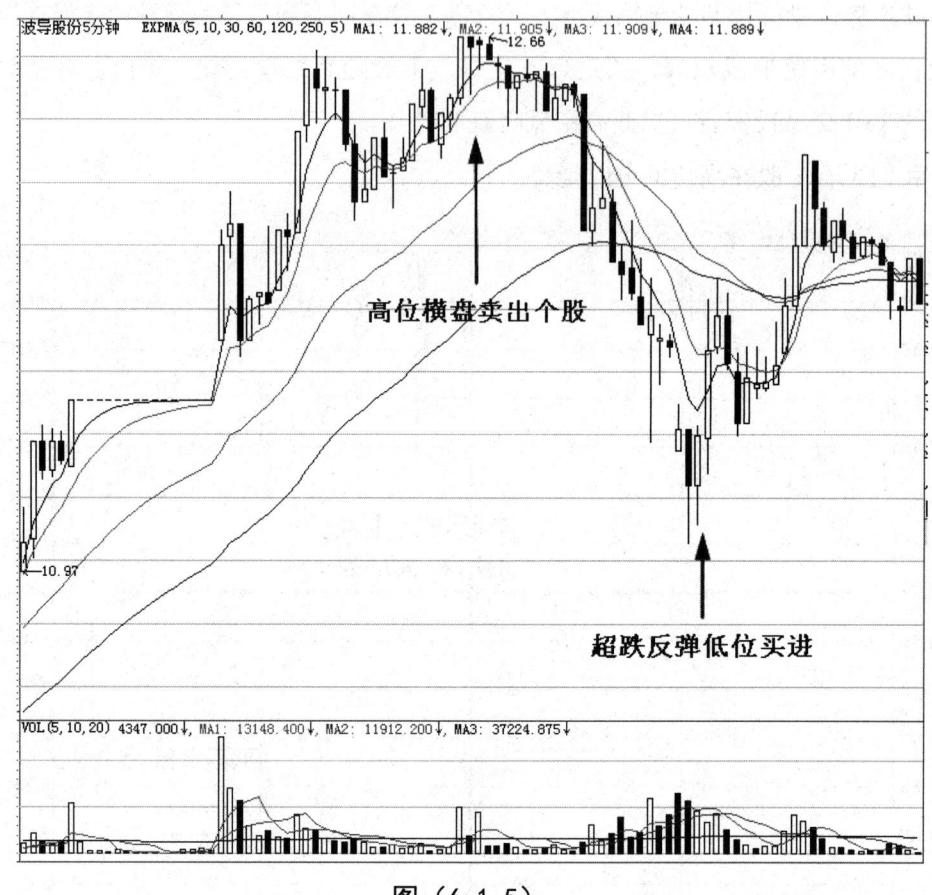

图（6-1-5）

图（6-1-5）是波导股份（600130）在 2015 年 12 月 11 日的 5 分钟走势图。从个股的 5 分钟分时中，我们看到，个股开盘处于均线上方运行，个股表现相对强势出现稳步上升的走势。但随着股价的上升出现高位横盘的走势，个股的上升势头减弱，投资者要注意风险的出现。其后运行中出现的大阴线则是行情回落的开始。

个股在下跌走势开始后出现快速回落的走势，个股在短时间出现大幅的下跌，个股有着超跌反弹的动力。个股于低位放出阳线走出反弹行情。T+0 交易者可根据高抛低吸的方式获取收益。但投资者要注意这只是行情的反弹，后市仍要注意卖出机会。

我们来看反弹中分时。

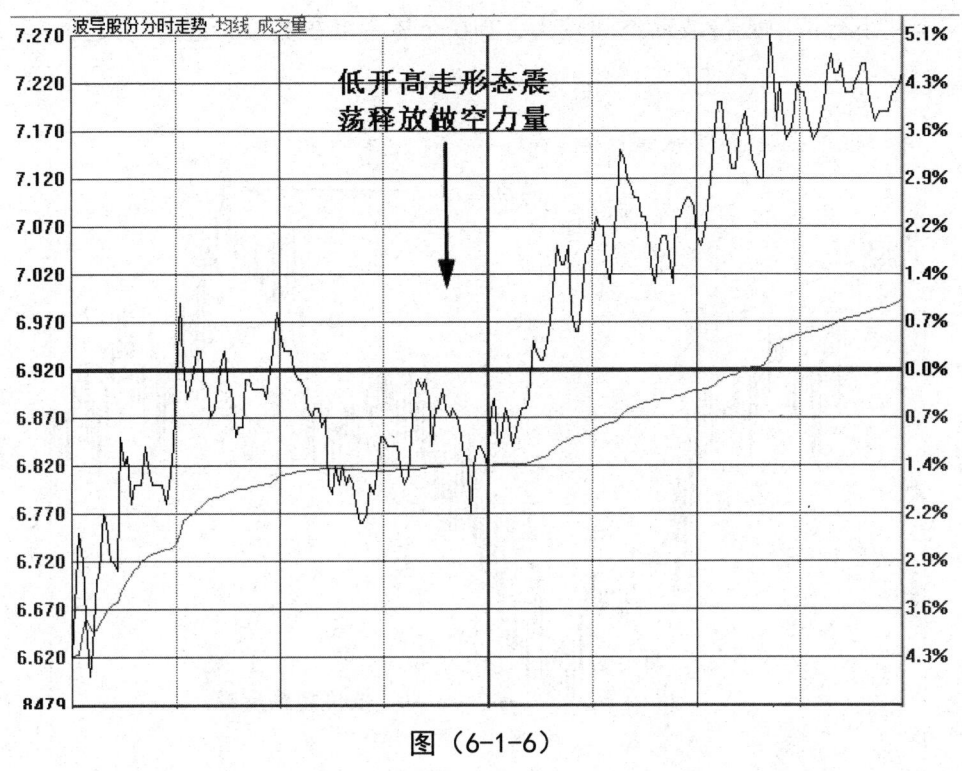

图（6-1-6）

　　图（6-1-6）是波导股份（600130）在 2016 年 1 月 14 日的分时走势图。个股在当日的分时中走出低开高走的走势，个股在早盘低开，随后出现震荡上升的走势。个股处在上升的过程，出现震荡洗盘的走势，个股通过震荡进一步释放做空的力量。在个股做空力量得到释放后股价迎来新的上升。

　　把握超跌反弹的投资者在高开的低位买进后，可在高位卖出。但这只是当天的高点并非走势的高点，投资者仍要记住 5 分钟的走势把握最好的买卖点位。

　　我们再看 5 分钟走势。

　　图（6-1-7）是波导股份（600130）在 2015 年 12 月 11 日的 5 分钟走势图。从个股的 5 分钟分时中，我们看到，个股在下跌走势开始后出现快速回落的走势，个股在短时间出现大幅的下跌，个股有着超跌反弹的动力。个股于低位放出阳线走出反弹行情，个股在反弹中经过进一步的震荡获取上升动力，股价有进一步上涨的动力。

　　个股在上涨后，站稳均线并处于均线上方运行，个股表现相对强势，个股在高位再次出现洗盘走势，但股价的回落获得支撑。个股再次走高。

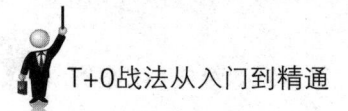

这一小行情中股价波动空间较大，T+0 交易者可在低位买进参与反弹，获取收益。

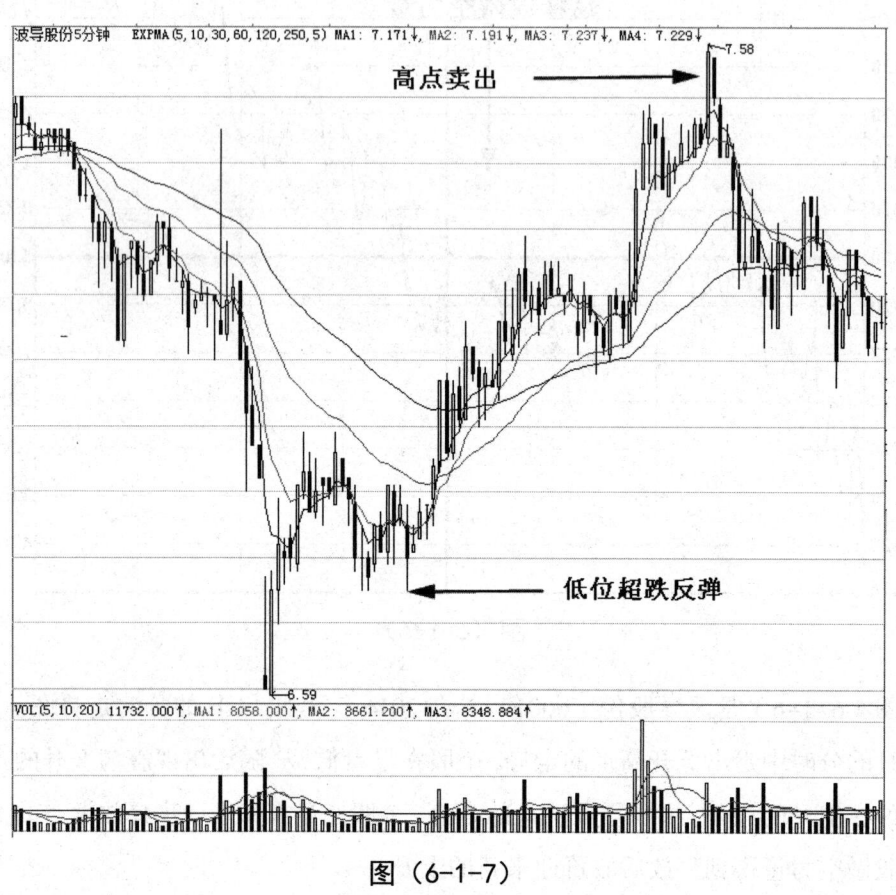

图（6-1-7）

第二节　岷江水电（600131）

图（6-2-1）是岷江水电（600131）在 2014 年 12 月至 2015 年 9 月 K 线走势图。个股在区间内走出一个完整的周期循环，股价在低位经过回调后慢慢站稳均线，并形成一个小双底的形态开始慢慢抬升走出上升行情，再到个股运行到高位后，股价出现巨量的换手，大量的资金离场，个股继续上涨的趋势不在，个股大阴线放出随即股价回落。

个股在巨幅回落后开始有资金介入，个股走出超跌反弹的走势，投资者可适度把握其中的机会。

我们来看初期的分时。

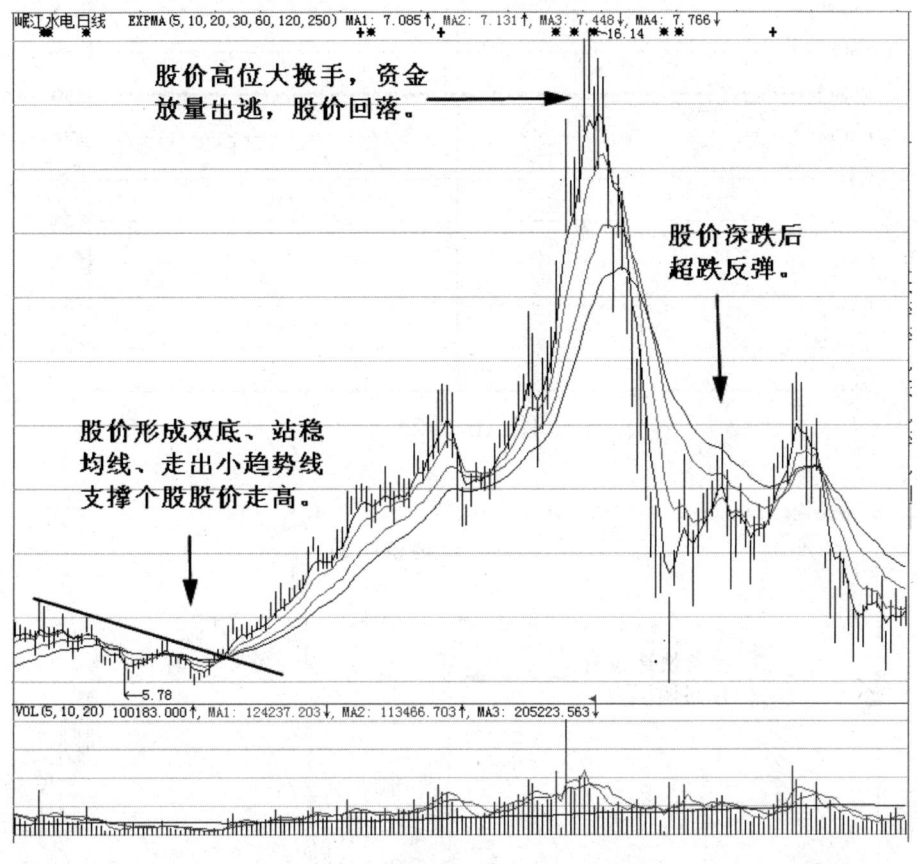

图（6-2-1）

图（6-2-2）是岷江水电（600131）在2015年2月25日的分时走势图。个股在当日的分时中走出冲高回落的走势，个股在早盘略微高开，随即出现震荡的走势。个股利用震荡的走势释放做空的力量，个股在做空力量得到释放后，股价出现大幅拉升。个股在短时间出现大幅的上涨。

个股在上升过程中随着股价的上涨，卖出的投资者增多，股价遇压回调出现低位震荡走势。个股的冲高回落走势形成。全天个股波动幅度达5个点以上，T+0交易空间充足。

我们来看5分钟K线走势图。

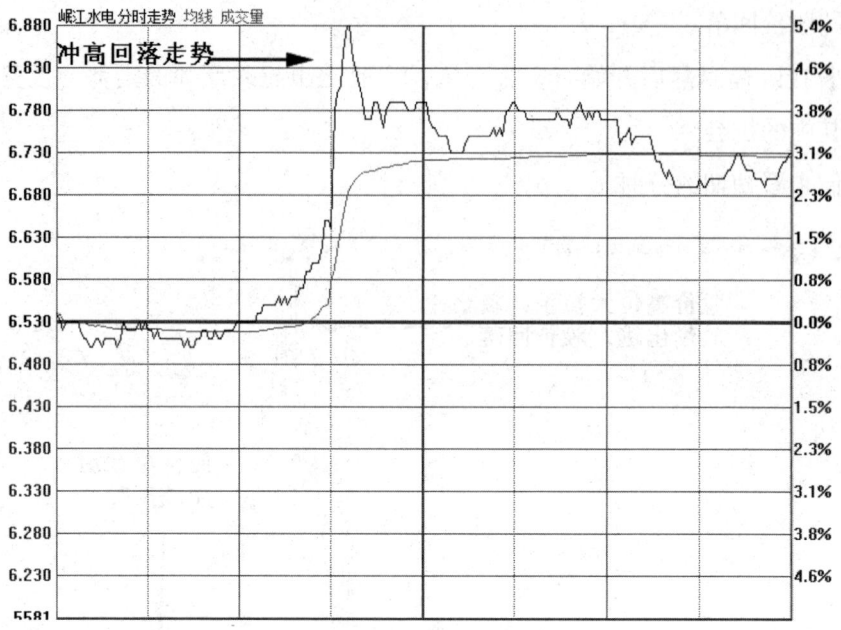

图（6-2-2）

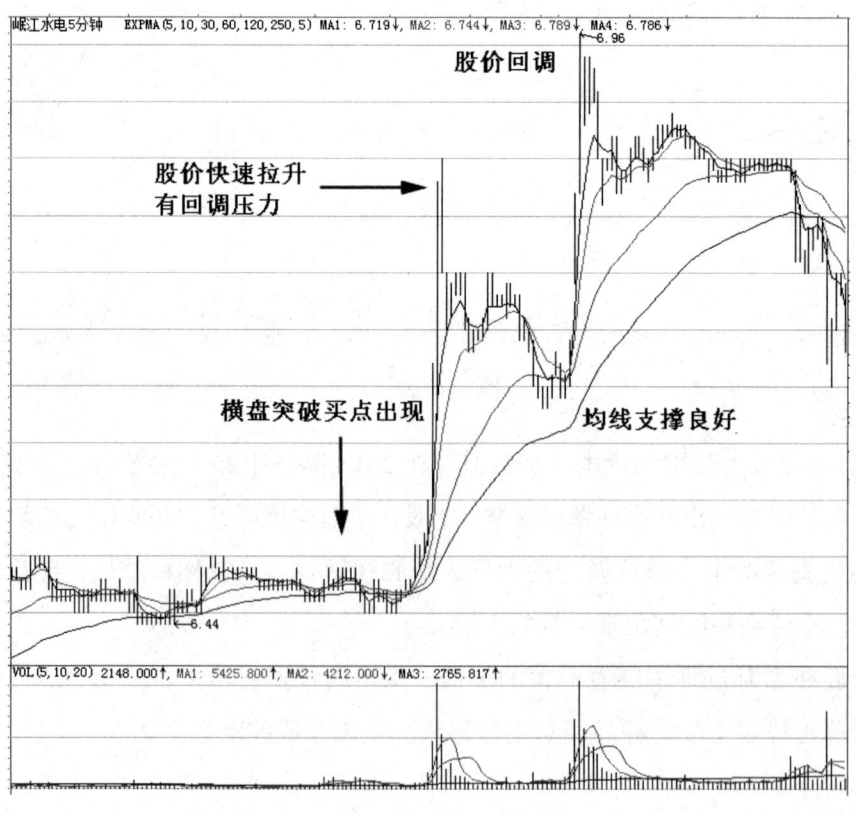

图（6-2-3）

图（6-2-3）是岷江水电（600131）在 2015 年 2 月 25 日的 5 分钟 K 线走势图。从个股的 5 分钟分时中，我们看到，个股在前期的走势中走出长时间的震荡走势，个股做多力量在区间内慢慢地积累。在个股做多量积累到一定程度后，股价突破横盘的走势开始上升行情，股价随即出现大幅的上涨。股价的短期大幅上涨带来筹码卖出、股价出现回落的走势。但个股的回落得到均线支撑，个股继续上升走势。

个股随着股价的上涨，做空力量也在进一步增强，股价在高位遇到的抛压更大，个股出现回落走势。T+0 交易卖点出现。

我们来看高位的分时走势。

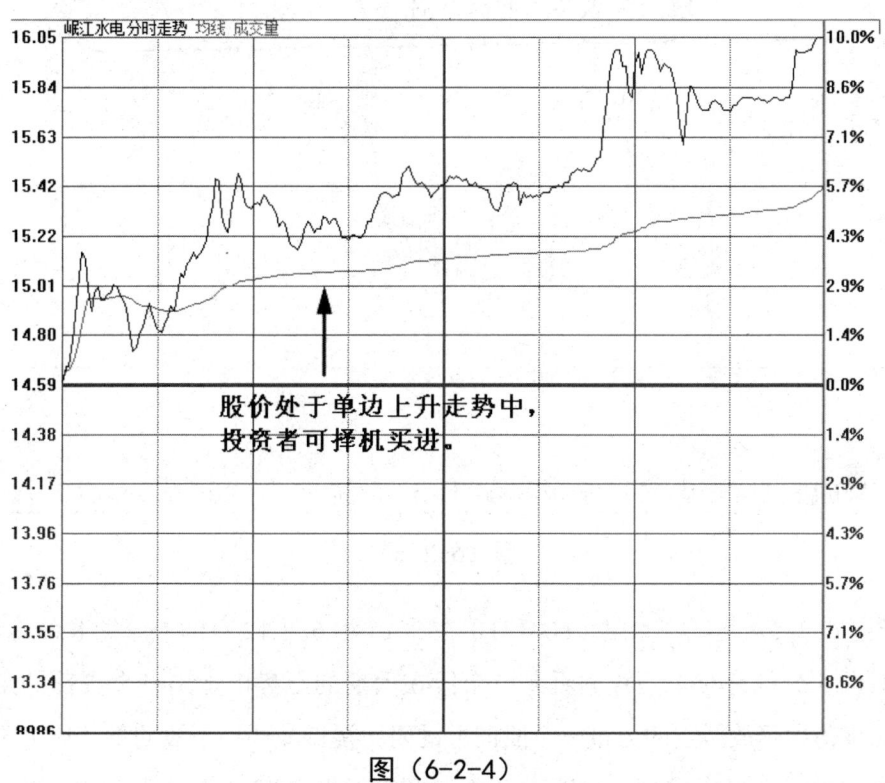

图（6-2-4）

图（6-2-4）是岷江水电（600131）在 2015 年 6 月 12 日的分时 K 线走势图。个股在当日的分时中走出单边上扬的走势，个股在早盘略微高开，随即出现震荡攀升的走势。个股在震荡的走势释放做空的力量，个股做空力量得到释放，个股下行压力变小，股价也出现单边上涨的走势。

个股在当天的走势中出现 10 个点的涨幅，在早盘能及时买进的投资者可获取不错的收益。

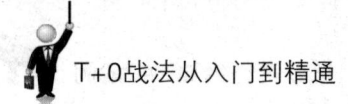

我们来看 5 分钟线提供的买卖依据。

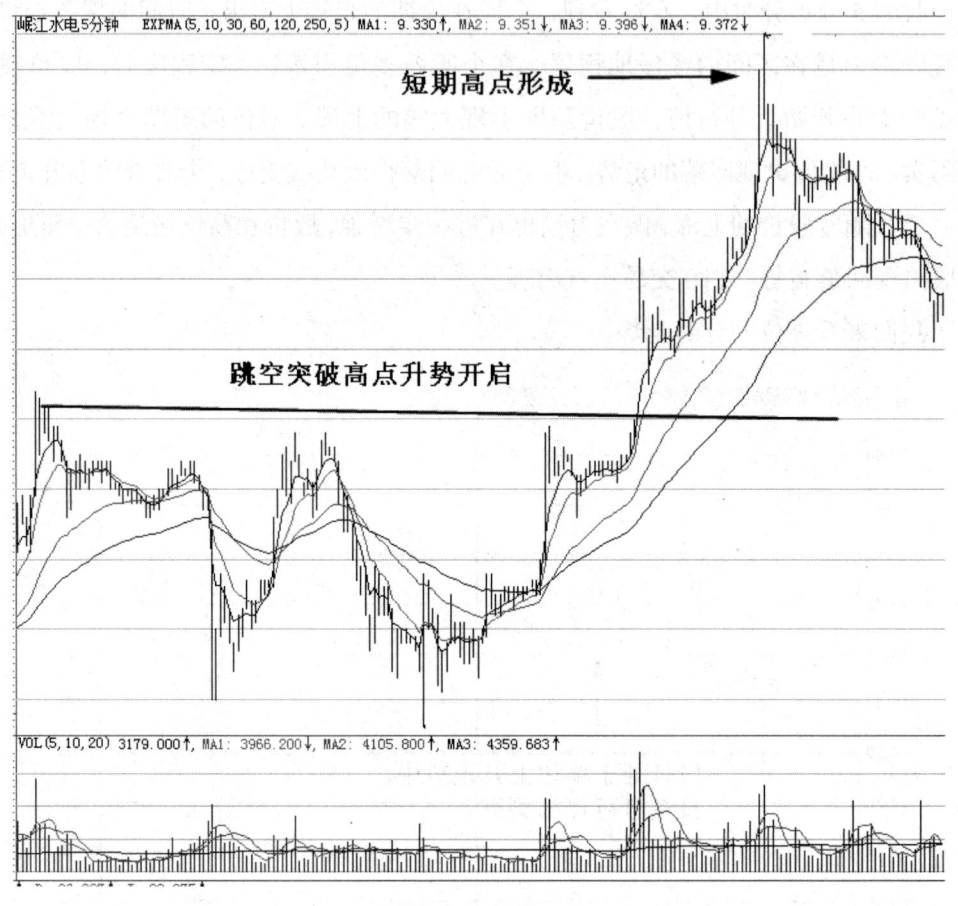

图（6-2-5）

图（6-2-5）是岷江水电（600131）在 2015 年 6 月 12 日的 5 分钟 K 线走势图。从个股的 5 分钟分时中，我们看到，个股在前期的走势中走出一个震荡的走势，个股在震荡中释放做空的力量，个股向上的阻力慢慢减弱。个股的下行压力不大，介入做多的资金慢慢出现，个股在几次回调之后做多资金得到进一步增强，并推动股价站稳均线。个股随后走出一个小升势。个股在上升的过程中经过一段盘整后跳空突破高点的压制，个股迎来新的上升行情。投资者的短期买点也随之出现。

股价在突破横盘的走势开始上升行情，但股价的大幅上涨带来筹码卖出，股价出现回落的走势。个股的短期卖点也随之出现。

我们再看反弹中的分时。

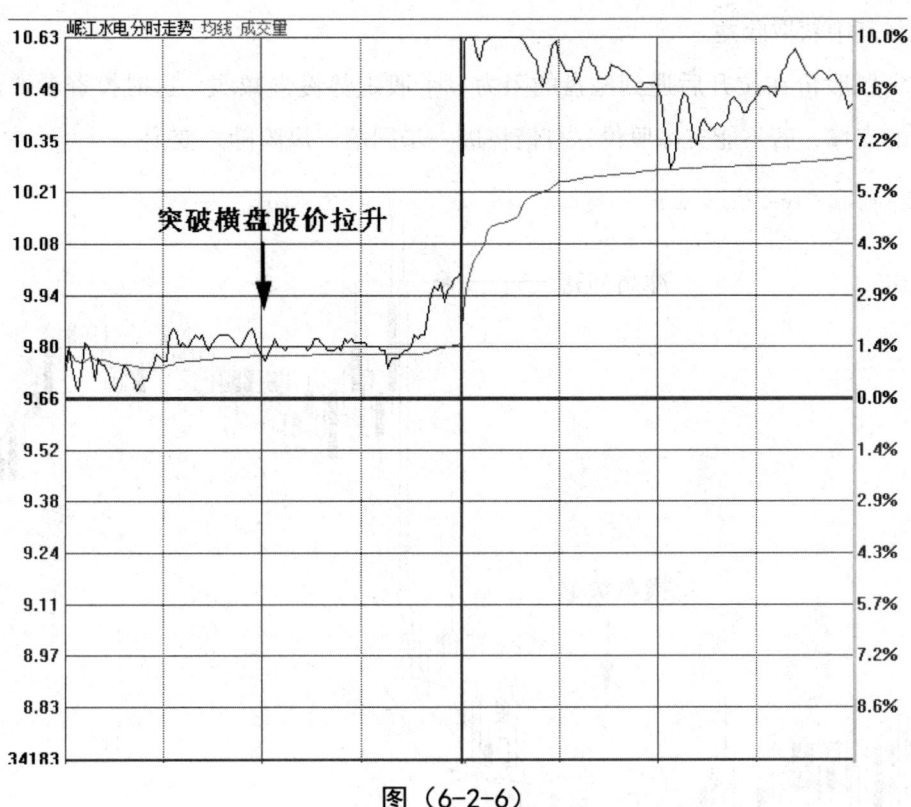

图（6-2-6）

图（6-2-6）是岷江水电（600131）在2015年8月14日的分时K线走势图。个股在当日的分时中走出横盘拉升的走势，个股在早盘略微高开，随即出现上下震荡的走势。个股在震荡的走势释放做空的力量，而做多力量也在慢慢积累。随着多空力量的变化，股价慢慢走高并突破横盘的走势。个股的分时走势迎来拉升的行情。

个股于分时中走出的横盘可称为投资者买进的参考位置。在个股运行到高位时则要注意股价的风险。

我们来看5分钟线。

图（6-2-7）是岷江水电（600131）在2015年8月14日K线分时的5分钟走势图。从个股的5分钟分时中，我们看到，个股在前期的走势中走出一个震荡的走势，个股在震荡中释放做空的力量，在做空力量得到释放后，个股股价慢慢地抬升并站上均线的位置。个股在均线上运行，在震荡突破前高后股价开始大幅拉升，股价涨幅惊人。对一般投资者来说个股站上均线或股价突破横盘可视为短期买点，

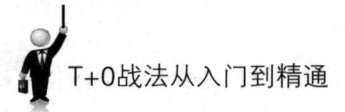

可参与其中获取收益。

　　个股股价在拉升后遇到抛盘的阻力，个股走势慢慢减弱。这时投资者要注意均线的支撑，若不能支撑股价，行情将进一步回落。风险随之变大。

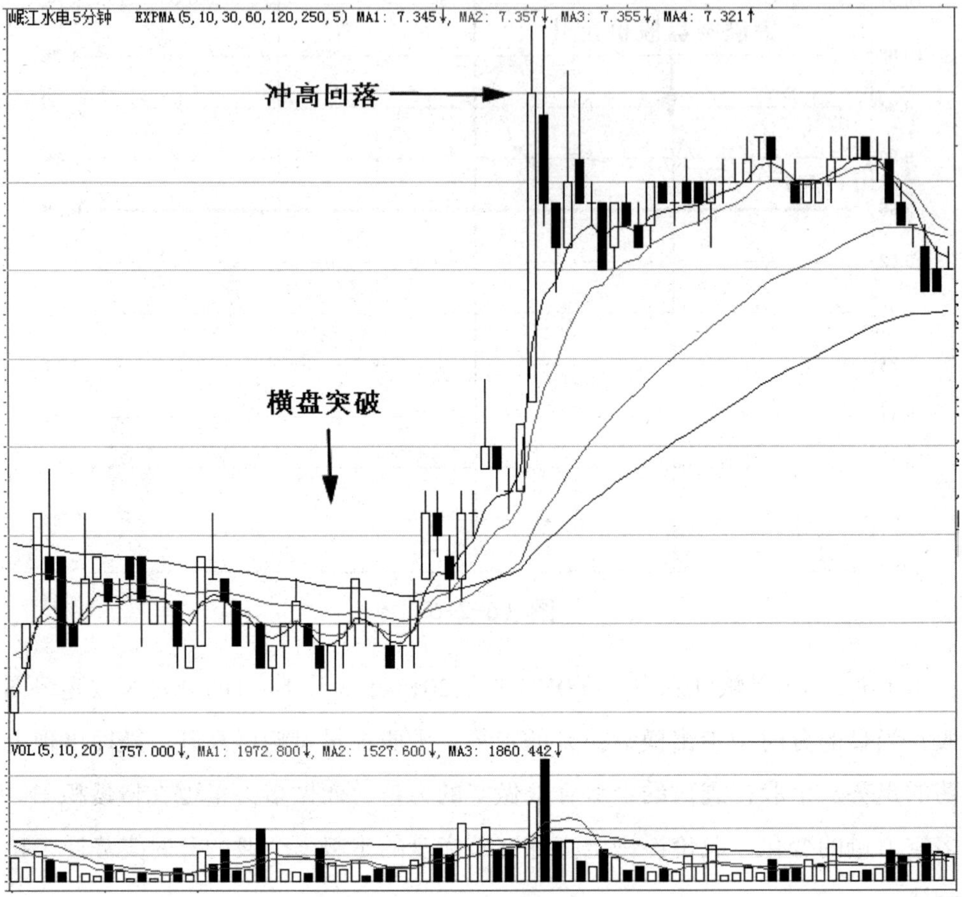

图（6-2-7）

第三节　青山纸业（600103）

图（6-3-1）是青山纸业（600103）在 2015 年 9 月至 2016 年 1 月 K 线走势图。

个股在区间内走出一个完整的周期循环，股价在低位经过回调后慢慢站稳均线，个股于均线之上走出一个回调的走势，但回调的幅度很小，并未跌破均线系统。个股在回调后继续上升行情。在个股运行到高位后，股价出现巨量的换手，个股上升动力严重不足，在K线上留下长上影的形态，大量资金离场，个股开始回落走势。

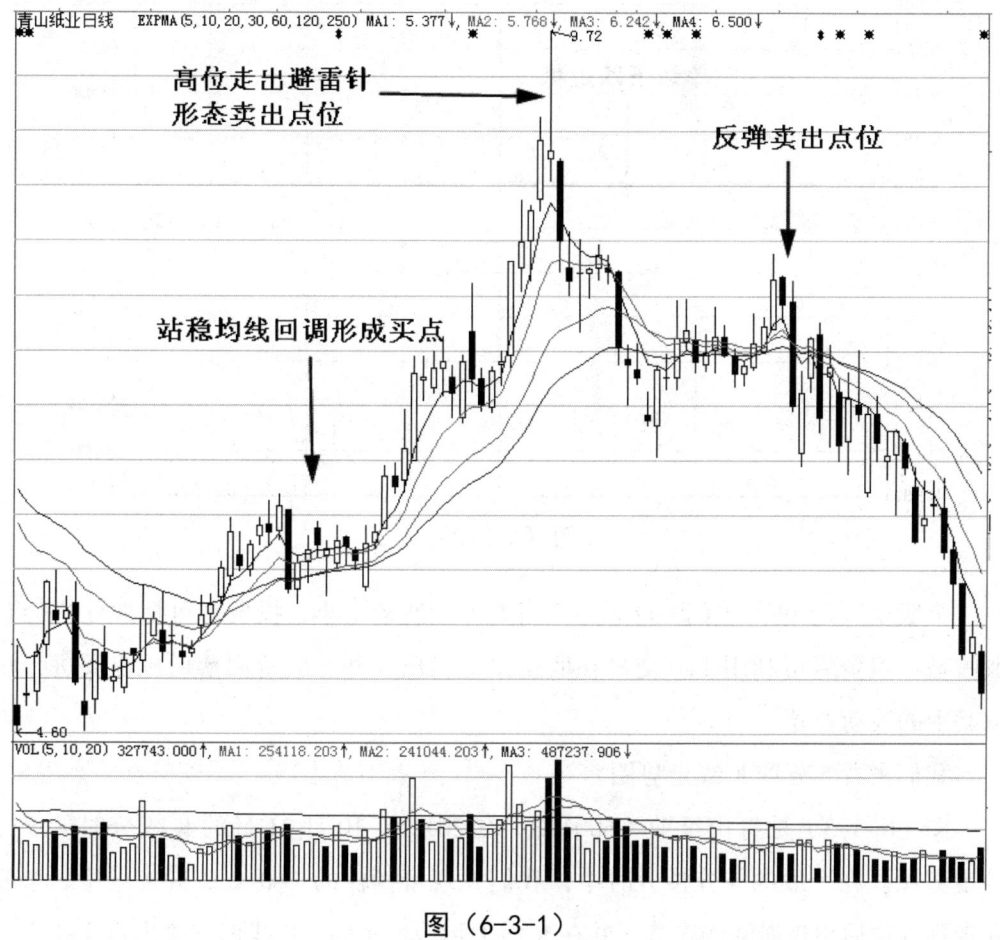

图（6-3-1）

个股在回落至均线后，受到均线的支撑走出反弹行情，但反弹的高度有限。投资者参与其中要注意风险的控制。

我们来看初期的分时。

图（6-3-2）是青山纸业（600103）在2015年10月21日的K线分时走势图。个股在当日的分时中走出平开低走的走势，个股在早盘出现平开的走势，并出现持续的震荡，因股价表现相对弱势，买盘减少，卖盘涌出，股价出现大幅回落。

个股股价在出现回调后，维持低位震荡走势，虽在尾盘出现反弹但量能不配合，股价继续回落。

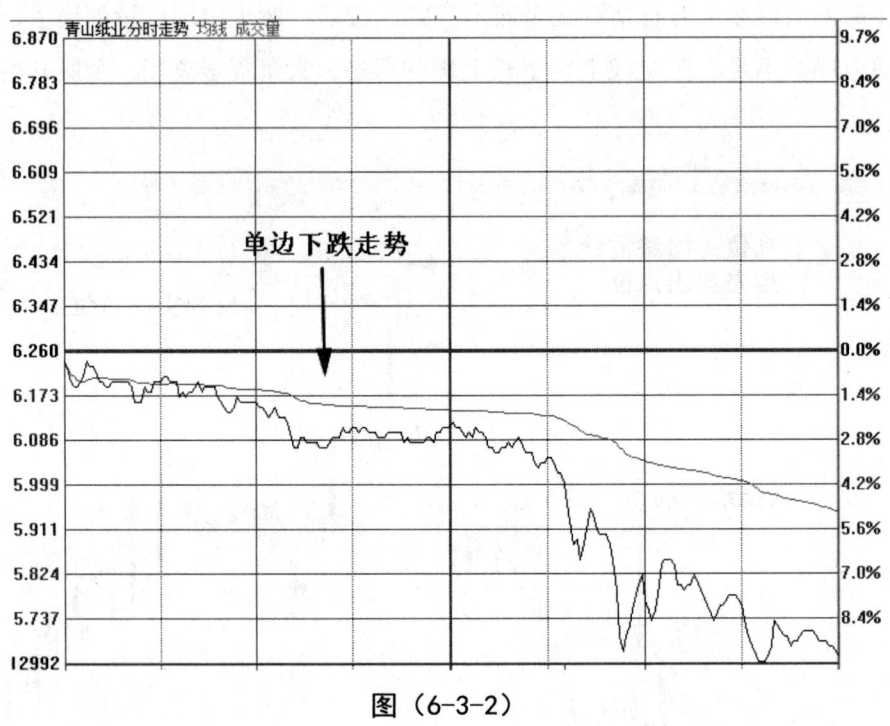

图（6-3-2）

个股全天走出单边下跌的走势。当天个股波动不小，投资者可把握住机会获取收益。投资者可利用 T+0 交易在股价早盘卖出，并在股价回落后尾盘买进，获取其中的波动差异。

我们来看 5 分钟 K 线走势图。

图（6-3-3）是青山纸业（600103）在 2015 年 10 月 21 日的 K 线分时的 5 分钟走势图。在个股的 5 分钟分时中，我们发现可操作的 T+0 交易买卖点位。个股在走到高位后出现滞涨的走势，并在 K 线上形成上吊线，K 线形态卖出意义明显。个股在高位形成回落后，跌破均线并长期处于均线下方运行。投资者可在高位滞涨时卖出股票，或在股价跌破均线时卖出个股。

在个股回落后，投资者可在低位补仓获取个股的波动收益。当然对投资者最好的买进交易是在股价站稳均线之后，股价在这时于短期也呈向上走势。投资者买进即可获利，风险最小，而受益也相当不错。

我们来看个股高位的分时。

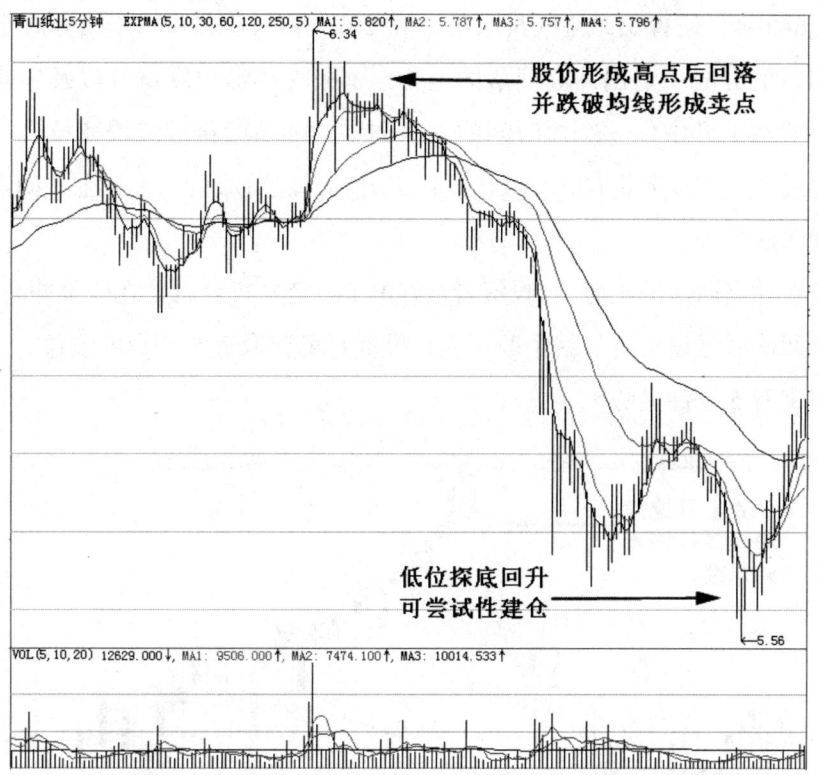

图（6-3-3）

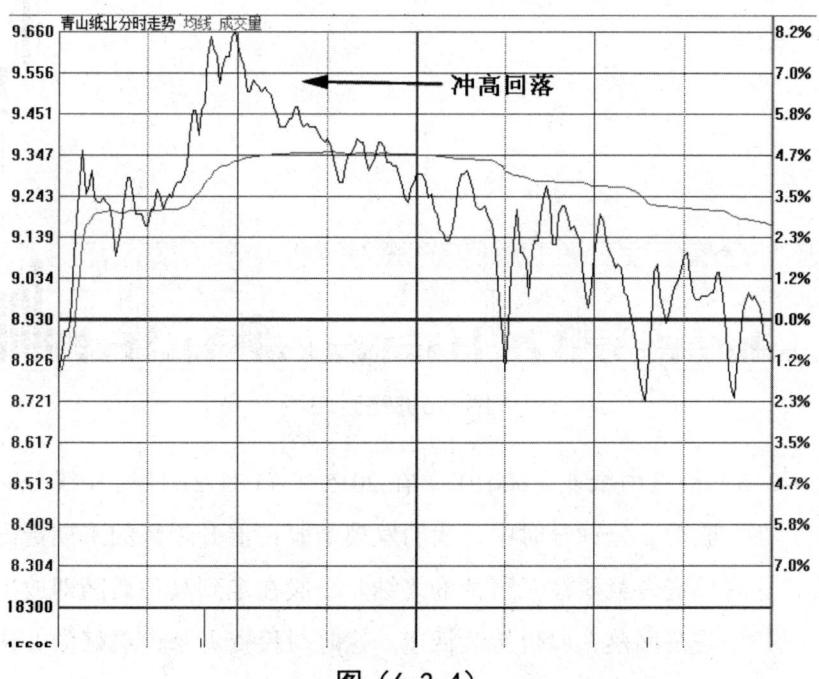

图（6-3-4）

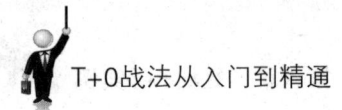

图（6-3-4）是青山纸业（600103）在 2015 年 11 月 27 日 K 线分时走势图。个股在当日的分时中走出冲高回落的走势，个股在早盘出现低开以及快速攀升的走势，个股在上升中作一个短时间的震荡调整，随后股价继续快速拉升，股价短时间拉升近 8 个点以上位置。个股出现巨大升幅，随着股价的大幅上升抛盘出现，股价出现回落走势。

个股在冲高回落的走势下，投资者最好的 T+0 交易机会就是在股价冲高时卖出，并在股价回落后尾盘买进。就个股而言，投资者可获取近 8 个点的收益。

我们来看 5 分钟走势。

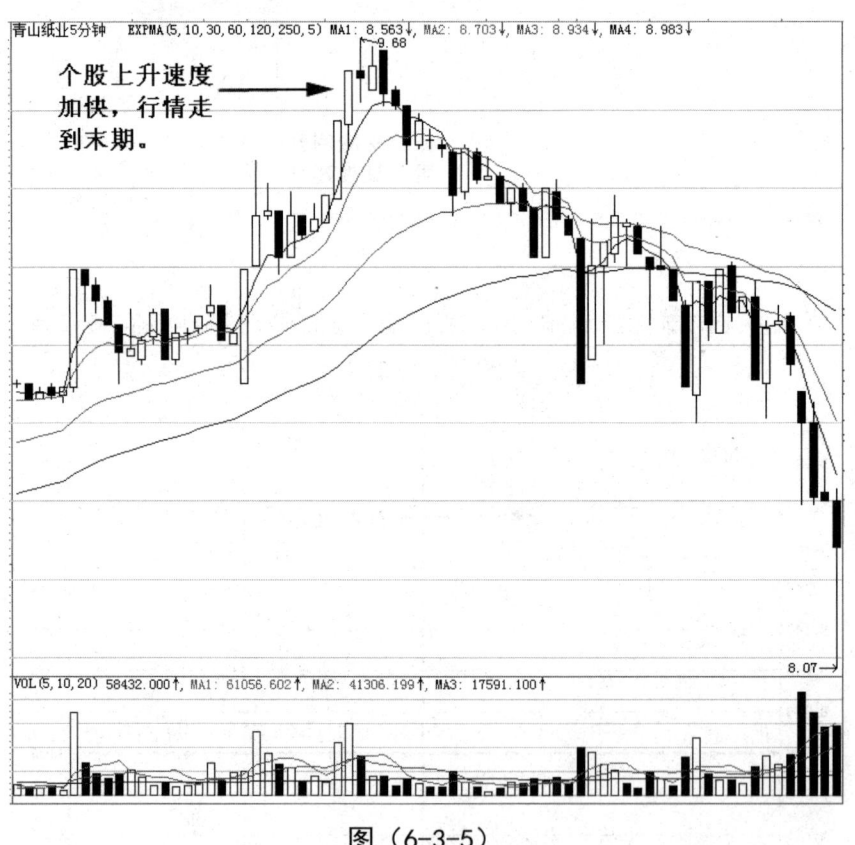

图（6-3-5）

图（6-3-5）是青山纸业（600103）在 2015 年 11 月 27 日的 K 线分时的 5 分钟走势图。在个股的 5 分钟分时中，我们发现个股在上升趋势的末期走出行情加速的走势，这时投资者就要注意行情的终结。个股在走到高位后随即放出一个大阴线，个股开始震荡回落，股价持续低迷。这时对投资者来说最好的办法就是及时离场获利了结。

个股在高位形成回落后，跌破均线并长期处于均线下方运行。在个股回落后，投资者可在低仓位参与个股的超跌反弹走势，但需注意风险，可在个股上升趋势后逐渐介入。

我们来看反弹中的分时。

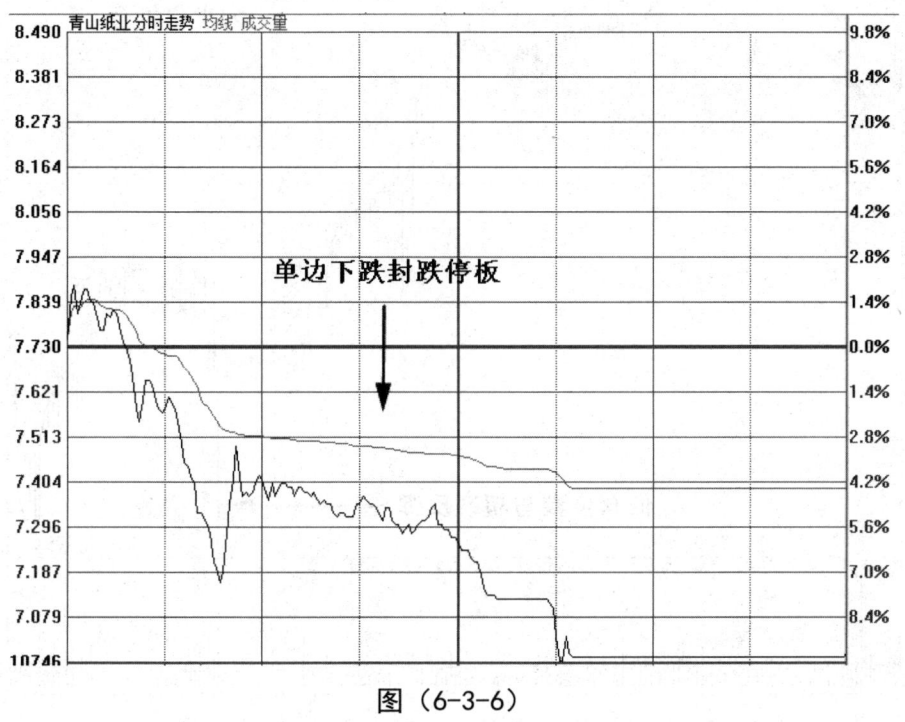

图（6-3-6）

图（6-3-6）是青山纸业（600103）在 2016 年 1 月 4 日的 K 线分时走势图。个股在当日的分时中走出高开低走的走势，个股在早盘走出高开走势后，即出现震荡回落走势。个股股价迅速跌破均线，并呈现快速下跌的走势。个股在超跌期间股价虽有反弹但难以站稳均线，股价走出单边下跌的走势。个股于午盘后封至跌停板，并保持至尾盘，股价持续低迷。

个股走出高开低走的走势。全天个股波动在 11 个点以上，充足的波动空间提供了投资者的获利空间。投资者可利用 T+0 交易在股价早盘卖出，并在股价回落后尾盘买进，获取其中的波动差异。

图（6-3-7）是青山纸业（600103）在 2016 年 1 月 4 日的 K 线分时的 5 分钟走势图。在个股的 5 分钟分时中，我们发现个股在一个下跌走势中走出一个反弹的行情。这一反弹的走势可称为投资者卖出的机会。个股在反弹后做多力量进一步耗尽，

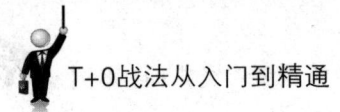

个股跌速开始加快，个股跌幅放大。

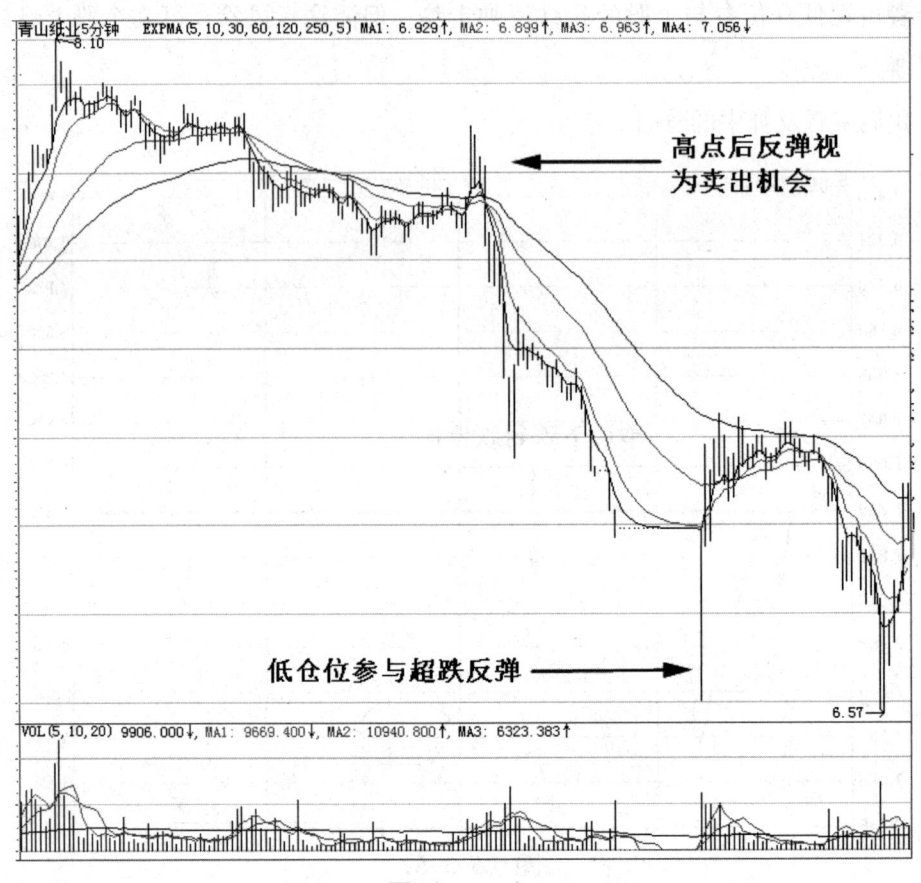

图（6-3-7）

在个股深度回落后，投资者可在低仓位参与个股的超跌反弹走势，但需注意股价回落风险。

第四节　亚盛集团（600108）

图（6-4-1）是亚盛集团（600108）在 2015 年 1 月至 2015 年 7 月 K 线走势图。个股在区间内走出一个完整的周期循环，股价在低位经过回调后慢慢站稳均线，

并形成一个小双底的形态开始慢慢抬升走出上升行情，在个股运行到高位后，股价出现巨量的换手，这是明显的资金离场信号。个股资金离场，个股继续上涨的动力不在，个股出现震荡走势。在个股放出大阴线后股价随即回落。

个股在巨幅回落后开始有资金介入，个股走出超跌反弹的走势，投资者的反弹行情机会出现。

我们来看初期分时。

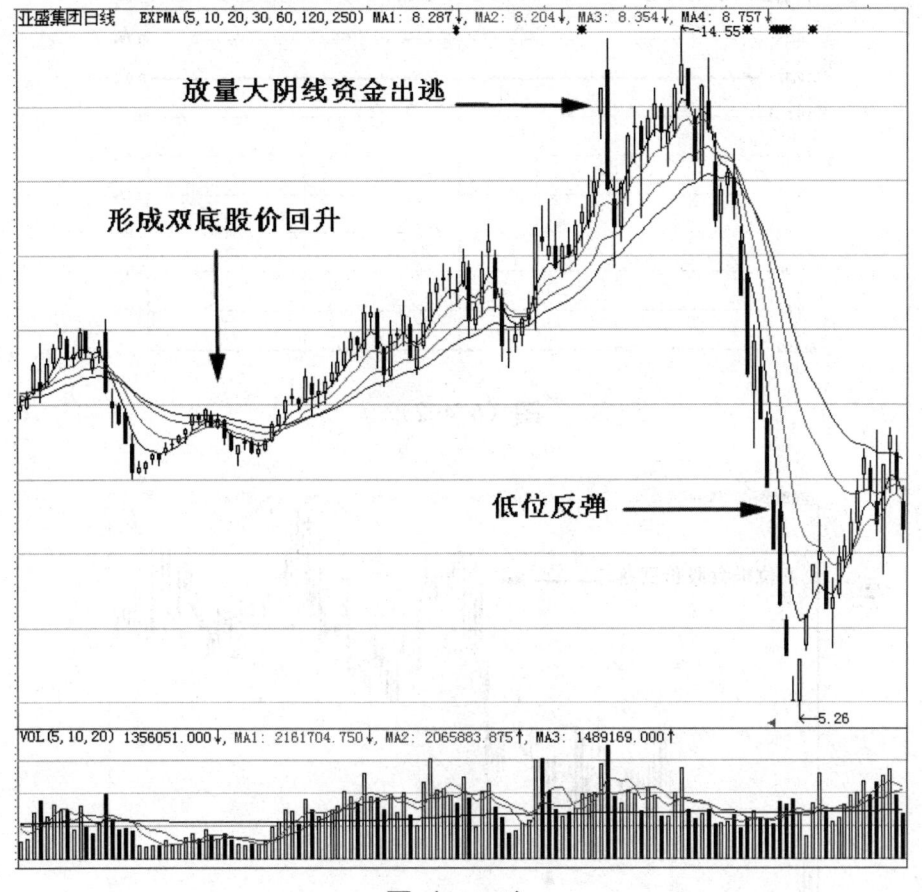

图（6-4-1）

图（6-4-2）是亚盛集团（600108）在2015年4月3日的分时走势图。个股在当日的分时中走出低开高走的走势，个股在早盘低开，做一个下探的动作即开始上升走势。个股在上升的过程中，股价出现持续的震荡。长时间的震荡走势形成一个横盘箱体形态。随着横盘时间的推移，股价作出方向选择，个股突破箱体开始上升行情。投资者的买卖机会出现。

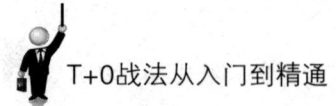

个股走出横盘突破的走势后股价开始拉升,买进的投资者获取的收益也是可观。
我们来看 5 分钟 K 线走势图。

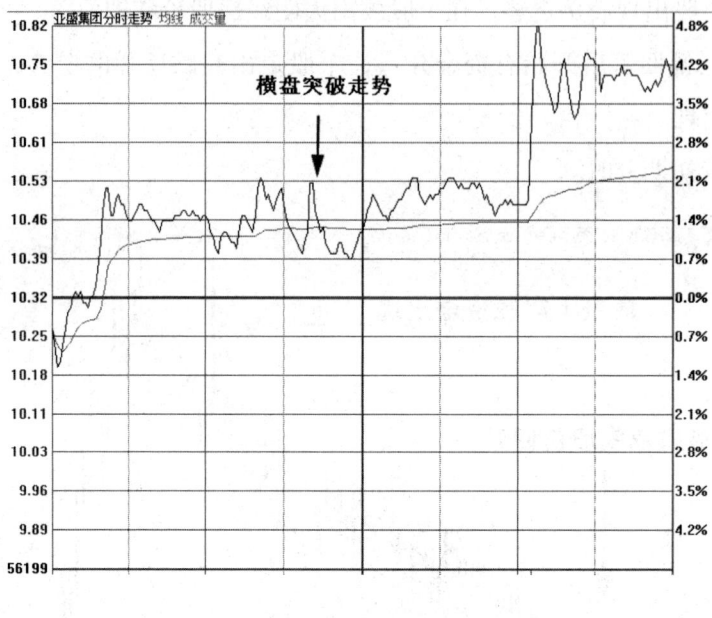

图（6-4-2）

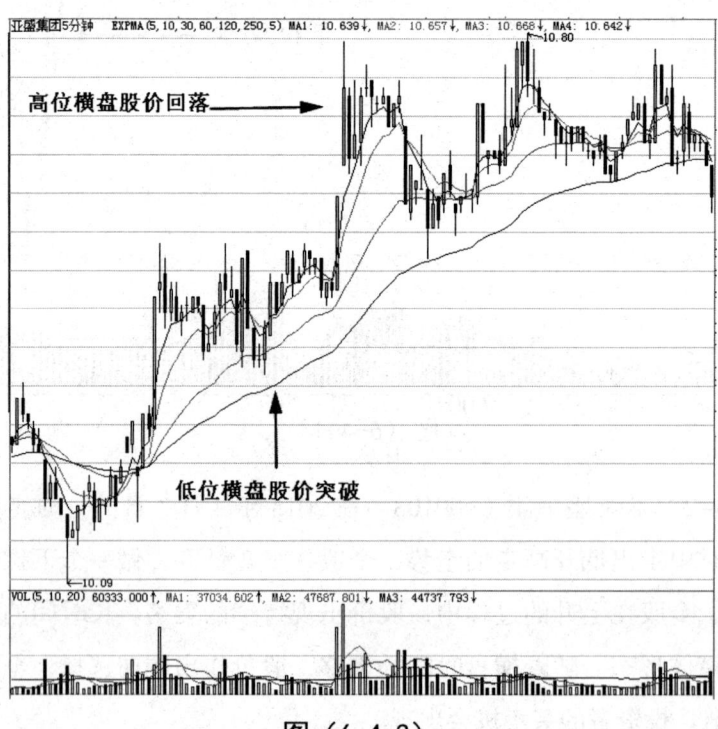

图（6-4-3）

图（6-4-3）是亚盛集团（600108）在2015年4月3日的K线分时的5分钟走势图。在个股的5分钟分时中，个股处于一个上升趋势中，个股在行情的中位时走出一个横盘的走势。个股于横盘中完成方向选择，个股后期迎来上升走势。这一横盘突破可称为投资者T+0交易买进的机会。

在个股上升后，股价的价位转高，行情有转势的可能。股价在高位同样走势横盘的箱体震荡。但这时个股选择的方向是向下突破。投资者要注意卖出以规避风险。

我们再看高位的分时。

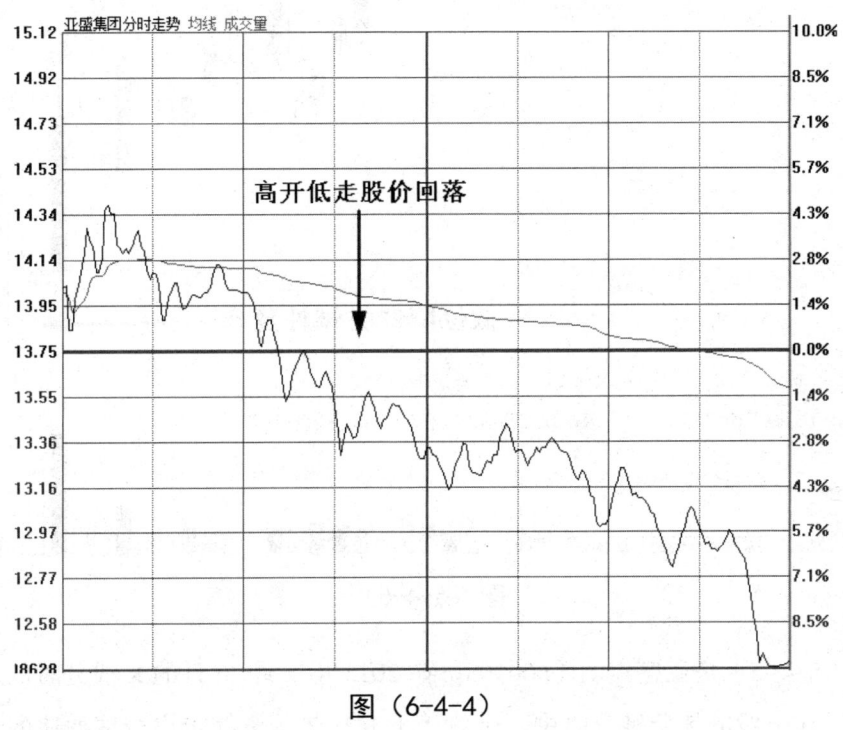

图（6-4-4）

图（6-4-4）是亚盛集团（600108）在2015年5月26日的K线分时走势图。个股在当日的分时中走出高开低走的走势，个股在早盘走出高开走势，并出现短时间的冲高走势。股价随后即走出单边下跌的走势。个股全天行情低迷，振幅高达8个点以上。

个股走出高开低走的走势。全天个股波动在8个点以上，投资者利用T+0交易在股价早盘卖出，并在股价回落后尾盘买进，稳稳地可获取5个点以上的收益，获利不错。

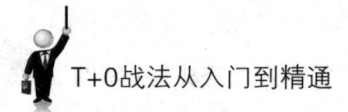

我们来看 5 分钟走势。

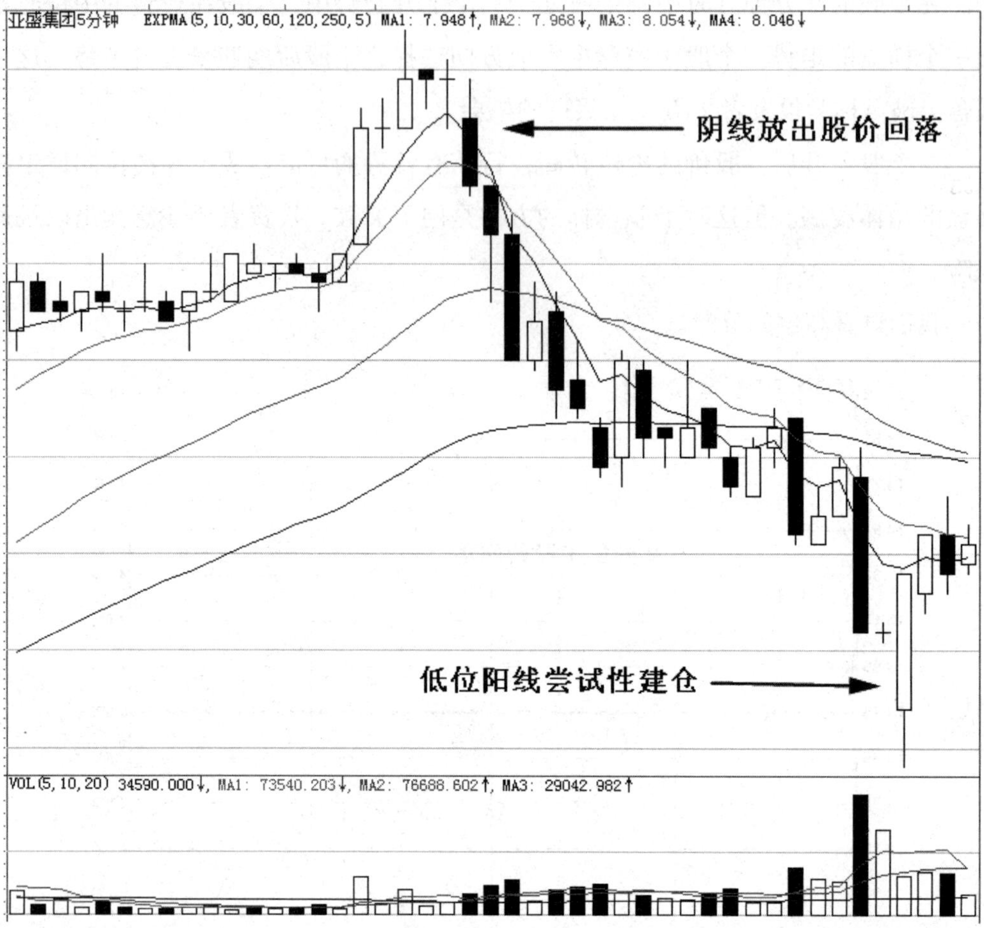

亚盛集团5分钟　EXPMA(5,10,30,60,120,250,5) MA1: 7.948↑ MA2: 7.968↓ MA3: 8.054↓ MA4: 8.046↓

阴线放出股价回落

低位阳线尝试性建仓

VOL(5,10,20) 34590.000↓ MA1: 73540.203↓ MA2: 76688.602↑ MA3: 29042.982↑

图（6-4-5）

图（6-4-5）是亚盛集团（600108）在 2015 年 5 月 26 日的 K 线分时的 5 分钟走势图。在个股的 5 分钟分时中，个股于上升趋势的末期走出行情加速的走势，但个股的升势持续性很小，即出现震荡回落的走势，个股放出的一个大阴线是回落行情的开始。个股随后跌破均线回落加速。

在个股回落后，于低位收出一根大阳线，个股有止跌回升的迹象，投资者可低仓位参与个股的超跌反弹走势，但投资者要注意行情仍处于反弹中，并未得到根本好转。

我们来看个股的反弹走势。

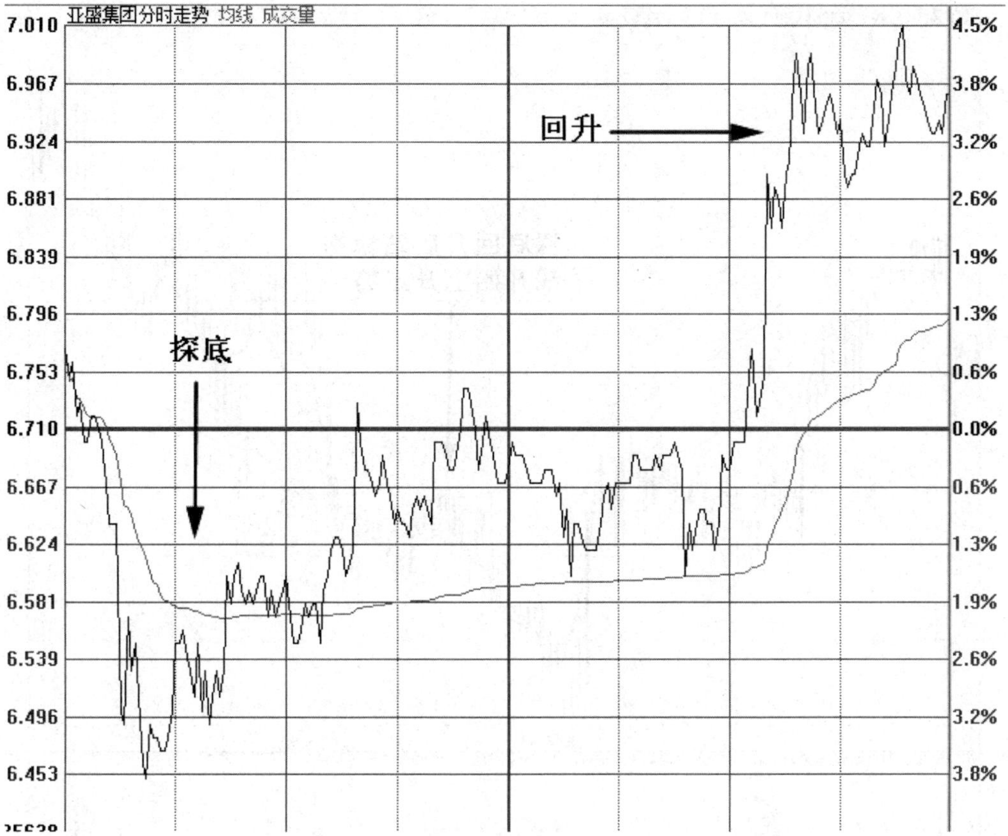

图（6-4-6）

图（6-4-6）是亚盛集团（600108）在 2015 年 9 月 28 日的 K 线分时走势图。个股在当日的分时中走出探底回升的走势，个股在早盘平开后迅速打压，股价快速下探。就在投资者还犹豫不决时，股价探底回升，这一上升走势持续很短，便快速遭到强烈打压，股价又迅速进入震荡走势。个股在震荡中获得均线支撑继续原有的升势。个股此后再次震荡，并通过震荡获取上升动力。个股走出完整的探底回升走势。

个股在早盘走出的分时形态有着明显的洗盘迹象，通过股价的快速打压让拿不定主意的投资者卖出个股。而这样的走势又让跟进的投资者也无从下手。对于这样的走势投资者可根据日线的走势、均线的位置作出早盘的买进，而尾盘的上涨，投资者早已获利不菲。

我们来看 5 分钟线。

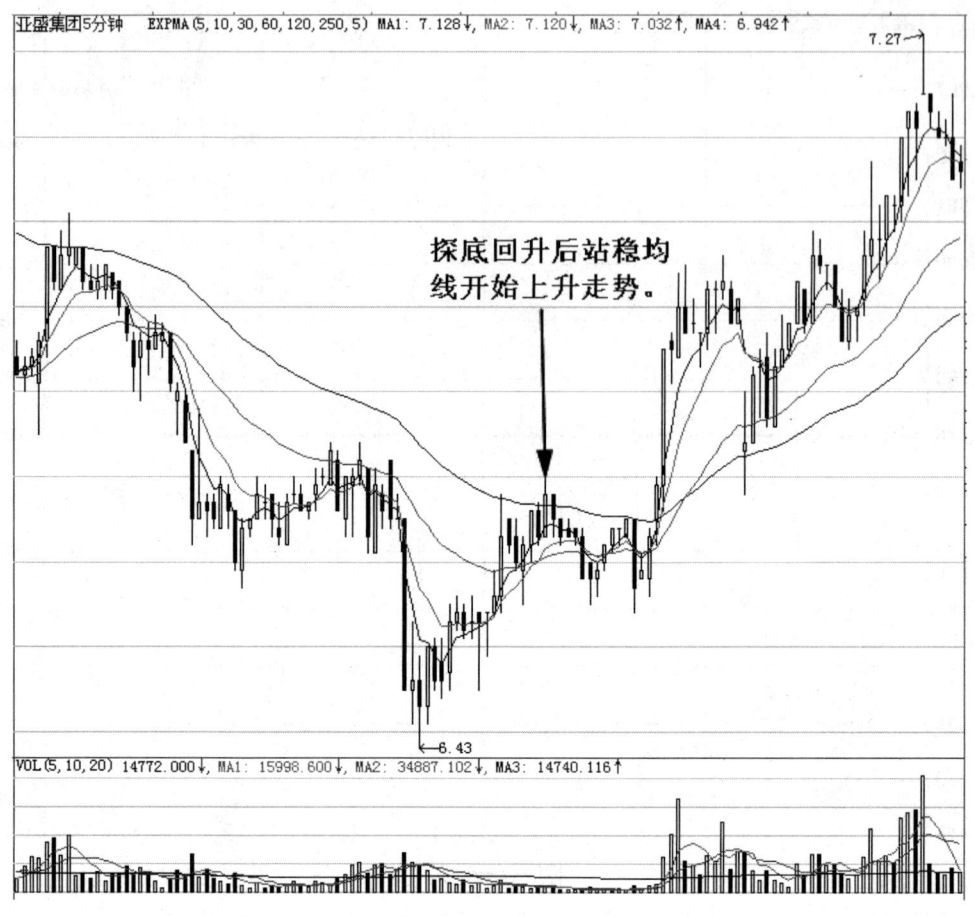

图（6-4-7）

图（6-4-7）是亚盛集团（600108）在 2015 年 9 月 28 日的 K 线分时的 5 分钟走势图。在个股的 5 分钟分时中，个股于前一阶段走出一个下跌趋势，个股股价在这一走势中走出一个探底的过程。个股在寻得阶段底部后开始震荡攀升的走势。个股于均线附近震荡，最终个股站上均线，个股的行情走势转好。投资者可关注短线机会。

个股在获得均线的支撑后开始上升趋势，短线买进的投资者获利不错，但股价也在获利回吐的压力中走到行情的终点。投资者这时要注意股价的高位回调，留住所得收益。